"十四五"时期国家重点出版物出版专项规划项目
新基建核心技术与融合应用丛书
大数据与"智能+"产教融合丛书

产业数字化

——释义、场景及应用案例

国家工业信息安全发展研究中心
清华大学数据治理研究中心　　组编

刘　巍　冯立鹦　孙　雪　等编著

机械工业出版社

本书以《"十四五"数字经济发展规划》中产业数字化部分的核心内容为纲领，从入选工业和信息化部的大数据产业发展示范项目中，选取了具有产业代表性的来自生产一线的数字化转型实践案例，连同数字化建设和转型的共性基础内容，组织了 42 个案例，从实践背景、方法手段、主要应用的技术、实践过程中遇到的典型问题、实施流程、典型应用场景等方面，分享了多个行业、多家单位的实践经验，以期帮助读者对产业数字化转型产生更为具体的了解和体会、获得间接经验，为读者提升数字认知和工作能力做一定的基础铺垫。

本书适合具有产业数字化转型需求的相关企业的管理者、运维人员阅读参考，也适合相关院校作为大数据、数据运维相关专业的产教融合教材使用。

图书在版编目（CIP）数据

产业数字化：释义、场景及应用案例/国家工业信息安全发展研究中心，清华大学数据治理研究中心组编；刘巍等编著. —北京：机械工业出版社，2024.6

（大数据与"智能+"产教融合丛书）

ISBN 978-7-111-75576-0

Ⅰ. ①产… Ⅱ. ①国… ②清… ③刘… Ⅲ. ①产业经济–数字化–研究–中国 Ⅳ. ①F269.2

中国国家版本馆 CIP 数据核字（2024）第 072083 号

机械工业出版社（北京市百万庄大街22号　邮政编码100037）
策划编辑：吕　潇　　　　　责任编辑：吕　潇　刘星宁
责任校对：李可意　王　延　封面设计：马精明
责任印制：张　博
北京建宏印刷有限公司印刷
2024年6月第1版第1次印刷
184mm×240mm・19印张・435千字
标准书号：ISBN 978-7-111-75576-0
定价：99.00元

电话服务　　　　　　　　　网络服务
客服电话：010-88361066　　机　工　官　网：www.cmpbook.com
　　　　　010-88379833　　机　工　官　博：weibo.com/cmp1952
　　　　　010-68326294　　金　书　网：www.golden-book.com
封底无防伪标均为盗版　机工教育服务网：www.cmpedu.com

大数据与"智能+"产教融合丛书

编辑委员会

（按拼音排序）

总顾问：郭华东　谭建荣

主　任：韩亦舜

副主任：孙　雪　徐　亭　赵　强

委　员：薄智泉　卜　辉　陈晶磊　陈　军　陈新刚　杜晓梦
　　　　　高文宇　郭　灵　郭　炜　黄代恒　黄　龙　黄枝铜
　　　　　李雨航　刘川意　刘　猛　孟天广　牛雪媛　潘鑫宇
　　　　　盛国军　孙雅宾　田春华　王薇薇　文　杰　吴垌沅
　　　　　吴　建　杨　扬　曾　光　张鸿翔　张文升　张小劲
　　　　　张粤磊　郑伟海

本书编写委员会

主　任： 刘　巍　冯立鹦　孙　雪

副主任：（按姓氏笔划为序）

王　强　王春苗　孙　璐　孙博闻　李　玮　李丹一　杨　柳

周易江　骆伊宁　唐福山　黄云霞　彭文华　董国昭

委　员：（按姓氏笔画为序）

于　莹　马永飞　王　成　王　伟　王远游　王海林　王雅坤

文　星　方育柯　尹星富　左明月　左晓淑　卢道俊　白双军

冯　勇　宁家川　邢　磊　刘　振　刘宗玥　杜文博　李　梅

李　琳　李长卿　李书超　李宗鑫　李炳国　李海滨　杨　瑀

肖　宇　肖　剑　吴军虎　吴军荣　呇健全　汪国强　张　青

张　俊　张昌福　张燕海　陈　峰　陈　翊　陈　睿　陈光明

陈倩倩　陈雪琴　范亚国　金　涛　金海男　周志忠　周志萍

周俊临　庞　超　官　敏　房金良　赵　旭　赵才军　钟建英

宦瑞坤　姚　健　秦恒乐　袁　媛　顾　伟　郭东栋　郭永豪

诸志刚　黄　伟　常　郑　章　健　谌　明　彭　澎　蒋圣平

鲁士杰　鄢秀庆　靳淑娴　蒲小莉　鲍庆峰　廖洪美　霍之刚

魏　园　魏　磊　魏国春

丛书序一

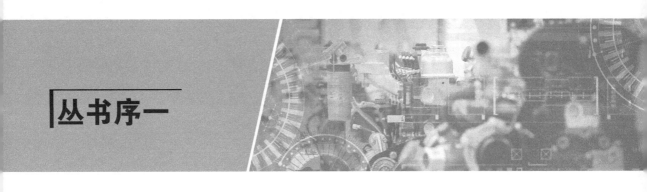

产教融合打造创新人才培养的新模式

数字技术、数字产品和数字经济,是信息时代发展的前沿领域,不断迭代着数字时代的定义。数据是核心战略性资源,自然科学、工程技术和社科人文拥抱数据的力度,对于各学科新的发展,具有重要意义。同时,数字经济是数据的经济,既是各项高新技术发展的动力,又为传统产业转型提供了新的数据生产要素与数据生产力。

本系列图书从产教融合的角度出发,在整体架构上,涵盖了数据思维方式的拓展、大数据技术的认知、大数据技术高级应用、数据化应用场景、大数据行业应用、数据运维、数据创新体系共七个方面。编写宗旨是,搭建大数据的知识体系、传授大数据的专业技能、描述产业和教育相互促进过程中所面临的问题,并在一定程度上提供相应阶段的解决方案。本系列图书的内容规划、技术选型和教培转化由新型科研机构大数据基础设施研究中心牵头,而场景设计、案例提供和生产实践由一线企业专家与团队贡献,二者紧密合作,提供了一个可借鉴的尝试。

大数据领域人才培养的一个重要方面,就是以产业实践为导向,以传播和教育为出口,最终服务于大数据产业与数字经济,为未来的行业人才树立技术观、行业观、产业观,对产业发展也将有所助益。

本系列图书适用于大数据技能型人才的培养,适合高校、职业院校、社会培训机构中从事大数据研究和教学的人员作为教材或参考用书,对于从事大数据管理和应用的工作人员、企业信息化技术人员,也可以作为重要参考。让我们一起努力,共同推进大数据技术的教学、普及和应用!

中国工程院院士　谭建荣
浙江大学教授

丛书序二

发展数字经济，从传播数据思维与培养数据人才开始

大数据的出现，给我们带来了巨大的想象空间：对科学研究界来说，大数据已成为继实验、理论和计算模式之后的数据密集型科学范式的典型代表，带来了科研方法论的变革，正在成为科学发现的新引擎；对产业界来说，在当今互联网、云计算、人工智能、大数据、区块链这些蓬勃发展的科技舞台中，数据是主角，数据作为新的生产资料，正在驱动整个产业的数字化转型。正因如此，大数据已成为知识经济时代的战略高地，数据主权也已经成为继边防、海防、空防之后，另一个大国博弈的空间。

如何实现这些想象空间，需要构建众多大数据领域的基础设施支撑，小到科学大数据方面的国家重大基础设施，大到跨越国界的"数字丝路""数字地球"。当前，我们看到大数据基础设施研究中心已经把人才也纳入到基础设施的范围，本系列图书的组织出版，以及所提供的视角是有意义的。新兴的产业需要相应的人才培养体系与之相配合，人才培养体系的建立往往存在滞后性。因此尽可能缩小产业人才需求和培养过程间的"缓冲带"，将教育链、人才链、产业链、创新链衔接好，是"产教融合"理念提出的出发点和落脚点。可以说，大数据基础设施研究中心为我国大数据人工智能事业发展模式的实践，迈出了较为坚实的一步，这个模式意味着数字经济有宏观的可行路径。

本系列图书以数据为基础，内容上涵盖了数据认知与思维、数据行业应用、数据技术生态等各个层面及其细分方向，是数十个代表了行业前沿和实践的产业团队的知识沉淀，特别是在作者遴选时，注重选择兼具产业界和学术界背景的行业专家牵头，力求让这套书成为中国大数据知识的一次汇总，这对于中国数据思维的传播、数据人才的培养来说，是一个全新的范本。

我也期待未来有更多产业界专家及团队，加入到本套书的体系中来，并和这套书共同更新迭代，共同传播数据思维与知识，夯实我国的数据人才基础设施。

中国科学院院士
中国科学院遥感与数字地球研究所所长　　郭华东

致 谢

本书的编写,得到了如下单位的大力支持,在此一并致谢。

案例序号	案例提供单位
案例一	国家工业信息安全发展研究中心
案例二	普元信息技术股份有限公司
案例三	杭州数澜科技有限公司
案例四	上海够快网络科技股份有限公司
案例五	中国电子商会数据要素发展工作委员会
案例六	闪捷信息科技有限公司
案例七	国家工业信息安全发展研究中心
案例八	上海宝冶集团有限公司
案例九	北京奔驰汽车有限公司
案例十	TCL实业控股股份有限公司
案例十一	中联重科股份有限公司
案例十二	中国建筑一局(集团)有限公司
案例十三	山东海科控股有限公司
案例十四	阿里云计算有限公司
案例十五	中国南方电网有限责任公司超高压输电公司
案例十六	北京农信数智科技有限公司
案例十七	哈尔滨航天恒星数据系统科技有限公司
案例十八	中国建材国际工程集团有限公司
案例十九	中汽研汽车工业工程(天津)有限公司

案例二十	平高集团有限公司
案例二十一	贵州航天云网科技有限公司
案例二十二	成都数之联科技股份有限公司
案例二十三	北京信源电子信息技术有限公司
案例二十四	中国电信（江西）工业互联网研究院
案例二十五	一汽解放汽车有限公司
案例二十六	国家能源集团物资有限公司
案例二十七	青岛冠成软件有限公司
案例二十八	北京京东乾石科技有限公司
案例二十九	货拉拉科技有限公司
案例三十	山东深蓝机器股份有限公司 太原刚玉智能科技有限公司
案例三十一	浙江核新同花顺网络信息股份有限公司
案例三十二	联通数字科技有限公司
案例三十三	中煤电气有限公司
案例三十四	中煤航测遥感集团有限公司
案例三十五	三峡高科信息技术有限责任公司
案例三十六	中国电力工程顾问集团西南电力设计院有限公司
案例三十七	广联达科技股份有限公司
案例三十八	苏州工业园区大数据管理中心
案例三十九	合肥市数据资源局
案例四十	重庆千港安全技术有限公司
案例四十一	联通（上海）产业互联网有限公司
案例四十二	浪潮卓数大数据产业发展有限公司

前　言

我国数字经济发展规模位居世界前列，其中，产业数字化是数字经济发展的重要特征。产业数字化，是应用新一代数字科技，以价值释放为核心、数据赋能为主线，对传统产业进行全方位、全角度、全链条的改造。加快推进产业数字化，以数字技术赋能产业转型升级，对实现传统产业与数字技术深度融合发展，促进我国产业迈向中高端，具有十分重大的意义。本书《产业数字化——释义、场景及应用案例》是丛书中的另一本《数字产业化——体系、技术与落地实践》的姊妹篇，两本书共同策划、同步编写，旨在全面梳理数字产业化和产业数字化的理论体系，深入探讨其核心技术，并通过丰富的实践案例，为读者展现从数字产业化到产业数字化的落地路径与实践经验。

"十四五"期间，我国数字经济转向深化应用、规范发展、普惠共享的新阶段。数字化人才是培育企业、产业转型支撑服务生态过程中的关键因素。《"十四五"数字经济发展规划》明确提出提升全民数字素养和技能的方法路径，并提出要加强职业院校（含技工院校）数字技术技能类人才培养，深化数字经济领域新工科、新文科建设，支持企业与院校共建一批现代产业学院、联合实验室、实习基地等，发展订单制、现代学徒制等多元化人才培养模式。制定实施数字技能提升专项培训计划，鼓励将数字经济领域人才纳入各类人才计划支持范围，积极探索高效灵活的人才引进、培养、评价及激励政策。2017年12月，国务院印发了《关于深化产教融合的若干意见》，强调发挥政府统筹规划、企业重要主体、人才培养改革主线、社会组织等供需对接作用，搭建"四位一体"架构，将产教融合从职业教育延伸到以职业教育、高等教育为重点的整个教育体系，上升为国家教育改革和人才开发整体制度安排。

为进一步推进实施国家大数据战略，工业和信息化部先后于2018年、2020年、2021年、2022年组织实施了四批次大数据产业发展试点示范项目（简称"试点示范项目"）的遴选工作，在本书编写完成之时，2023年度试点示范项目的遴选工作正在开展。

为助力全民数字素养的提升，为帮助拟进入或刚进入数字经济领域人员能力的提升，本书以《"十四五"数字经济发展规划》中产业数字化部分的核心内容为纲领，从入选工业和信息化部的大数据产业发展示范项目中，选取了具有产业代表性的来自生产一线的数字化转型实践案例，连同数字化建设和转型的共性基础内容，组织了 42 个案例，从实践背景、方法手段、主要应用的技术、实践过程中遇到的典型问题、实施流程以及典型应用场景等方面，分享了多个行业、多家单位的实践经验，以期帮助读者体会企业数字化建设的颗粒并感知产业数字化转型的温度，获得间接经验，为读者提升数字认知和工作能力做一定的基础铺垫。

由于编写经验不足，书中难免有不妥之处，恳请大家批评指正。

本书编写委员会
2023 年 12 月

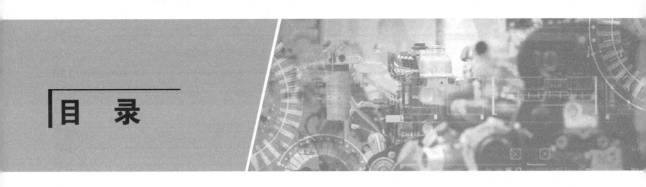

目 录

丛书序一
丛书序二
致谢
前言

第一章 产业数字化转型基础服务 ········· 1
第一节 企业数字化转型方法和基础建设 ········· 1
案例一 以能力建设为目标的企业数字化转型咨询服务 ········· 1
案例二 从数据资产目录着手的企业数据资产梳理与规范 ········· 10
案例三 汽车制造行业数据分类分级管理案例——长安汽车制造工厂边缘数仓建设实践 ········· 18
案例四 非结构化数据管理——在能源行业化繁为简的实践 ········· 30
第二节 数据基础制度构建活动 ········· 34
案例五 以数据目录管理工具能力评测团体标准为例的标准化活动 ········· 34
案例六 数据安全一体化防护——以工业互联网平台数据安全为例 ········· 40
第三节 企业数字管理水平评估 ········· 48
案例七 旨在推动传统企业数据管理升级的 DCMM 评估 ········· 48

第二章 企业数字化转型 ········· 59
第一节 企业智能生产 ········· 59
案例八 钢结构智能建造全流程应用实践 ········· 60
案例九 基于工业大数据的装焊车间工业机器人预测性维护 ········· 69
第二节 销售服务数字化 ········· 75
案例十 大数据助力国产彩电产业腾飞——家电研产销大数据服务平台及应用 ········· 76
第三节 企业的一体化数字平台 ········· 90
案例十一 机械制造企业的工业大数据应用实践 ········· 91
案例十二 大数据集成应用平台推动建筑企业运营管理数字化转型升级 ········· 98
第四节 企业产业链上下游协同 ········· 108
案例十三 危化品行业供应链一体化管理实践 ········· 108
第五节 企业上云 ········· 117
案例十四 一体化云智能平台及云上数字创新实践案例 ········· 117

XI

第六节　数字素养 ... 121
案例十五　一站式低代码业务创新平台支撑电力行业人员数字素养提升实践 ... 122

第三章　重点产业的数字化转型 ... 130
第一节　智慧农业、智慧水利 ... 130
案例十六　数字化农牧助力乡村产业振兴 ... 131
案例十七　城水相融·一网相知——基于时空大数据的智慧水务应用实践 ... 137
第二节　工业数字化转型与智能制造工程 ... 141
案例十八　基于工业大数据的玻璃新材料生产创新应用实践 ... 141
案例十九　汽车制造工业物联网平台设计与实践 ... 146
案例二十　面向电力装备制造业的大数据平台关键技术研究与应用 ... 154
案例二十一　电子信息制造企业生产经营管理数字化转型方案与应用实践 ... 160
案例二十二　智能质检创新终端消费品生产制造实践 ... 165
第三节　工业互联网与工业数据互联互通 ... 171
案例二十三　标识解析体系与制造业智能供应链 ... 172
案例二十四　基于多源数据融合的5G智慧化工业互联网应用 ... 178
案例二十五　基于工业互联网的高端中重卡智能工厂大数据融合创新 ... 183
第四节　数字商务 ... 192
案例二十六　能源行业物资供应链大数据智能协同应用实践 ... 192
案例二十七　跨境冷链产业互联网平台 ... 198
第五节　智慧物流 ... 204
案例二十八　大数据技术助力京东物流智慧化转型 ... 205
案例二十九　货运物流大数据智能分析及预警应用实践 ... 210
案例三十　数据驱动的药企智能仓储物流应用实践 ... 218
第六节　金融数字化 ... 225
案例三十一　证券大数据与智能投顾应用实践 ... 225
案例三十二　"政银企"数字化精准融资服务——联通创业担保贷平台 ... 230
第七节　能源领域数字化 ... 234
案例三十三　煤炭企业工业互联网平台应用实践 ... 235
案例三十四　天然气管道数智运营应用实践 ... 241
案例三十五　新能源生产管理级智慧运维建设实践 ... 249
第八节　工程咨询与工程建设数字化 ... 252
案例三十六　"E+"电网设计数智解决方案 ... 252
案例三十七　工程造价领域行业大数据智能应用 ... 257

第四章　科技园区数字化转型 ... 263
案例三十八　"智能中枢"——构建数字园区政府"核心引擎" ... 263

第五章　智慧城市及公共服务数字化应用 ... 269
案例三十九　合肥城市中台聚数赋能全面提升公共服务质量 ... 269
案例四十　基于IP属性的大数据溯源与网络违法行为治理实践 ... 274
案例四十一　基于5G和大数据的医保基金智能场景监管平台 ... 279
案例四十二　整合城市基层数据　助力智慧公共服务——烟台市莱山区智慧城市建设经验 ... 284

第一章

产业数字化转型基础服务

一个组织的数据治理内容从不同角度有不同含义,从人员角度包括数据意识、技能、素养;从企业角度包括战略、组织、制度、流程、绩效、标准、工具;从数据角度包括数据价值、数据共享、数据变现等。本章从企业数字化转型的总体视角,就数字化转型基本环节的共性建设,选取了企业数字化转型咨询服务、数据分类分级、非机构化数据的管理、数据标准制定、数据安全防护、数据管理水平评估的案例,给读者以引导。

第一节 企业数字化转型方法和基础建设

企业进行数字价值挖掘的前提是知道企业自身情况,包括数据情况、管理水平、面临问题等。即,首先要充分了解自身的长项和短板,然后在企业战略指导下,根据企业的核心业务定位,在数字化建设综合评判基础上,开展专项提升或整体提质。企业进行数字化转型的目的包括提质、降本、增效,以及增强核心竞争力和打造新的业务内容。

本节选取四个案例进行介绍,第一个案例以第三方服务机构视角,提出并回答了企业数字化转型是什么、转什么、怎么转的问题;第二个案例讲述了企业如何梳理"数据家底";第三个案例分享了企业数据分类分级管理的思路和做法;第四个案例介绍了在不影响原有业务的基础上,实现非结构化数据跨系统调用的一种解决办法。

案例一 以能力建设为目标的企业数字化转型咨询服务

国务院国资委 2020 年发布的《关于加快推进国有企业数字化转型工作的通知》提出,通过促进国有企业数字化、网络化、智能化发展,增强企业竞争力、创新力、控制力、影响力、抗风险能力,提升产业基础能力和产业链现代化水平。将制定数字化转型规划放在了下一步工作的首要位置。

数字化转型是以合理利用数据实现业务价值为目标,而实现该目标的核心是,需要企业构建基于数据的新型能力。根据国家工业信息安全发展研究中心的测算,2021 年,我国数据要素市场规模达到 815 亿元，预计"十四五"期间市场规模复合增速将超过 25%，整体将进入群体性突破的快速发展阶段㊀。企业数字化转型需求迫切，加快利用数字技术推动产业转型升级已经成为社会共识。

通过对数字化转型案例的研究发现，企业在数字化转型时出现明显的两极分化现象，一种情况是部分企业信息化建设积累深厚或对数字技术有敏锐的触觉，初步探索出了一条从业务数字化到数字业务化的转型路径；另一种情况是大部分企业仍然对数字化转型保持观望态度，或者浅尝辄止，对数字化转型理解不深刻，对数字化转型是什么、转什么、怎么转，缺乏认识和思路。

通过对转型领军者的优秀实践研究及专家调研，总结出企业数字化转型的三大挑战：一是战略缺位，转型缺乏方向；二是能力难建，转型难以深入；三是价值难现，投入无法持续。同时，提出数字化转型持续推进的七大建议：一是战略为先，紧握业务；二是云筑底座，加速创新；三是数据重构，洞见赋能；四是体验至上，全链驱动；五是智能运营，规模发展；六是生态共进，突破"不可能"；七是多重价值，多维发展㊁。

企业进行数字化转型的难点在于，如何在长远战略指引下，构建适用于当下的数字化能力，倍增放大业务价值。企业进行数字化转型的核心任务是，打造新型企业能力、重塑企业商业模式、构建企业可持续竞争力、实现企业战略目标。企业数字化转型咨询服务的目标是，通过专业的咨询服务帮助企业结合实际业务目标，探索业务价值、规划设计对应的新型能力、指导规划落地、不断优化企业新型能力建设，让企业数字化转型满足业务需要，利用数字技术促进业务增值，让能力建设和业务价值增值相辅相成，形成良性循环。数字化转型新型能力 - 业务价值关系如图 1-1 所示。

1. 数字化转型方法

目前，较主流的数字化转型方法有华为数字化转型方法㊂、系统工程 V 模型方法㊃，以及 GB/T 23011—2022《信息化和工业化融合 数字化转型 价值效益参考模型》等，见表 1-1。

表 1-1 数字化转型方法适用范围表

序号	方法名称	主要应用领域
1	华为数字化转型方法	政府机构、企事业单位等
2	系统工程 V 模型方法	大型国企
3	GB/T 23011—2022	各类需求方、供给方以及第三服务方

㊀ 中国数据要素市场发展报告（2021—2022），国家工业信息安全发展研究中心，2022 年 11 月。
㊁ 2021 埃森哲中国企业数字转型指数，国家工业信息安全发展研究中心，埃森哲，2021 年。
㊂ 出自《华为数字化转型之道》，机械工业出版社，2022 年。
㊃ 浙江省数字化改革总体方案，2021 年。

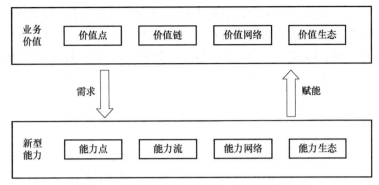

图 1-1　数字化转型新型能力 - 业务价值关系

（1）华为数字化转型方法。涉及"1234"，即，在 1 个数字化转型战略指引下，创造 2 个保障条件，贯彻 3 个核心原则，推进 4 个关键行动，通过数字技术构建一个全感知、全连接、全场景、全智能的数字世界，对传统管理模式、业务模式、商业模式进行创新和重塑，探索动态演进的可持续发展道路。华为数字化转型方法框架如图 1-2 所示。

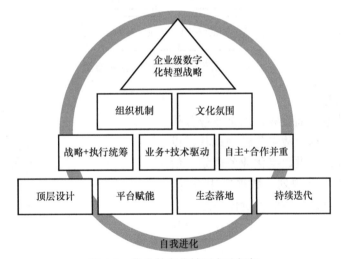

图 1-2　华为数字化转型方法框架

（2）系统工程 V 模型方法。基于系统工程的 V 模型，结合数字化转型特征，将转型的过程分解为数字化战略执行阶段和业务创新转型阶段，建立数字化管理体系，优化企业业务流程与商业模式，实现提质、降本、增效，支撑下一步的技术创新、产品扩展、模式转型与生态建立，开拓新业务领域，构建数字化转型 V 模型的参考模型，并根据结果不断迭代，推动企业转型。图 1-3 所示为系统工程 V 模型方法示意图。

（3）GB/T 23011—2022《信息化和工业化融合　数字化转型　价值效益参考模型》。该方法提出，要建立"支持能力打造和价值创造的能力单元"，通过复用、整合、创新、共创来构筑新型能力体系,进而支撑数字化转型能力升级与价值创造传递。新型能力体系由新型能力单元组成,新型能力单元是实现价值效益的能力载体,由过程维、要素维、管理维共同定义,通过三个维度的协调联动和融合创新,确保以价值效益为导向,稳定有效地打造和运用预期的相关能力。图 1-4 所示为企业数字化转型新型能力单元示意图。

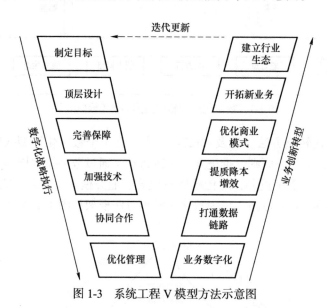

图 1-3 系统工程 V 模型方法示意图

2. 咨询服务流程

企业数字化转型咨询服务是以企业业务战略规划为基础,结合客户数字化转型现状,设定恰当的转型目标,提供数字化业务规划、信息能力设计、技术平台规划、数据应用设计、数据资产运营体系设计、评估评价体系建设等服务。通过数字化转型咨询服务,指导企业开展技术基建、数字化应用的相关工作,帮助企业获取更高的数字能力。图 1-5 所示为企业数字化转型咨询-实施-评估循环图。

数字化转型进程呈现业务转型创新、综合化经营、差异化经营、特色化经营、互联网战略、管理转型、科技引领的趋势,面对战略缺失、能力难建、价值难现等具体问题,企业需要通过数字化转型咨询服务获取解题的思路。企业数字化转型咨询服务流程一般包括咨询筹备、调研分析、规划设计、指导实施、成果推广共 5 个阶段。图 1-6 所示为以能力建设为目

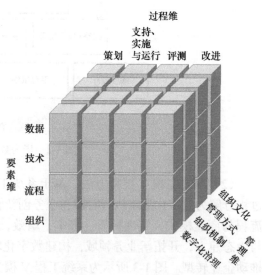

图 1-4 企业数字化转型新型能力单元示意图

标的企业数字化转型咨询服务流程图。

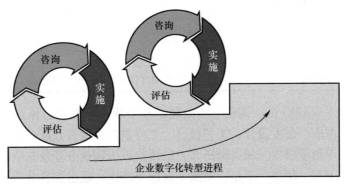

图 1-5　企业数字化转型咨询 - 实施 - 评估循环图

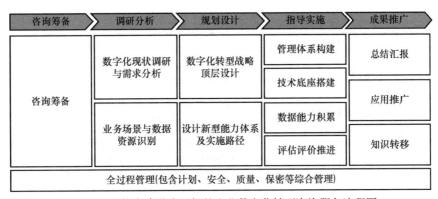

图 1-6　以能力建设为目标的企业数字化转型咨询服务流程图

（1）第一阶段：咨询筹备。咨询筹备阶段是咨询服务的开始，是最重要的环节，事关服务成果最终能否达成咨询目的。参考项目管理的"启动"阶段，其核心任务是与客户沟通需求，明确服务范围，拟订方案，识别风险并提供规避建议，明确双方职责矩阵和分工协作，根据项目目标和人员、资金投入及时间约束等条件制定项目计划，与项目干系人进行充分沟通，建立相互的信任、理解和信心，启动项目，并完成其他商务工作等。表 1-2 是咨询筹备阶段任务及成果物。

表 1-2　咨询筹备阶段任务及成果物

序号	任务	成果物
1	拟订方案	数字化转型咨询任务书
2	制定项目计划	咨询项目工作计划
3	识别风险	风险识别表及规避建议
4	干系人识别	干系人通讯录

(续)

序号	任务	成果物
5	明确职责分工	责任矩阵
6	商务洽谈	合同、协议
7	项目启动	项目启动会会议纪要、项目经理任命书等

（2）第二阶段：调研分析。调研分析阶段是基于项目建设的目标和范围，结合企业愿景、业务、组织、制度、研发设计、工艺设计、工程制造、运营效能、经营管理等实际，从业务、技术、数据等角度出发，深入调研客户的现状，识别业务场景与数据资源，分析其组成、结构、内容、关系、优势、不足、缺漏、演进等特征，通过综合分析，形成企业数字化转型需求文档。表1-3是调研分析阶段任务及成果物。

表1-3 调研分析阶段任务及成果物

序号	任务	成果物	
1	业务调研	业务调研提纲 业务调研总结报告	业务调研会议纪要
2	信息化建设调研	信息化调研提纲 信息化调研总结报告	信息化调研会议纪要
3	数据资源盘点	数据资源调研方案 数据库设计文档 参考数据清单 数据目录	数据调研会议纪要 主数据清单 数据应用清单
4	需求分析	数字化业务场景	数字化转型需求文档

（3）第三阶段：规划设计。规划设计阶段是基于项目建设范围、企业战略规划及发展目标，结合企业发展现状与数字化转型需求，以能力建设为核心要务，研究规划数字化转型战略、绘制企业数字化转型蓝图、设计实施路径，明确以能力建设为目标的企业数字化转型总体目标、阶段目标、能力组成、实施路线、建设步骤等内容。表1-4是规划设计阶段任务及成果物。

表1-4 规划设计阶段任务及成果物

序号	任务	成果物
1	顶层设计	数字化转型战略 数字化转型蓝图 数字化专项工程规划
2	能力设计	新型能力体系
3	实施方案设计	数字化转型路径 数字化转型实施方案（含技术、数据、应用等）

（4）第四段：指导实施。指导实施阶段是以规划设计结果为基线，组织企业开展管理体系、技术底座、数据积累、评估提升等具体建设任务，通过对业务流程、组织架构、角色职能、工作机制、技术平台、专业技能、制度标准等要素的升级改造，转化为新的能力点、能力链、能力网络与能力生态，获得客户的支持和认可，助力产生新的业务价值。表 1-5 是指导实施阶段任务及成果物。

表 1-5 指导实施阶段任务及成果物

序号	任务	成果物
1	平台建设	大数据平台／数据中台／数据湖／数据仓库／数据治理平台等
2	数据集成	数据集成代码、各类原始数据
3	数据开发	数据开发代码、各类加工数据
4	应用开发	数据应用代码、各类数据应用、数据产品
5	测试	测试报告

（5）第五阶段：成果推广。成果推广阶段是基于咨询规划内容，完成部分数字化建设工作后，对项目成果进行总结及展望，对数字化相关知识进行转移、复制，针对具备条件的其他业务场景、子企业或分公司、产业链上下游企业进行项目复制和成果推广，全面扩大项目建设战果，推进数字化转型进程。表 1-6 是成果推广阶段任务及成果物。

表 1-6 成果推广阶段任务及成果物

序号	任务	成果物
1	总结	项目总结 组织过程资产归档
2	培训	培训文档
3	成果推广	可推广场景 项目推广方案
4	评估	数字化转型评估报告 数据产品运行监测报告

3. 数字化转型咨询案例

（1）项目背景。国能铁路装备有限责任公司（以下简称"铁路装备公司"）是国家能源集团的全资子公司，作为国家能源集团产运销一体化运营的重要组成部分，承担着集团内部机车、货车的维修保障、设备租赁及铁路线路的维修养护等业务。自 2016 年以来，铁路装备公司就开始运用大数据等技术手段，助力在生产组织、生产管理、生产效率等多维度上的创新，在转型升级和创新方面取得了一定成效，但从全局视角评估其当前信息化建设、数据应用乃至数字化转型工作成果，公司仍面临着极大的挑战，存在数据建设多头管理、信息系统分散建设、数据全生命周期管控不完整、数据安全应对能力不足以及数据流通共享不充分等问题。

针对上述情况，基于其业务条线特征、生产经营特点、管理运营诉求以及自身数字化建设基线等条件，咨询团队为其提供了基于能力建设为目标的数字化转型咨询服务。

（2）咨询方案。结合铁路装备公司实际，对各数字化转型方法的组成要素、过程阶段以及能力单元进行分解、裁剪、重组，总结提炼出适合铁路装备公司的"设-管-建-评"数字化转型框架，如图1-7所示。其中，"设"表示顶层规划设计，"管"表示管理体系重塑，"建"表示技术能力建设，"评"表示评价优化体系。

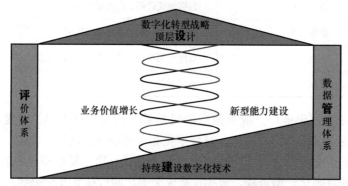

图1-7 "设-管-建-评"数字化转型框架

1）顶层规划设计。是在公司总体发展规划框架下，制定企业数字化转型总体思路，设计战略规划蓝图，划分战略落实阶段，确定各阶段主要目标及具体任务，为企业接下来的数字化转型明确方向与路径。

2）管理体系重塑。是在现有管理机制基础上，结合数字化转型需要，依托相关管理规范打造完善的数据管理机制，重塑数据管理方式、运营模式以及生态发展模式，搭建保障数字化转型稳步推进的数据管理体系。

3）技术能力建设。是根据企业技术基础、业务分布、业务目标等实际，结合企业发展战略调整、新型技术运用以及业务应用成效等，设计一体化技术平台架构与方案，依托相关具体业务开展数据、技术以及基础设施等的建设与融合，并根据应用成效反向调整、优化技术体系，打造满足企业数字化转型需求的工具体系。

4）评价优化体系。是以相关标准为依据，结合企业属性、基因与发展诉求，制定数字化转型评价标准体系，针对企业数字化转型的进程、效率、效益、效能等方面，指导开展相关评估与分析评价工作，提出进一步发展建设的方向与策略，推动"以评促管、以评促建"的数字化转型。

（3）建设内容。铁路装备公司数字化转型的顶层设计蓝图，按照数据价值的呈现路径，分为业务数字化、数字资产管理体系建设和数据生态打造三个步骤，如图1-8所示。

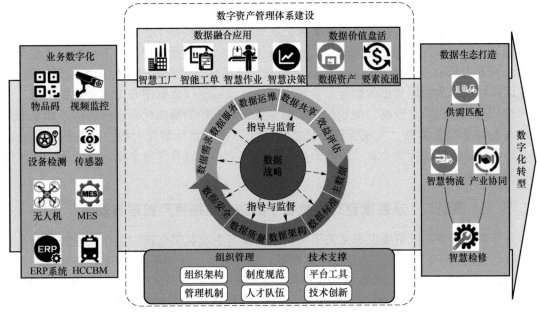

图 1-8　铁路装备公司数字化转型的顶层设计蓝图

在业务数字化环节，规划作业现场数字化建设，采集车辆运行数据、检测维修数据，夯实数字基础设施；在数字资产管理体系建设环节，依据 DCMM 国家标准[一]，以数据战略为核心，以组织管理为纲领，借助技术支撑的力量，夯实数据安全、数据质量、数据架构、数据标准等 10 个数据管理能力域的具体工作基础，结合业务难题开展数据资源的融合应用创新并提升业务智能化水平，探索数据要素流通渠道，盘活数据资产价值；在数据生态打造环节，联合供应链上下游，进行数据资产关联赋能，带动产业链生态健康发展。

（4）业务价值。铁路装备公司通过咨询服务，构建了涵盖数据管理办法、规范、流程、模板逐层细化的数据管理制度体系，全面规范数据治理工作，厘清数据管理相关人员的责、权、利，形成数字化转型长效机制；建设集数据采集、存储、加工，以及数据标准管理、数据质量管理等核心功能为一体的数据中心及数据运营平台，目前已经汇聚包括科研、物资、安环、机车检修、集中调度、状态修、多 T 监控[二]等经营管理和生产运营的核心数据，共计 588 张核心数据表，超过 2TB 的核心数据资产，实现公司数据资产的统一汇聚、统筹管控及有效融合，支持智能辅助决策驾驶舱系统、大数据服务平台等内外部数据应用，已经初步形成了铁路装备公司内部数据供应链、铁路装备行业数据产业链，辅助实现数据产品安全流通，

⊖　GB/T 36073—2018《数据管理能力成熟度评估模型》（Data Management Capability Maturity Model，DCMM）。

⊜　即，多 T 综合监控与应用系统，包含：红外线轴温探测智能跟踪系统（Track Hotbox Detection System，THDS）、货车运行状态地面安全监测系统（Truck Performance Detection System，TPDS）、货车滚动轴承早期故障轨边声学诊断系统（Truckside Acoustic Detection System，TADS）、货车运行故障动态图像检测系统（Trouble of moving Freightcar Detection System，TFDS）、客车运行安全监控系统（Train Coach Running Diagnosis System，TCDS）。

9

开辟企业经济收入新渠道,对集团业务协同及铁路装备行业生态发展都有较高的参考价值。

(5) 应用场景。铁路装备公司改革深化数智化管理平台是一套以企业运营管理为基础的数据资产应用系统。该平台以公司发展目标为驱动,以经营管理需求为导向,通过全面梳理公司五大核心业务体系的关键经营指标和考核指标,建立健全指标标准及判定规则,形成以指标数据为判定依据的智能风险预警体系。该系统以数据中心为主要数据来源,自动采集并更新关键节点数据,初步构建起全业务领域工作的精细化动态管理体系和基于全域数据的科学决策体系,实现管理态势实时可见、管理目标量化可控、风险信息自动预警、异常信息闭环管控的全新"以数治企"管理模式,公司管理数字化、科学化、智慧化水平得到显著提升。

案例二　从数据资产目录着手的企业数据资产梳理与规范

近年来,国务院国资委发布《关于加快推进国有企业数字化转型工作的通知》等一系列文件,强调国有企业要进一步强化数据驱动、集成创新、合作共赢。某物流集团统一数字化顶层设计,搭建了统一的大数据基础平台,并基于多年物流数据治理经验,结合 DCMM、国际数据管理协会(Data Management Association,DAMA)等的数据管理理论研究成果,总结出梳理和规范企业数据资产的五步方法论,即"识别、引导、优化、应用、评估",建立了以数据资产目录为核心的数据资产管理体系,为寄递、采购等业务赋能。

自数据资产管理体系建设以来,累计识别并编制数据资产目录近万条,进行 50 多亿条数据的质量检核和整改,驱动 2 亿余条数据下发到业务部门,封装 600 多个数据服务接口,开发 500 多个数据指标,有力地支撑了物流集团寄递、惠农等各项业务的数字化发展。数据资产管理体系构建要点如下。

1. 数据资产识别

对各个业务部门进行数据调研,梳理业务组成、信息系统、数据分布、数据共享和使用需求,梳理业务对应的数据模型,并进一步探查核心数据特征,以识别出企业数据资产,为数据治理奠定基础。

(1) 数据资产调研。对集团人事、财务、寄递、采购等部门进行调研,主要通过以下步骤进行。

1) 制定调研方案。根据企业的需求,制定数据资产调研方案,调研要点包括。

- ➢ 调研目标:本次调研的目标有哪些,核心目标是什么。
- ➢ 调研对象:调研哪些业务部门、哪些具体的业务用户。
- ➢ 调研方法:采用哪种调研方法,常见的调研方法有问卷调查、访谈、文献研究等。
- ➢ 调研团队:调研团队的构成和职责分工,例如谁来提问、谁来记录等。
- ➢ 调研计划:调研的整体时间安排,注意在每场调研之间留出冗余。
- ➢ 调研流程:每场调研的整体流程,怎么介绍、过程怎样把控、异常怎样处理等。
- ➢ 调研问题:调研中如果涉及主观问题,应包含哪些方面,问题如何设计。
- ➢ 调研模板:提前设计调研问卷、纪要模板、总结模板等。

➢ 保密说明：调研中的保密承诺，必要时，可每场调研签署保密承诺书。

➢ 调研风险：调研过程中会存在哪些风险，哪些可控，哪些不可控，风险出现后的应对措施。

2）执行调研方案。按照调研方案进行调研，重点了解以下内容。

➢ 组织机构整体情况，包括企业部门组成、对应职责、部门领导对数据资产管理工作的了解情况和态度。

➢ 业务整体情况，部门主要业务描述、业务对象、业务流程、业务产生的数据情况、数据如何随着业务流转。

➢ 信息系统和数据资源情况，信息系统分布，核心系统的建设运维情况、使用情况、存储数据情况，以及与其他信息系统的关联关系。

➢ 数据需求情况，业务在办理过程中，需要其他部门的哪些数据，哪些数据已经提供，通过什么方式提供。

3）总结调研内容。每一场调研完成后及时总结，主要总结内容如下。

➢ 整理调研纪要，并基于调研，形成每个部门的组织架构和业务组成、重点信息系统清单、核心数据资源清单和数据需求清单。

➢ 发现调研过程中的不足，及时对调研的整体过程进行优化。

➢ 发现调研过程中遗漏的内容，通过补充调整等进行完善。

（2）数据模型梳理。数据模型（Data Model，DM）是对现实世界中包含数据内容对象的抽象，它从抽象层次上描述了系统的静态特征、动态行为和约束条件，是业务行为、数据流转的相对直观的反映。在物流集团数据资产调研基础上，进一步采集并梳理企业数据模型。其中，对设计规范、有配套数据模型资料的采购等业务系统，直接采集对应的产品数据管理（Product Data Management，PDM）、概念数据模型（Conceptual Data Model，CDM）、逻辑数据模型（Logical Data Model，LDM）等各类数据模型设计文件，导入数据资产管理工具进行统一解析和管理；对缺乏配套数据模型资料的业务系统，按照统一的数据模型采集模板，梳理业务活动，以及业务活动中的数据实体和数据实体之间的关系，导入数据资产管理平台进行统一管理。表1-7是概念模型梳理模板属性说明，表1-8是逻辑模型梳理模板属性说明，表1-9是物理模型梳理模板属性说明。

表1-7 概念模型梳理模板属性说明

模板	模板信息项	模型信息项属性说明
概念实体	实体名称	用中文描述实体的名称，在同一个概念模型中，实体中文名称具有唯一性，必填
	实体编码	用英文描述实体的名称，在同一个概念模型中，实体编码具有唯一性，必填
	备注	描述实体对应现实世界中事物的具体含义，选填

（续）

模板	模板信息项	模型信息项属性说明
概念实体关系	关系规则	描述源端实体与目标端实体的交互动作，如：包含、拥有、管理、分类、应用于、产生、属于等，必填
	源端实体名称	被其他实体关联的实体名称，若关系类型为"多对多"时，可任意选择一方实体填写，必填
	源端实体编码	被其他实体关联的实体编码，若关系类型为"多对多"时，可任意选择一方实体填写，必填
	目标端实体名称	需要关联其他实体的实体名称，若关系类型为"多对多"时，填写另一方实体，必填
	目标端实体编码	需要关联其他实体的实体编码，若关系类型为"多对多"时，填写另一方实体，必填
	关系类型	描述两个实体间关系基数所反映的关系特征，包括：一对一、一对多、多对多，必填

表1-8 逻辑模型梳理模板属性说明

模板	模板信息项	模型信息项属性说明
逻辑实体	实体编码	用英文描述实体的名称，在同一个逻辑模型中，实体编码具有唯一性，必填
	实体名称	用中文描述实体的名称，在同一个逻辑模型中，实体名称具有唯一性，必填
	属性名称	用中文描述实体所包含的属性信息，必填
	属性编码	用英文描述实体所包含的属性信息，必填
	属性类型	描述属性对应的数据类型，包括：字符型、数值型、日期型、逻辑型，必填
	是否主键	描述属性是否作为主键，选填（默认为否）
	是否唯一键	描述属性是否作为唯一键，选填（默认为否，主键默认为是）
	是否外键	描述属性是否作为外键，选填（默认为否）
	是否必填	描述属性是否可为空值，选填（默认为否）
	属性备注	描述属性的业务含义，选填
	来源	描述该实体是由哪个概念实体产生，填写概念实体编码，必填

(续)

模板	模板信息项	模型信息项属性说明
逻辑实体关系	关系规则	描述源端实体与目标端实体的交互动作,如:包含、拥有、管理、分类、应用于、产生、属于等,必填
	源端实体名称	主键或唯一键属性被其他实体关联的实体名称,必填
	源端实体编码	主键或唯一键属性被其他实体关联的实体编码,必填
	源端实体属性名称	被其他实体关联的主键或唯一键属性的名称,必填
	源端实体属性编码	被其他实体关联的主键或唯一键属性的编码,必填
	目标端实体名称	实体属性中存在关联其他实体主键或唯一键属性的实体名称,必填
	目标端实体编码	实体属性中存在关联其他实体主键或唯一键属性的实体编码,必填
	目标端实体属性名称	关联其他实体中主键或唯一键属性的属性名称,必填
	目标端实体属性编码	关联其他实体中主键或唯一键属性的属性编码,必填
	关系类型	描述两个实体间关系基数所反映的关系特征,包括:一对一、一对多,必填

表1-9 物理模型梳理模板属性说明

模板	模板信息项	模型信息项属性说明
物理实体	实体编码	用英文描述实体的名称,在同一个物理模型中,实体编码具有唯一性,必填
	实体名称	用中文描述实体的名称,在同一个物理模型中,实体名称具有唯一性,必填
	属性名称	用中文描述实体所包含的属性信息,必填
	属性编码	用英文描述实体所包含的属性信息,必填
	属性类型	描述数据库中属性对应的数据类型,例如:VARCHAR、CHAR、DATETIME、INT、FLOAT等,必填
	长度	描述属性值允许的最大字符长度,选填
	精度	描述属性值的保留小数位数,选填
	是否主键	描述属性是否作为主键,选填(默认为否)
	是否唯一键	描述属性是否作为唯一键,选填(默认为否,主键默认为是)
	是否外键	描述属性是否作为外键,选填(默认为否)
	是否必填	描述属性是否可为空值,选填(默认为否)
	属性备注	描述属性的业务含义,选填
	来源	描述该实体是由哪个逻辑实体产生,填写逻辑实体编码,必填

（续）

模板	模板信息项	模型信息项属性说明
物理实体关系	关系规则	描述源端实体与目标端实体的交互动作，如：包含、拥有、管理、分类、应用于、产生、属于等，必填
	源端实体名称	主键或唯一键属性被其他实体关联的实体名称，必填
	源端实体编码	主键或唯一键属性被其他实体关联的实体编码，必填
	源端实体属性名称	被其他实体关联的主键或唯一键属性的名称，必填
	源端实体属性编码	被其他实体关联的主键或唯一键属性的编码，必填
	目标端实体名称	实体属性中存在关联其他实体主键或唯一键属性的实体名称，必填
	目标端实体编码	实体属性中存在关联其他实体主键或唯一键属性的实体编码，必填
	目标端实体属性名称	关联其他实体中主键或唯一键属性的属性名称，必填
	目标端实体属性编码	关联其他实体中主键或唯一键属性的属性编码，必填
	关系类型	描述两个实体间关系基数所反映的关系特征，包括：一对一、一对多，必填

（3）核心数据探查。对寄递、采购等核心业务中的客户信息、购买记录、邮寄记录等核心数据资源进行探查，从整体了解集团的核心元数据情况、核心数据资源特征和存在的问题，主要的探查步骤如下。

1）确定探查系统。根据数据调研情况，将承载部门主体业务的、员工使用频次高的信息系统视为企业核心业务系统，并作为探查系统。

2）确定探查数据表。通过对核心业务系统中的表清单、表基本信息（表名、注释、数据量、重复记录数）进行梳理、对比，将被多次使用的客户、供应商、人员、组织等数据视为核心数据资源，将相应的数据存储表作为探查数据表。

3）进行数据探查。对探查数据表进行字段级数据探查，主要探查内容包括字段英文名称、注释、类型、值域、是否字典、是否为空、重复记录数、空值数等字段基本信息，以及数值最大值、数值最小值、字符串最大长度、字符串最小长度、日期最大值、日期最小值、特殊字符等字段特征数据。

2. 数据资产引导

结合某物流集团在数据汇聚、质量检核、标准制定和目录编制等方面的具体需求，制定符合企业实际的各项数据资产管理规范和流程，指导各项工作有序开展。

（1）制定《集团数据资产管理办法》。从整体管理角度出发，对数据资产管理的意义、管理机构与职责、主要管理流程、主要活动整体要求、监督考核进行综述，作为组织数据资产管理工作开展的指导性文件。

（2）制定专项数据活动管理规范。制定《集团数据标准管理规范》《集团数据质量管理规范》《集团数据共享管理规范》等数据资产管理规范，对集团具体数据活动管理的意义、管理机构与职责、管理内容、管理过程进行详细阐述，指导具体数据活动的执行落地。

3. 数据资产优化

在某物流集团寄递、采购等各业务部门的数据资产调研中，发现系统间数据冲突、系统内数据错误等问题；在核心数据探查中，发现数据关键字段记录缺失、数据规范性差等问题，为此建立了全流程的数据质量检核机制，梳理形成了企业统一的数据标准。

（1）制定数据标准。数据标准是数据的命名、定义、结构和取值的规则（见 GB/T 36073—2018）。统一的数据标准是数据在不同业务系统之间流动的凭证。在某物流集团的数据资产调研和探查中，发现寄递、采购、财务等不同业务按照自身需求私自定义，导致同一数据标准在不同业务中的内容不一致，阻碍了数据的共享和融合分析等应用。从业务术语、数据元、数据字典、数据指标等方面制定统一的数据标准，成为企业数据资产使用的前置工作，主要从以下几个方面展开。

1）梳理形成统一的业务术语标准。按照统一的模板，整合业务过程中频繁使用的业务术语，如员工、网点等；参照国标、地标、行标、企标，形成企业统一的业务术语标准，为所有业务部门在交流中提供一致的数据理解。表 1-10 为业务术语标准模板示例。

表 1-10　业务术语标准模板示例

属性名称	定义依据	属性说明
分类	—	对业务术语进行分类，分类参考组织标准，必填
中文名称	引用 GB/T 36073—2018，12.1.1 概述	用中文描述业务术语的名称 所有业务术语的中文名称不可在已发布的业务术语标准中重复，必填
英文名称	引用 GB/T 36073—2018，12.1.1 概述	用英文描述业务术语的名称 所有业务术语的英文名称不可在已发布的业务术语标准中重复，必填
术语定义	引用 GB/T 36073—2018，12.1.1 概述	描述业务术语所包含的具体业务含义，必填
制定依据	—	描述业务术语定义的参考依据，如：国际标准、国家标准、行业标准等，并填写完整的标准文件名称，可选

2）梳理形成统一的数据元和数据字典标准。梳理仓储、寄递、营销等不同数据来源中的数据元和数据字典，尤其是不同数据来源中所有共用的数据元和数据字典，制定企业统一的数据标准，对数据元和数据字典进行统一管理，实现了数据在数据元和数据字典层面的融合互认。

3）梳理形成统一的数据指标标准。指标来源于业务，是业务的精炼。各个业务部门为了快速了解业务现状和趋势、制定未来发展策略，会从业务中提炼各种各样的数据指标，某物流集团财务、经营分析、惠农等不同业务部门根据自身需要形成了大量的数据指标，但存在口径、计算方式不一致等问题，导致指标歧义、无法汇总比较。故对不同业务系统的指标进行统一收集、梳理，对指标的名称、含义、计算方式、来源等进行明确定义和区分，统筹管理全集团数据指标,为业务提供统一的指标理解。

(2)数据质量检核。针对某物流集团在数据质量方面存在的数据完整性、准确性、规范性等问题,采用问题驱动和经验驱动两种方式开展数据质量检核工作。

1)问题驱动的数据质量检核。对探查中发现的普遍存在的数据关键字段记录缺失、数据格式不规范等问题,进一步定义出通用的数据质量检核规则,对更多的数据表进行数据质量检核,明确具体问题的涉及面,记录问题数据,驱动问题数据的整改。

2)经验驱动的数据质量检核。借鉴行业数据质量管理实践中积累的、企业最可能出现的数据质量问题,定义数据质量规则、配置数据质量检核任务、明确数据质量问题、分析问题原因、驱动问题数据的整改和优化。

4. 数据资产应用

基于标准化的、高质量的数据资源,编制统一的数据资产目录,并根据数据资产调研阶段获取的数据,共享和使用需求,开发数据服务接口,驱动围绕数据资产目录的数据共享和应用。

(1)数据资产目录编制。数据资产目录是采用分类、分级和编码等方式描述数据资产特征的一组信息(见 GB/T 40685—2021),是企业进行数据资产统一管控、实现数据资产共享和业务协同的基础。数据资产目录编制是数据资产管理的关键环节,主要包含数据资产分类分级、编制数据资产目录、发布数据资产目录、维护数据资产目录。

1)数据资产分类分级。基于物流行业数据实践经验,参照业内已发布的成熟数据资产分类分级标准,结合某物流集团寄递、采购、财务等业务,形成全集团从一级到四级涵盖产品、营销、渠道、客服等的数据资产分类分级体系,并据此对数据资产进行分类和定级。

2)编制数据资产目录。结合管理需求,确定包含分类、名称、内容、主管部门等属性的数据资产目录模板,按照模板,结合业务活动,以及对应的业务系统、数据模型和数据资源,编制统一的数据资产目录。表 1-11 是数据资产目录编制模板示例。

表 1-11 数据资产目录编制模板示例

序号	分类一	分类二	名称	内容	主管部门	数据生产系统	存储数据库位置	存储数据库名称	…	备注

3)发布数据资产目录。将编制的数据资产目录录入数据资产管理平台,并经过审核后统一发布,供业务部门检索、浏览和申请。

4)维护数据资产目录。根据业务的变化情况,及时对已发布的数据资产目录进行维护。

(2)数据服务接口开发。数据资产以数据库表、数据服务接口、文件等形式存在,围绕用户按需共享。其中数据服务接口是效率最高、受众最广、安全性最好的数据共享形式,将数据库表封装为格式统一、使用可控的数据服务接口,是数据资产应用的重要环节。根据数据资源,结合业务需求,开发出客户信息核查、快递查询、员工信息查询、代理金融服务查询等 600 多个数据服务接口。

5. 数据资产评估

数据资产评估是对数据资产管理能力成熟度的评估，是数据资产量化管理的基础，也是形成数据资产管理闭环的关键。在某物流集团的项目实践中，借鉴 DCMM、DAMA 等数据管理理论，建立了符合企业实际的数据资产管理能力成熟度评估模型，如图 1-9 所示，定期对企业数据资产管理能力进行评估，及时发现问题，为下一步的数据资产建设指明方向。图 1-10 为某物流集团数据资产管理能力评估指标体系示意图。

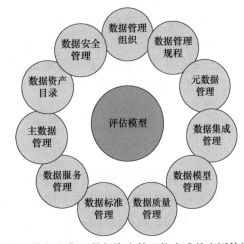

图 1-9 某物流集团数据资产管理能力成熟度评估模型

能力域	能力项	能力项描述	现状描述	企业得分（5分制）	模块评分（5分制）	备注
数据管理组织	建立数据管理组织	建立数据体系配套的权责明确、内部沟通顺畅的数据管理组织		2	1.20	
	岗位设置	建立数据管理所需的岗位、明确岗位职责、任职要求等		3		
	团队建设	制定团队培训、能力提升计划，通过引入内部、外部资源定期开展人员培训，提升团队人员的数据管理技能		1		
	数据归口管理	明确数据所有人、管理人等相关角色，以及数据归口的具体管理人员		0		
	建立绩效评价体系	根据团队人员职责、管理数据范围的划分，制定相关人员的绩效考核体系		0		
数据管理规程	制定数据规程框架	根据数据职能的层次和授权决策次序，数据制度框架分为办法、规范和技术指南三个层次，该框架规定了数据管理的具体领域、各个数据领域内的目标、遵循的行动原则、完成的明确任务、实行的工作方式、采取的一般步骤和具体措施		0	1.00	
	整理数据规程内容	数据管理办法、数据管理规范和技术指南共同构成组织数据制度体系，其基本内容如下：数据管理办法是为数据管理和数据应用各领域内活动开展而规定的相关规则和流程；数据管理规范是为确保数据管理办法执行落实而制定的分领域的、明确阐述管理流程和权责的管理规范；技术指南是针对具体数据活动、依托相关数据工具、指导活动具体进行的技术指南		2		
	数据规程发布与实施	组织内部通过文件、邮件等形式发布审批通过的数据制度；结合数据管理组织的设置，推动数据制度的落地实施		0		
	数据规程宣贯	定期开展各项数据管理规程相关的培训、宣传工作		2		

图 1-10 某物流集团数据资产管理能力评估指标体系示意图

某物流集团通过践行数据资产建设的"识别、引导、优化、应用、评估"五步方法论，全面梳理企业的业务、数据模型、业务系统、数据资源，从数据标准和数据质量出发进行数据管理，并将标准化的、高质量的数据资源编制成统一的数据资产目录，围绕数据资产目录进行数据开发、共享和应用，进一步通过数据资产评估建立起闭环的数据资产运营体系，初步实现了全集团数据的资产化、服务化和价值化，为集团数字化转型赋能。

案例三　汽车制造行业数据分类分级管理案例
——长安汽车制造工厂边缘数仓建设实践

1. 汽车制造行业数据分类分级需求现状

《中华人民共和国数据安全法》明确提出要建立数据分类分级保护制度，对数据实行分类分级保护。目前，我国已有多个领域制定了相应的标准或政策，如《工业数据分类分级指南（试行）》《证券期货业数据分类分级指引》《政务数据　数据分类分级指南》等。随着智能网联车时代的来临，车辆已经逐渐成为移动的数据中心，提高数据安全保护能力是汽车制造企业迫在眉睫的需求，而做好数据安全的第一步，是对数据进行分类分级。

汽车制造企业多为集团型企业，业务涵盖了汽车产品设计、生产制造、汽车销售、售后维修、物流配送、4S店经销管理等。其中，汽车整车生产制造业务是汽车制造企业即汽车主机厂（以下称汽车主机厂）的核心业务，均在汽车主机厂所属的分布在全国的各类制造工厂内完成。制造工厂包括总装厂、动力总成厂、汽配厂、电池制造厂等，其中总装厂尤为重要，覆盖了冲压、焊接、涂装、总装等整车生产工艺流程，业务流程复杂，数据量庞大，数据存在多源异构的特点，管理难度大。

目前，汽车制造工厂大部分已经完成信息化建设，构建了企业资源计划（Enterprise Resource Planning，ERP）、制造执行系统（Manufacturing Execution System，MES）、质量管理、能源管理、设备管理、计划管理、物流管理等信息化系统。信息化系统一方面提升了流程规范性，实现业务数据化，另一方面也带来了数据管理的困难，如：各业务系统数据相互独立、分散、无法整合拉通，造成数据获取难、数据使用不便；各业务系统的数据结构复杂多样，包括结构化数据和非结构化数据（图片、视频、系统日志等），基于现有信息化系统无法进行统一处理，数据整合分析困难；生产制造产生的数据量超大，物联网（Internet of Things，IoT）设备每天产生的数据量级已达百亿级，造成存储成本高、数据管理和查询难度大等问题。

在"软件定义汽车"的汽车发展新阶段，汽车制造数据的分类分级管理将推动汽车主机厂构建体系化、规范化、便捷化的数据资产管理体系，促进快速迭代车型车系、响应客户需求、实现跨领域的用户直连制造（Customer-to-Manufacturer，C2M）模式等更加智能敏捷。

2. 车企数据分类分级解决思路

目前，集团企业的大数据管理通常选择集中式数据管理，即在集团总部建设数据中台，构建集团数据湖或数据仓库，包括集团本部和子企业、分公司的数据全部汇聚到集团数据仓库，在数据中台内实现数据拉通、开发、管理、应用等。但汽车制造厂遍布全国，采用集中式数据管理专线传输成本高，数据实时性无法保障，数据全生命周期各环节都面临安全风险与挑战。

本案例的方案将从汽车制造业务领域和数据管理全生命周期两条主线着手，结合汽车的设计、制造、销售、供应链、售后、车联网等，盘点和梳理业务流程与业务相关方的关联关系，从数据采集-存储/计算-管理-使用-归档/销毁的管理来梳理全生命周期数据，构建汽车制造数据流转大图，明晰数据在业务中的流向，对数据进行分类分级，以帮助业务人员和管理人员便捷使用数据，实现数据可见、可懂、可用、可运营。

3. 数据分类分级工作推进方案

方案将分为三个阶段推进。

（1）第一阶段：一体化大数据开发及管理平台。快速上线数据集成、数据开发（离线开发、实时开发、算法开发）、数据治理、数据服务、数据分析、平台运维等大数据功能，完成大数据开发工具建设，实现工厂端数据湖、仓一体建设，将工厂级业务数据、发动机工厂数据、OT数据[一]（即物联设备数据）、非结构化数据等快速汇聚到工厂数据仓库，支撑整个数据中心的数据应用。

（2）第二阶段：数据分层分域构建边缘数仓。汽车制造数据加工与管理，是数据资源向数据资产转化的过程。基于维度建模方法构建工厂端一体化数据湖、仓（简称"边缘数仓"），将MES、学习管理系统（Learning Management System，LMS）、质量管理系统（Quality Management System，QMS）、物联网、线下填报系统等的数据汇聚到边缘数仓，实现工厂级数据集中，并通过边缘计算向集团大数据平台提供开放式接口，完成轻度汇总。

（3）第三阶段：数据资产分类分级管理体系设计与落地。通过对工厂生产、质量管理、供应链管理、计划、大数据中心等业务部门的调研，盘点数据资源，借鉴政务数据分类分级经验，参考《工业数据分类分级指南（试行）》，编制汽车制造数据编目，供汽车主机厂全域使用。图1-11所示为汽车制造工厂数据管理需求总体框架。

4. 数据分级分类工作落地实施

（1）一体化大数据开发及管理平台。实时采集OT数据、关系型数据和非结构化数据，经过数据标准化定义、数据清洗、质量治理和融合加工，建立一个实时、集成化的边缘数仓平台。边缘数仓平台包含七大功能：平台管理、数据集成、数据存储、数据治理、数据开发、数据开放、平台运行监控。图1-12所示为一体化数据开发管理平台功能架构图。

（2）数据分层分域构建边缘数仓。借助大数据开发管理平台工具，以整库同步与应用编程接口（Application Programming Interface，API）结合方式，汇聚MES、LMS、QMS、ThingWorx等工厂业务系统的各类数据。按数据仓库建模经典模型的原始数据（Operation Data Store，ODS）层、维度（Dimension，DIM）层、数据明细（Data Warehouse Detail，DWD）层、轻度汇总（Data Warehouse Service，DWS）层、数据应用（Data Management，DM，即数据集市）层进行边缘数仓建设。集合汽车制造工厂的对象，形成人、机、料、法、环、测、能的数据主题域。边缘数仓建设规范和原则包括：数据分层、集中流转、统一数据、实施规范。图1-13所示为汽车制造边缘数仓整体架构图。

[一] OT数据通常指由操作技术（Operation Technology，OT）产生的一系列数据。

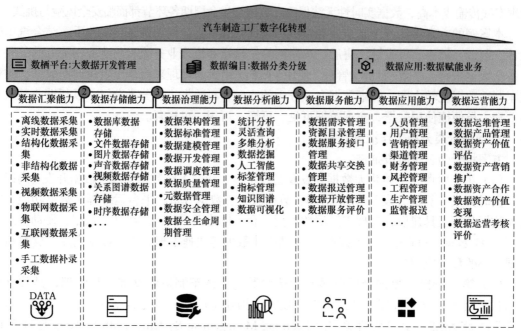

图 1-11 汽车制造工厂数据管理需求总体框架

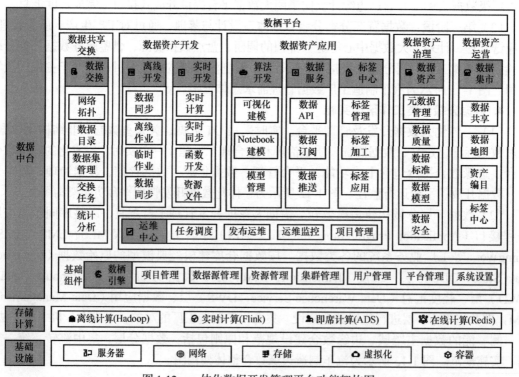

图 1-12 一体化数据开发管理平台功能架构图

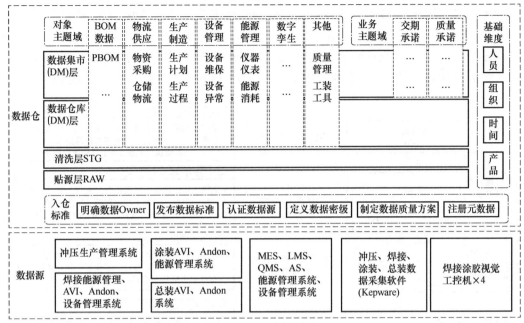

图 1-13 汽车制造边缘数仓整体架构图

1）数据分层。要求对数据分层设计，各司其职。可以根据需求，在规范分层结构上进行扩展和拆分；由于每一层功能不一样，其设计和实施策略需要进行差异化设计，每层需要有相应的数据审计字段；范式和反范式化结合。

2）集中流转。要求稳定业务必须按照标准数据流程进行开发和维护，禁止数据集市层直接使用贴源层的 ODS，禁止反向依赖，如数据仓库（Data Warehouse，DW）中的表不能依赖数据集市；非稳定业务需求可以遵循上述规则。

3）统一数据。指的是统一版本，数据定期加载后极少更新，保留数据明细维度的历史变化，支持数据的上下游回溯和问题追踪，汇总表与明细统计结果保持一致。

4）实施规范。要求数据建模全流程执行：数据模型的命名、设计和开发要规范；后期数据模型可维护；支持基于元数据的加工与分析；规范补录数据等。

边缘数仓汇聚多源数据，具体包括三类数据汇聚：OT 数据汇聚，具备多种接口方式与生产线可编程逻辑控制器（Programmable Logic Controller，PLC）、数据库、数控机床等通信，采用 OPC-UA、MODBUS、消息队列遥测传输（Message Queuing Telemetry Transport，MQTT）等通信协议，实现现场 OT 数据的采集；关系型数据汇聚：边缘数仓与 ThingWorx、AVI、Andon、MES 等外围信息化系统采用中间数据库接口、Socket 或 API 等方式汇聚关系型数据；非结构化数据汇聚：边缘数仓具备文档、图片、视频、音频、压缩包、纯文本文件等非结构化数据汇聚与存储能力。图 1-14 所示为边缘数仓建设规范图。

（3）汽车制造数据分类分级管理。借鉴证券行业和政务领域数据分类分级经验，参考《工业数据分类分级指南》，一级数据分类类别具体划分为研发域、生产域、运维域、管理域、外部域；同时，从遭受篡改、破坏、泄露或非法利用的影响程度等维度考虑，将工业数据的数据安全分级从高到低划分为三级、二级和一级，两者结合，明确了汽车制造数据分类分级总体思路：从业务条线出发，首先对业务细分，其次对数据细分，形成从总到分的树形逻辑体系结构，最后对分类后的数据确定级别，并且确定数据形态。图1-15所示为数据层级体系示意图。

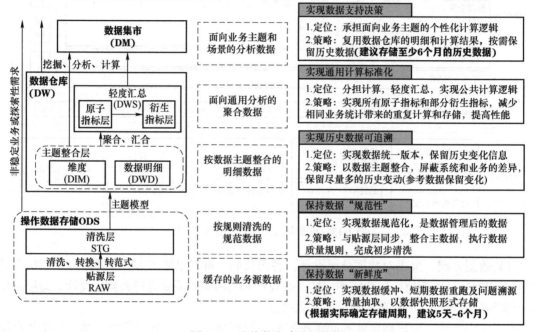

图1-14 边缘数仓建设规范图

1）数据分类分级流程。

第一阶段：业务细分。解决业务分类问题，同时确定数据的管理主体。数据管理主体的确定是数据分类准确性和定级准确性的基本保证。依据具体业务管理主体对应的管理范围，对业务一级子类细分。之后将"业务条线（业务一级子类）"细分为不同的"业务管理（业务二级子类）"，得到一系列有较清晰界限的业务二级子类。除特殊情况外，一般业务条线仅细分到二级。

第二阶段：数据归类。在明确数据管理主体和业务分类的基础上，重点解决数据分类问题。依据第一阶段划分的每个业务二级子类的"管理范围（Management Subject，MS）"对应的"管理对象（Management Object，MO）"，对数据进行归类，确定对应某业务的"单类业务数据总和"（先确定各个业务二级子类下的数据表、数据项、数据文件等全部数据，称为"单类业务数据总和"）。按照数据性质、重要程度、管理需要、使用需要等要素，将"单类业务数据总和"细分为不同数据一级子类，也可以根据情况需要，按照细分方法，进一步细分为数据二级子类、三级子类等。这个过程用于确定某类业务下存在的数据。然后，对"单类业务数据总和"按照"细分方法"细分后得到数据一级子类。通常一个"业务管理"子类下，有多个不同的数据一级子类。数据一级子类可根据需要，再细分得到二级子类。数据分类层级，过少，不利于定级；过多，不利于管理。建议分类不超过三个层级。

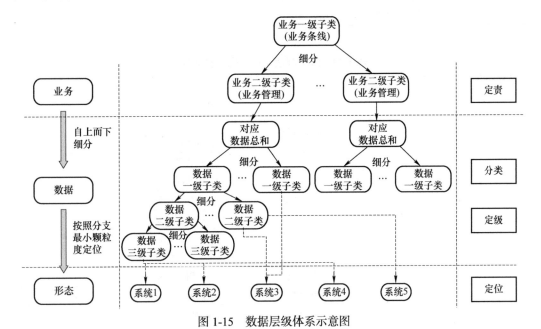

图 1-15 数据层级体系示意图

第三阶段：级别判定。在数据分类基础上，进行数据定级。将已划分完可定级的一级、二级、三级数据，采用基于影响的判定方法。由影响对象、影响范围、影响程度三要素进行定级。分类后的数据，均应有明确的级别。影响程度的判定，宜综合考虑数据类型特征。数据类型根据业务条线划分并确定，不同业务对应不同的数据类型，体现不同的业务特点。例如：订单类业务数据安全属性遭到破坏所产生的影响程度，通常要高于信息披露类数据。表 1-12 是汽车制造数据分级参考。表 1-13 是汽车制造工厂数据分类参考。表 1-14 是汽车制造数据分类分级字段说明。

表 1-12 汽车制造数据分级参考

影响程度	参考说明
严重	1. 易引发特别重大生产安全事故或突发环境事件，或造成直接经济损失且特别巨大 2. 对国民经济、行业发展、公众利益、社会秩序乃至国家安全造成严重影响
中等	1. 易引发较大或重大生产安全事故或突发环境事件，给企业造成较大负面影响，或直接经济损失较大 2. 引发的级联效应明显，影响范围涉及多个行业、区域或者行业内多个企业，或影响持续时间长，或可导致大量供应商、客户资源被非法获取或大量个人信息泄露 3. 恢复工业数据或消除负面影响所需付出的代价较大

(续)

影响程度	参考说明
轻微	1. 对工业控制系统及设备、工业互联网平台等的正常生产运行影响较小 2. 给企业造成负面影响较小，或直接经济损失较小 3. 受影响的用户和企业数量较少、生产生活区域范围较小、持续时间较短 4. 恢复工业数据或消除负面影响所需付出的代价较小

表1-13 汽车制造工厂数据分类参考

主题	一级类别	二级类别	三级类别
个人数据	营销用户个人数据	基本身份	基本资料
			个人身份
			教育背景
			工作背景
		网络身份	健康状况
			身份标识信息
			身份鉴别信息
		生物识别	个人生物识别信息
		地理位置	个人地理信息
		财产信息	个人财产信息
		通信信息	个人通信信息
		其他信息	其他信息
	员工个人数据	基本身份	基本资料
			个人身份
			教育背景
			工作背景
		网络身份	健康状况
			身份标识信息
			身份鉴别信息
		生物识别	个人生物识别信息
		地理位置	个人地理信息
		财产信息	个人财产信息
		通信信息	个人通信信息
		标签信息	个人标签信息
		其他信息	其他信息
	车主个人数据	基本身份	基本资料
			身份信息
		网络身份	车联网服务身份及鉴权
			车联网交易身份及鉴权
		生物识别	生物识别信息

（续）

主题	一级类别	二级类别	三级类别
个人数据	车主个人数据	车辆信息	车辆识别
			车辆配置
		设备识别	设备识别
		地理位置	个人地理信息
		智能驾驶及安全	智能驾驶
			安全
		车辆网服务	联系人
			用户存储
			业务订购
		财产信息	个人财产信息
		通信信息	个人通信信息
		标签信息	个人标签信息
		其他信息	其他信息
业务数据	企业经营管理	研发类数据	研发设计数据
			开发测试数据
		生产数据	控制信息
			工况状态
			工艺参数
		运营数据	系统日志
			物流数据
			售后服务数据
			充电网运营数据
		管理数据	系统设备资产信息
			客户与产品信息
			业务统计数据
		综合管理数据	采购数据
			人事财务数据
			发展战略与重大决策
	其他数据	外部数据	与其他主体共享、系统数据

表1-14 汽车制造数据分类分级字段说明

序号	字段名称	字段定义
1	数据编码	数据对象的唯一识别码，根据数据分类与分级等制定而成
2	数据名称	待分类分级数据对象的名称标识
3	数据域	包含研发、生产、运维、管理和外部共5个域
4	父类	对数据对象按照业务模块进行二级分类

(续)

序号	字段名称	字段定义
5	子类	对数据对象按照业务模块进行三级分类
6	归口管理部门	指对数据进行管理的部门
7	数据来源	指数据的产生或来源的系统
8	存储表名	数据对象存储在数据中台表的名称
9	存储库名	数据对象存储在数据中台库的名称
10	数据存储量	数据存储所占资源大小,按字节大小计算
11	数据存储记录条数	数据记录总条数
12	数据格式类型	数据格式类型,包括整数、浮点、文本、图片、文件等
13	技术所有者	该数据对象的技术负责人
14	业务所有者	该数据对象的业务负责人
15	数据使用部门	指经常使用数据的部门或组织
16	有效时长	指数据对象的生命周期
17	是否共享	数据是否能共享给非授权使用的组织
18	共享条件	指数据对象共享需要达到的条件
19	共享方式	指数据共享输出的方式,例如,API

数据分类后,宜同时明确数据的具体"数据形态",即所处的系统、存储的媒介、物理位置等。图1-16所示为数据分类分级流程图。图1-17所示为数据分类分级表格模板。

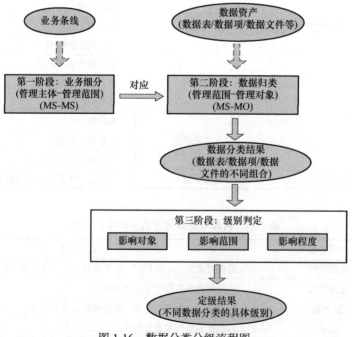

图1-16 数据分类分级流程图

序号	数据编码	数据名称	业务一级子类	业务二级子类	数据一级子类	数据分级	归口管理部门	数据来源	存储表名	存储库名	数据存储量	数据记录条数	数据格式类型	技术所有者	业务所有者	数据使用部门	有效时长	是否共享	共享条件	共享方式	防护方法
1	AMUL001	订单	管理域	营销	用户	二级	中国区营销总部	营销系统	×××	×××	20T	1000万	字符型	张××	王××	业务单元	5年	否	无	无	数据脱敏

图 1-17 数据分类分级表格模板

2）设备端数据分类分级管理。对于汽车制造工厂的生产设备或 IoT 设备，需要对设备运行、设备状态、设备加工等数据进行实时和精准监控，以保证生产正常运行。因此，需要对设备数据进行分类分级管理、识别，按具体规则实时动态监测数仓系统库表，例如，把包含字段名为 EmName（雇员姓名）、EmpNO（雇员编号）的所有表归为保密安全类，通过平台手动绑定与自动识别，快速对数据进行分类分级划分；通过设备数据结构树快速查看设备数据，确定设备运行情况，图 1-18 所示为生产设备数据结构图，图 1-19 所示为设备数据结构树界面图。

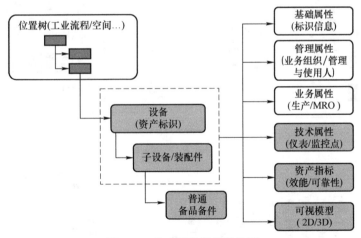

图 1-18 生产设备数据结构图

3）数据编目。通过数据分类分级，借助数据编目工具可以实现对全域数据的管理。数据编目指的是将集团全域数据（包括集团总部、子企业或分公司、外部）按照技术（系统、结构、存储等）或业务视角（营销、财务、电池、总装等）在同一个系统内进行可视化管理，用于数据搜索、查看，掌握数据资源全貌。数据编目包括编目查询、编目详情、编目创建、编目评审、编目发布、编目数据归集、编目展示、编目统计等功能。

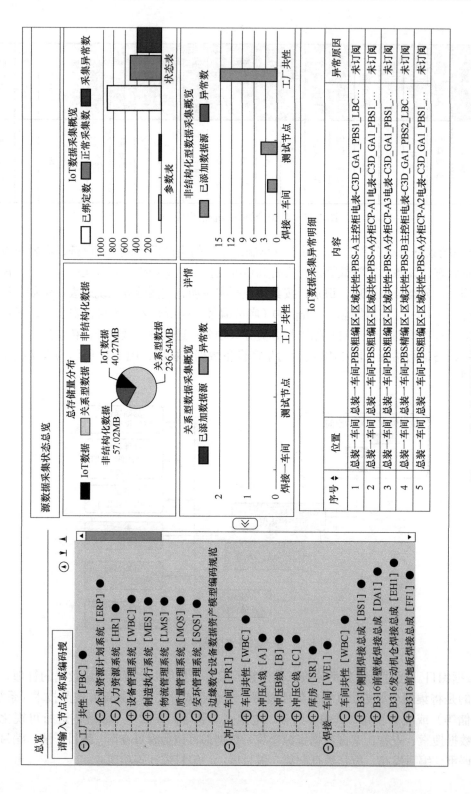

图 1-19 设备数据结构树界面图

初阶数据编目：基于数据元的数据汇集，自动生成整个企业的数据编目，包括数据来源的系统字段、字段类型、英文名、长度、格式、存储位置等信息，该编目对于业务人员来说，不容易理解，适用于技术人员。

高阶数据编目：按照业务领域或主题进行分类分级管理，如财务主题、销售主题、生产主题（计划、工单、质量、物料、仓储等二级）等，较适合业务人员使用。图 1-20 所示为数据编目工具界面图。

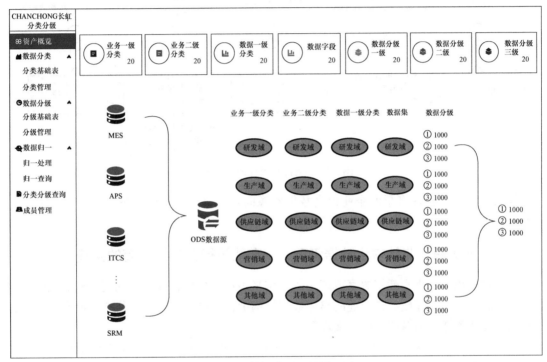

图 1-20　数据编目工具界面图

5. 实施流程及关键节点

项目实施周期约为 5 个月，项目实施计划如图 1-21 所示。

6. 总结语

汽车制造行业数据分类分级管理是继证券、政务之后实现数据体系管理的第三个行业，为制造业的数据分类分级管理提供了一套理论体系与实践路径。汽车制造行业数据分类分级的逻辑与经验，以及数据价值应用均可供制造业或其他行业参考与借鉴。

数据分类分级管理实现了企业对全域数据进行系统化、规范化、标准化、资产化的有效管理。数据分类分级是企业提升数据管理能力的基本功，是实现企业数据差异化防护管理的基本前提，更是企业数据共享流通、开发利用、价值释放的必经之路。通过对敏感数据的分级，提升数据的安全性，降低企业的合规性风险，为实现数据资产的经济价值提供了安全保障。

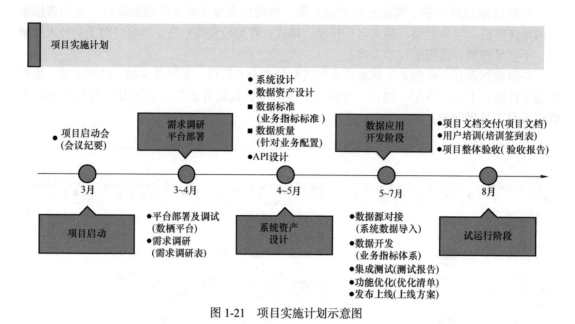

图 1-21 项目实施计划示意图

数据分类分级管理将帮助企业提高数据资源向数据资产的提炼效率、提高数据要素生产力。

案例四 非结构化数据管理——在能源行业化繁为简的实践

非结构化数据是指不能用数字或统一的结构来表示的数据，或没有固定结构的数据。这些数据不能用二维表存放。在企业的整体数据架构中，非结构化数据往往是指所有格式的办公文档、设计图样、图像和音视频文件等。

据 Gartner 报告显示，目前的企业数据约有 80% 是非结构化数据。随着数据爆炸式增长，非结构化数据将成为数据增长主力。以某能源企业为例，其业务发展过程中生成的海量非结构化数据，其量级已达到 PB 级。加强非结构化数据治理，实现非结构化数据解析与价值挖掘，对行业发展具有重要意义。

1. 能源行业数据现状与需求

某能源企业拥有多个二级单位、多个业务系统，呈现资源密集、技术密集、设备密集、人员密集、高度封闭的特点，其数字化转型面临协作困难的现状，在诸多困难中，海量非结构化数据如一团乱麻，最令管理层头疼。为解决该问题，该能源企业通过对多种途径解决方案进行比对后，决定构建一个文件管理平台，该平台要解决以下问题。

（1）数据安全。数据安全风险日益增长，各种病毒肆意作乱，作为国家能源集团下属的重要能源公司，安全问题是重中之重。文件管理平台要以私有云模式部署以保障数据安全，对文件使用状况可以进行检测、预警，需提供双安全日志、数据备份容灾、存储与传输加密、访问 IP 控制等多种安全策略。

（2）统一存储管理。该能源企业日常业务数据管理粗放，从总部到子企业、分公司，信息不及时、不准确、不规范情况普遍存在，造成"将不知兵，兵不知将"的局面，增加了决策和经营风险。

文件管理平台要通过云存储技术实现散落数据的采集、上传，将分散的数据统一汇集，并通过精细化的权限管理策略，不同职级员工匹配各自相应的权限范围，做到不同职级员工只接触到各自统一路径下的工作文件，解决多系统背景下的数据调用和大文件发送难、路径留痕难等问题。

（3）高效协作。该能源企业原来的文件分发往来多依靠电子邮件，但比如要从油井勘探现场传输的多个 GB 的视频文件，往往超过了邮箱附件大小限制，无法发送。

该能源企业内部业务系统众多，各个系统都有文件管理模块，通过搭建文件中台对接到业务系统，消除系统间的数据孤岛。在不影响原有业务系统架构和业务基础上，实现跨系统数据调用。文件管理平台将大文件转换成云附件，并将邮箱系统进行绑定，实现邮件附加大文件的对外分发联动。

（4）便捷易用。由于该能源企业体系庞大，企业组织架构层级复杂，员工数量众多，对软件操作的熟悉程度因人而异，平台的易用性与操作便捷性、简单快速性成为能够与现有工作有效对接的基础要求。文件管理平台支持 AD 域验证登录、统一账号管理，操作方式与 Windows 系统的操作相似，简洁的界面与可视化的管理平台，也便于员工快速上手。

2. 落地架构

该能源企业搭建的文件管理平台主要由用户层、应用层和数据层三部分模块构成，图 1-22 所示为文件管理平台架构示意图。

（1）用户层。用户层是用户直接访问平台的人机交互界面，用户可使用统一账号一站式登录。考虑到用户的使用方便和习惯，用户层设置了基本的 Web 端、桌面客户端、移动客户端，以及对接即时通信系统客户端的接口。Web 端访问支持多种浏览器软件，桌面客户端支持 Windows 和 Mac 操作系统。移动客户端支持 iOS 和 Android 操作系统，提供将文件和文件链接从其他系统保存到云库的服务。

（2）应用层。应用层是包括面向用户客户端和面向开发者的 API 集合，包括：认证模块、文件模块、消息模块、管理模块、日志模块、监控模块和开发 API。根据天然气公司的需求，应用层的文件模块设置了全文检索、文件预览等功能；为兼顾安全，管理模块设置了账号和设备管理功能；日志模块设置了操作日志和管理日志；同时还有消息模块，设置了文件的讨论功能以及消息推送。

（3）数据层。数据层向应用层提供数据支持，包括组织架构数据、账号密码认证、关系型数据库、非关系型数据库和分布式文件系统。

3. 落地关键技术环节

（1）私有云部署。该能源企业对数据的安全性要求较高，因此采用了私有云部署，将整套系统部署在企业内网，通过负载均衡实现系统的高可用架构，由企业技术团队负责运维，确保数据运维安全。

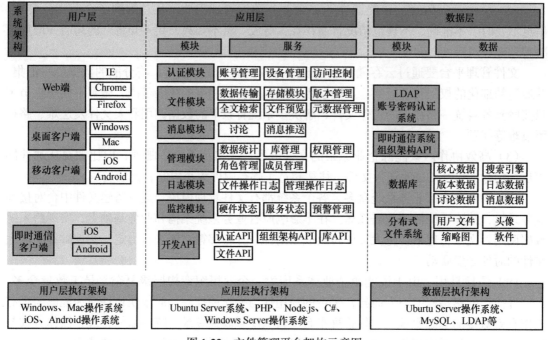

图 1-22 文件管理平台架构示意图

(2) 索引同步。传统的文件云化处理,是使用完全同步技术与云端一起进行文件同步,实体文件在本地予以全部保留,这种方式比较耗费存储资源。经改进,采用索引同步技术,终端设备周期性地通过网络获取云端存储文件的文件结构索引信息,在终端设备本地建立与云端相同的目录结构。当需要根据在终端设备本地建立的目录结构来操作云端存储文件时,向云端发送文件内容请求,并接收云端下发的文件内容,缓存在本地进行操作。操作后,终端设备记录本地操作引起的文件结构索引信息变化,并将变动的文件结构索引信息发送到云端,云端接收变动的文件结构索引信息,并根据该信息对云端的文件、目录结构进行同步。此种云端存储文件操作方式便利、同步效率高。

(3) 增量同步。把一个文件切成 N 个区块,用 Hash 值校验每个区块,只同步有变化的区块,把文件的差量变化部分上传到云端,既节省流量,又提高上传效率。

(4) 全文检索技术。通过关键字实现全文检索,检索范围包括文件路径、文件名、全文,支持多条件组合查询,多应用于日常的文件查找、定位、归集。

(5) 元数据。对于非结构化数据,由于无法用固定的格式组织和定义,不能使用软件系统直接解析数据所需的形式语义,需要借助图像识别、自然语言处理等人工智能技术将非结构化数据转化为人工或者机器可以解析的内容。因此,需要单独设计非结构化数据的元数据模板,包括文件内容描述、业务类型、内容要素、所属业务部门等信息。

由于企业缺乏统一的数据标准,业务系统竖井化建设,系统建设过程中没有对业务元数据进行统一定义,经人工方式对现有数据的业务元数据进行补齐,以实现元数据的统一管理。

4. 落地重要管理环节

（1）多层级的文件权限管理。考虑到该能源企业单位层级多的现状，在文件权限安全管控方面，设立了部门管理员、库管理员、文件夹管理员等，将文件的管理权限下放到各个二级甚至三级单位，实现多层级的文件授权管理，减轻运维压力。

（2）文件中台。为解决人事管理系统、办公自动化系统、进销存管理系统等业务系统的文件互调、转存的问题，非结构化数据管理平台和各业务系统集成，以够快云库为两者之间的文件中转站，实现业务系统、云盘和终端用户之间的高效文件互调、转存。

（3）安全日志。提供安全日志，文件操作记录、后台管理记录全程留痕，可以随时溯源审计，为企业审计和追责提供全时、可信、清晰的记录。

（4）文件分享。通过文件管理平台的通讯录功能，在不切换工作系统情况下，就能实现内部文件的快速发送、一键分享。

（5）大文件传输。文件管理平台和电子邮件整合后，通过云附件解决了电子邮件大文件传输难的问题。

（6）数据备份。建立多服务器数据实时备份管理机制，在紧急情况下，可以快速恢复数据。

（7）在线预览。平台提供一百多种格式文件的在线预览，可在线快速查看文档、图片及视频等。

5. 落地实施流程

（1）项目准备。该能源企业成立项目领导小组，成员由信息技术部门及业务部门领导小组成员组成。主要负责试点工作组织领导、试点工作方案审定和试点工作过程中的人、财、物审批与协调。

（2）需求调研。项目领导小组正式成立后，由该能源企业的技术部门牵头，分别对总部以及试点分公司进行需求调研，走访了各主要业务部门，调研对项目建设的具体需求，征求项目在企业内部进行推广的最佳方式建议。根据调研，梳理出业务管理和业务系统等的制度与规范框架、试点方案、实施流程等。

（3）方案设计。根据形成的调研分析报告，出台工作规划和实施方案，主要分三个部分。

1）形成集团文件管理制度、标准和标准体系。

2）形成系统信息化建设的需求和方案。

3）系统设计与技术开发要点。

（4）上线试运行。系统试运行阶段可反映系统运行状态，暴露系统缺陷，并及时补救，同时为项目的验收作准备。项目负责人组织售后工程师根据用户要求和设备手册，编制测试方案，配合完成系统集成测试，向用户提交《测试报告》，提请用户验收。

系统集成验收后，在保证所交付资料的完整性、系统性和准确性前提下，执行工程师将把与设备有关的技术文档、系统口令等移交给用户。

(5)后续推广。由该能源企业的数据中心统一运营该平台,向下级公司进行使用推广,由实施单位给予技术和培训支持。

6. 实施过程遇到的典型问题及解决方法

(1)项目过程中多方合作的问题。该能源企业分支机构众多,业务系统庞杂多样,各业务系统建设的时间不同、供应商不同、接口设备和条件不同。为解决这些问题,在项目启动时便建立由各个系统的技术负责人、系统供应商负责人组成的接口联络小组,通过技术协调、不定期沟通会等制度,共商系统融合的最优解决办法。

(2)项目过程文档的管理。在项目实施过程中,由于项目的复杂性、多方人员参加以及周期比较长等因素,所有项目有关的需求、建议、解决方案文档等是项目成果的重要组成部分。项目文档有助于实施方与企业方都能够明晰各自的职责,信息互通,共同把握实施的节奏。其中,标准业务流程文档有助于双方明晰业务流程,有效配合业务流程的重组和优化;功能操作指南文档可帮助最终用户规范操作,加强培训效果。实施完成后,要将项目文档统一整理、归档,项目文档成为项目的重要构成部分,成为公司重要的知识积累。

第二节 数据基础制度构建活动

数据基础制度建设事关国家发展和安全大局,为加快构建数据基础制度,充分发挥我国海量数据规模和丰富应用场景优势,激活数据要素潜能,做强做优做大数字经济,《中共中央 国务院关于构建数据基础制度更好发挥数据要素作用的意见》即"数据二十条",对保证数据要素供给数量和质量、建立数据可信流通体系等做了全面的部署。

数据基础制度涉及数据产权、数据供给、数据流通、数据治理、数据源供给等,本节选取了数据标准研制及数据安全防护两个环节的实践案例,探讨标准化活动的基本构成和过程要点,分享工业互联网平台以数据为中心的数据防护做法,让读者对数据基础制度的构建和落实措施有所了解。

案例五 以数据目录管理工具能力评测团体标准为例的标准化活动

标准是经济活动和社会发展的技术支撑,是国家基础性制度的重要组成。中共中央、国务院印发的《国家标准化发展纲要》提出,要"优化标准供给结构,充分释放市场主体标准化活力""充分发挥技术优势企业作用,引导社会团体制定原创性、高质量标准"。随着数字化转型持续推进,企业面临着更加复杂和多样化的挑战,标准化活动为企业从容应对挑战起到了重要作用。本案例以《数据治理产品能力评测 数据目录管理工具》团体标准为例,探讨标准化活动的基本概念、意义、参与方、规章制度、规范依据等,并介绍其过程要点。

1. 标准的基本概念

标准是通过标准化活动,按照规定的程序,经协商一致制定,为各种活动或其结果提供规则、指南或特性,共同使用和重复使用的文件。根据标准的发布机构类别不同,分为国际标准、国家标准、行业标准、地方标准、团体标准与企业标准。根据标准的功能类型不同,分为术语标准、符号标准、分类标准、试验标准、规范标准、规程标准、指南标准等。

2. 标准化活动的意义

（1）促进技术创新和发展。标准可以推动技术创新和发展，促进技术之间的兼容性和互操作性。

（2）保障产品和服务的质量和安全。制定和实施标准可以保障产品和服务的质量和安全，降低生产成本和风险，提高市场竞争力。

（3）促进国际贸易和合作。标准可以作为贸易的桥梁，促进国际贸易和合作，降低贸易壁垒和技术壁垒。

（4）提高社会公共服务水平。标准可以推动社会公共服务的发展，如医疗卫生、环境保护、交通运输等领域。

3. 标准化活动的参与方

标准化活动的参与方一般包括：

（1）标准化机构。标准化机构是公认的从事标准化活动的机构，负责制定标准化活动的管理制度，组织、协调、指导和监督标准化活动。表 1-15 是信息技术、大数据等领域主要的国际标准化机构，表 1-16 是国内各级标准化机构。

表 1-15 信息技术、大数据等领域主要的国际标准化机构

代号	中文名称	英文名称
ISO	国际标准化组织	International Organization for Standardization
ITU	国际电信联盟	The International Telecommunication Union
IEC	国际电工委员会	International Electrotechnical Commission
IEEE SA	IEEE 标准协会	The IEEE Standards Association

表 1-16 国内各级标准化机构

标准类别	标准化机构	举例
国家标准	国家市场监督管理总局（国家标准化管理委员会）	—
	标准化技术委员会	全国两化融合标委会（SAC/TC573）
行业标准	国务院有关行政主管部门	工业和信息化部、商务部、交通运输部、生态环境部等
	标准化技术委员会	全国两化融合标委会（SAC/TC573）
地方标准	各省、自治区、直辖市人民政府标准化行政主管部门	××省市场监督管理局
团体标准	社会团体、行业协会的标准化管理部门	中国电子商会标准化工作委员会
企业标准	企业设立的标准化管理部门	××公司标准业务部

(2) 标准发起单位。标准发起单位是标准化活动的项目发起方，负责统筹管理整个标准项目的流程工作，征集参与标准编制的单位、参编专家，组建标准工作组。

(3) 标准工作组。标准工作组是实施标准化活动的主要参与方，一般由标准牵头单位与参编单位共同组成，标准工作组应完成标准化活动中相关程序文件的编写与提交、标准主要内容的撰写与修订、征求意见及技术审查等活动的组织开展等工作。

(4) 领域专家。领域专家为标准工作组开展标准化工作提供指导，或参与标准技术审查并提出修订意见。

4. 标准化活动的规章制度

在我国，《中华人民共和国标准化法》《中华人民共和国标准化法实施条例》从法律层面对标准化活动进行了规制约束，所有标准化活动应遵照相关要求开展。此外，对于特定类别的标准，还分别满足相应管理办法的要求。表1-17是常用的各类标准规章制度。

表1-17 常用的各类标准规章制度

标准类别	规章制度	发布机构
所有类别	《中华人民共和国标准化法》	全国人民代表大会常务委员会
所有类别	《中华人民共和国标准化法实施条例》	国务院
国际标准	《采用国际标准管理办法》	国家市场监督管理总局
国家标准	《国家标准管理办法》	国家市场监督管理总局
国家标准	《强制性国家标准管理办法》	国家市场监督管理总局
行业标准	《行业标准管理办法》	国家市场监督管理总局
行业标准（对于特定行业领域）	《工业通信业行业标准制定管理办法》	工业和信息化部
行业标准（对于特定行业领域）	《公路工程建设标准管理办法》	交通运输部
行业标准（对于特定行业领域）	《生态环境标准管理办法》	生态环境部
行业标准（对于特定行业领域）	其他行业标准管理办法	其他国务院行政主管部门
地方标准	《地方标准管理办法》	国家市场监督管理总局
地方标准	各地发布的地方标准管理办法	各地标准化主管部门
团体标准	《团体标准管理规定》	国家标准化管理委员会、民政部
团体标准	各社会团体、行业协会自行制定的管理办法	社会团体、行业协会的标准化管理部门
企业标准	《企业标准化管理办法》	国家市场监督管理总局
企业标准	各企业自行制定的管理办法	企业设立的标准化管理部门

5. 标准化活动的规范依据

一般而言，标准文件应遵照GB/T 1《标准化工作导则》系列标准、GB/T 20000《标准化工作指南》系列标准、GB/T 20001《标准编写规则》系列标准等规范性文件进行研制、编写与排版。

根据 GB/T 1.1—2020《标准化工作导则 第 1 部分：标准化文件的结构和起草规则》，标准文件一般应包含的要素见表 1-18。

表 1-18 标准文件包含的要素

要素	要素的类别	
	必备或可选	规范性或资料性
封面	必备	资料性
目次	可选	
前言	必备	—
引言	可选	
范围	必备	规范性
规范性引用文件	必备 / 可选	资料性
术语和定义	必备 / 可选	规范性
符号和缩略语	可选	
分类和编码 / 系统构成	可选	
总体原则和 / 或总体要求	可选	
核心技术要素	必备	
其他技术要素	可选	

6. 标准化活动的过程

标准化活动是指制定、修订和管理标准的过程，一般包括预研、立项、起草、征求意见、技术审查、批准发布及复审等阶段。图 1-23 所示为标准化活动的过程示意图。

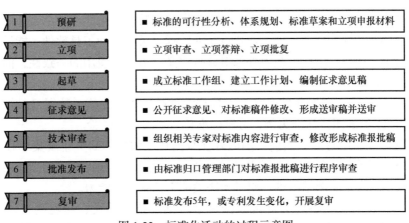

图 1-23 标准化活动的过程示意图

（1）预研。在标准预研阶段，标准发起单位应组织开展调研工作，规划标准体系架构，确定标准的研究领域及解决的问题，明确标准研制的目的、意义，划分标准的范围及适用对象，并初步形成标准框架草案。

（2）立项。在标准立项阶段，标准发起单位应向标准化机构提交标准立项申请书及标准项目建议书，由标准化机构对立项申请进行审查。立项审查主要关注标准项目的必要性、可行性、创新性，对标准的主要技术内容和适用范围进行审查。

（3）起草。在标准起草阶段，标准发起单位应征集参与标准研制工作的单位，成立标准工作组，制定标准工作计划，并组织标准研讨会，确定标准主要内容，形成标准征求意见稿。

（4）征求意见。在征求意见阶段，标准工作组应面向社会公众或与标准所研究领域相关的部门、组织、个人等，公开征集对于标准征求意见稿的意见，并对各类意见予以采纳、部分采纳或不采纳，并根据采纳的意见，修订标准文本，形成标准送审稿。

（5）技术审查。在技术审查阶段，标准工作组应组织相关领域专家对标准送审稿的主要内容进行审查，确保标准的内容规范、有效、可行。标准工作组应根据专家所提意见，修订标准文本，形成标准报批稿。

（6）批准发布。在批准发布阶段，标准工作组应向标准化机构提交标准报批稿、技术审查会议纪要等报批材料，由标准化机构对标准化活动进行程序审查，通过审查的标准，将会被批准并发布。

（7）复审。标准发布后，根据标准化机构的相关规定，按照一定的复审周期对标准开展复审工作。标准工作组应根据复审处理意见，对标准开展修订或修改工作，或根据相关规定对标准进行废止。

7. 数据治理产品——数据目录管理工具能力评测团体标准的建设

数据目录是一种以编目和分类的方式，对可用于内外部共享开放的数据进行有序组织后，形成的内容列表。数据目录通过向数据使用方提供查询、搜索、共享、访问和分析等功能以实现业务价值。

数据目录建设是数据资产管理的基础，构建良好的数据目录能够帮助企业高效管理和使用数据。数据目录管理工具是辅助企业建设企业数据目录的一种工具软件，能够规范对组织内各类数据的统一理解，增强组织内外部对数据定义、组成与使用的一致性，能够促进数据流通、释放数据价值。

现以 2023 年 2 月正式发布的名称为《数据治理产品能力评测 数据目录管理工具 第 1 部分：技术要求》的团体标准为例，分享标准化活动的实践经验。

（1）案例标准研制背景。当前，国内外在数据目录领域的研究主要集中在制度、体系建设层面，缺乏相关工具的技术要求及测试标准，市场上的工具软件缺乏统一的开发标准，造成对工具有要求的企业选型困难，同时无法验证工具软件的能力。

（2）案例标准主要内容。为规范数据目录工具的技术开发、功能测试，中国电子商会数据要素发展工作委员会联合全国两化融合标委会大数据与制造业融合管理标准工作组

（SAC/TC573/WG4）发起《数据治理产品能力评测 数据目录管理工具 第1部分：技术要求》团体标准。该标准致力于规范数据目录管理工具的技术要求，适用于相关工具软件的功能设计与研发，可为企业提供相应的参考规范，引导企业按照规范进行工具产品的开发应用，有利于降低企业开发成本，提高企业开发效率。该标准共形成了13个一级功能点、46个二级功能点和198个三级功能点。功能点分为必选和可选两种，其中，必选一级功能点包括数据目录概览、数据目录分类和编目管理、数据目录标准管理、数据目录质量管理、数据目录安全分级管理、数据目录运维管理、数据目录使用管理；可选一级功能点包括数据目录模型管理、数据目录认责管理、数据目录版本管理、数据目录流程管理以及非功能性要求。图1-24所示为《数据治理产品能力评测 数据目录管理工具 第1部分：技术要求》架构示意图，图1-25所示为《数据治理产品能力评测 数据目录管理工具 第1部分：技术要求》功能点示意图。

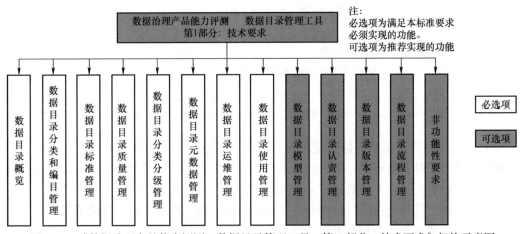

图1-24 《数据治理产品能力评测 数据目录管理工具 第1部分：技术要求》架构示意图

（3）案例标准研制过程。该标准自2022年3月28日正式立项，由国家工业信息安全发展研究中心牵头，联合30多家企业共同组建标准工作组。标准研制过程期间，标准工作组共召开10余次标准研讨会，依次确定标准框架及主要内容，对标准功能点进行了充分的讨论。2022年6月29日，标准工作组完成标准征求意见稿，并面向社会公开征求意见，共39家企业、80余位代表参与征求意见会议。标准工作组收集到3家单位提出的共35条修改意见，最终经过讨论，确定采纳意见21条、部分采纳意见5条、不予采纳意见9条。2023年2月10日，标准工作组完成标准技术审查稿，邀请7位行业领域专家举行技术审查会议，与会专家针对标准内容提出了共7条改进意见，经过标准工作组讨论后，7条改进意见全部予以采纳。最终，标准工作组向标准归口单位提交了报批申请，标准归口单位对标准研制过程予以审查后批准通过，并于2023年2月22日公告正式发布，2023年3月1日正式实施。

序号	一级功能点名称	说明	二级功能点个数	三级功能点个数
1	数据目录概览	针对数据目录进行统计和可视化的功能	3	9
2	数据目录分类和编目管理	针对数据目录进行分类和编目管理的功能	4	24
3	数据目录标准管理	针对数据目录标准的管理功能	5	28
4	数据目录质量管理	针对数据目录项的数据质量的方案、规划、检测、报告等管理功能	6	23
5	数据目录安全分级管理	针对数据目录安全分级的策略、措施、执行等管理功能	3	13
6	数据目录元数据管理	针对数据目录元数据的相关分析等管理功能	4	23
7	数据目录运维管理	针对数据目录运维、监控等管理功能	1	3
8	数据目录使用管理	针对数据目录使用申请、审批、交付等管理功能	3	8
9	数据目录模型管理	针对数据目录模型的创建、修改、删除、导入导出、关联等管理功能	7	29
10	数据目录认责管理	针对数据目录标准、质量、安全等方面认责的管理功能	2	7
11	数据目录版本管理	针对数据目录的版本进行记录、浏览、控制、对比、切换等管理功能	3	8
12	数据目录流程管理	针对数据目录流程的需求、设计、工单、审批等管理功能	2	11
13	非功能性要求	针对数据目录工具的通用型要求	3	12
	合计		46	198

图 1-25 《数据治理产品能力评测 数据目录管理工具 第 1 部分：技术要求》功能点示意图

（4）案例标准宣贯实施。标准发布后，标准工作组开展了标准宣贯与实施工作，启动了数据目录管理工具首批评测，依托国家语音及图像识别产品质量检验检测中心，根据该标准规范，面向行业、企业开展数据目录工具测评，对参评工具软件实现的具体功能进行确认验证；与标准约定的功能点进行对比分析，帮助企业发现工具软件中存在的不足与缺陷；出具检测报告与评测证书，为企业提升后续工具开发性能进行指导。

8. 总结

标准化活动是数字化转型过程中的重要环节，可以提高数字化转型的效果和质量，降低数字化转型的风险和成本，促进数字化转型的可持续发展。企业应该重视标准化活动，在数字化转型过程中加强企业的标准化建设，积极参与社会团体、行业组织以及国家层面的标准化活动，以提升自身能力、扩大影响力，从而进一步推动数字技术的应用、数据要素价值化实施，推动数字经济的发展。

案例六　数据安全一体化防护——以工业互联网平台数据安全为例

工业互联网平台是面向制造业数字化、网络化、智能化需求，构建基于海量数据采集、汇聚、分析的服务体系，支撑制造资源泛在连接、弹性供给、高效配置的工业云平台。通过大数据技术集成开发和应用，工业互联网平台汇集了工况状态、产能信息等海量工业数据，用于工业领域的数据分析。

工业互联网平台作为高价值的数据资源池，已经成为不法分子牟取利益的攻击目标。在全球数据安全严峻的形势下，制造业等领域的工业互联网数据已成为不法分子的重点攻击目标，加之工业互联网的泛在互联、资源集中等特征，导致数据暴露面扩大、攻击路径增多，数据采集、传输、存储、使用、交换共享与公开披露、归档与删除等数据全生命周期的各环节都面临安全风险与挑战。

随着工业互联网建设进程的不断深化，我国陆续出台相关制度法规，如《数据安全法》《关于工业大数据发展的指导意见》《工业领域重要数据和核心数据识别规则（草案）》《工业企业数据安全防护要求（草案）》《工业数据安全评估指南（草案）》《工业数据分类分级指南（试行）》等，对工业互联网数据安全保护工作提出了更高的要求，并提供了具有指导性和可操作性的细则措施。

1. 工业互联网平台的数据防护

（1）以数据为中心的安全。以数据为中心，从业务、合规和风险角度出发，对数据资产进行梳理、分类分级、敏感数据识别和风险识别检测。根据实际需求制定数据安全策略，设计数据安全技术架构，对数据在各应用场景的流转进行数据安全防护。采用数据可信接入、数据加密、数据脱敏、认证授权、数据操作审计等措施，实现数据在全生命周期中资产可视、风险可知、威胁可查、使用可管的能力，为工业互联网平台夯实数据安全技术底盘，保证数据安全。

（2）数据安全体系框架。基于 Gartner 数据安全治理理念，结合数据安全能力成熟度模型，依照国家相关法律法规，针对工业互联网平台数据交换系统目前的数据安全现状、面临的问题，设计以数据为核心，聚焦数据安全生命周期，通过"顶层设计、健全管理、创新技术、协同运营、夯实基础"的数据安全整体架构，包含数据安全战略、数据安全管理体系、数据安全评估体系、数据安全技术体系和数据安全运营体系。数据安全体系架构如图 1-26 所示。

（3）数据安全体系建设步骤。借鉴数据治理安全（Data Governance Security，DGS）框架，针对客户的安全现状，结合工业互联网平台的安全需求，可以分成五个步骤建立工业互联网平台数据安全防护体系。图 1-27 所示为数据安全能力建设步骤示意图。

1）明确组织架构。数据安全管理组织是落实数据安全保障工作的首要环节。通过建立覆盖全局的数据安全管理组织架构，确保全局数据安全管理方针、策略、制度规范的统一制定和有效实施。通过进一步完善各部门的数据安全管理组织，建立"管、用、审"分离的数据安全岗位职责，明确分工，加强沟通协作，落实安全责任，把握每一个数据流通环节的管理要求，以完整而规范的组织体系架构保障数据流通每个环节的安全管理工作。

2）建立数据安全制度体系。数据安全管理制度与规程是数据安全保障工作的制度保障，在实际业务的各个环节中明确具体的安全管理方式和方法，以规范化的流程指导数据安全管理工作的具体落实，避免实际业务流程中"无规可依"情况的发生，是数据安全管理工作实际操作中的办事规程和行动准则。依据国家信息安全保障的相关政策法规和标准规范，指导各部门在已有的信息安全管理体系基础上，建立符合数据共享开放业务发展、基于风险管控

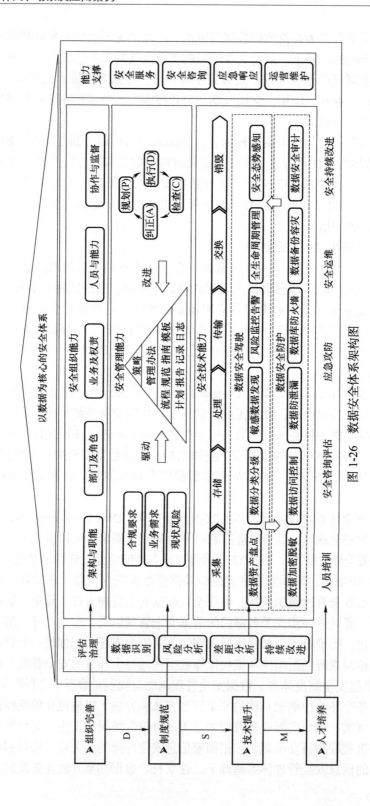

图 1-26 数据安全体系架构图

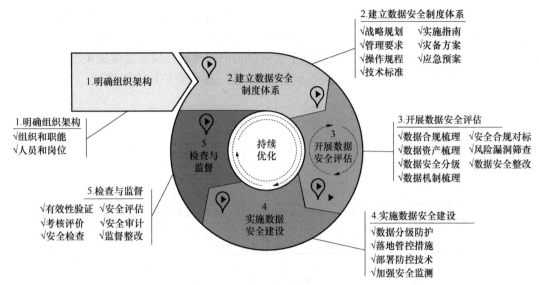

图 1-27 数据安全能力建设步骤示意图

的数据安全管理及内控体系。数据安全制度规程从通用数据安全、数据全生命周期安全、数据各应用场景安全出发，覆盖业务管理和技术管理两大维度，重点加强工业数据资产管理、用户访问权限管理、工业数据共享管理、外包服务管理、监测预警与应急响应管理、日志与审计管理、数据备份与恢复管理等相关要求的制定和落实。

3）开展数据安全评估。依托于数据安全梳理分类分级工具，通过设置数据资产重要度的规则，发现数据资产分布情况，定位敏感核心数据分布情况。基于分类分级结果，开展数据全生命周期风险评估、数据安全合规评估、个人信息影响评估、APP 信息安全评估，重点评估对象包括但不限于工业互联网平台中的数据存储、运维、分析和应用等模块。

4）实施数据安全建设。在工业互联网平台内部，建设数据全生命周期安全管理模块，通过规范数据的全生命周期管理，优化数据存储结构，有效控制在线数据规模，确保工业互联网平台安全、稳定、高效运行。提供数据资产管理、分类分级、脱敏加密等安全融合能力，同时以海量的数据安全数据作为安全要素，通过大数据技术对这些安全要素信息进行分析，可全面、精准地掌握数据安全状态，提升数据安全风险的主动预警响应能力，形成数据安全闭环监控。

5）检查与监督。通过自研或者购置工具，实现数据产生、数据管理、数据溯源、全生命周期监控预警等各个阶段的判断、分析、管理，对数据进行管理和控制，对于异常的数据活动进行告警，对于非活跃的数据进行归档提醒，为数据使用规划提供判断依据。根据数据全生命周期的过程梳理，对每一个阶段进行监控，配置可视化监控系统，统计每个阶段的数据量，以及对每个阶段数据的存储状态、访问使用情况进行监控，以数据表图的方式，呈现不同阶段的数据内容，显示数据的变化趋势，有效做到对数据的全流程管控。

(4)数据安全运营。整体采取服务为主、工具为辅的运营模式。通过数据安全的一体化运营，广泛采集整体数据环境中的安全状态和事件信息，并加以处理、分析和展现，从而明确当前数据的总体安全态势，为数据安全运营过程中的预警和响应提供决策支撑，提供一站式的数据保护和防御机制。图1-28所示为数据安全一体化防护技术框架。

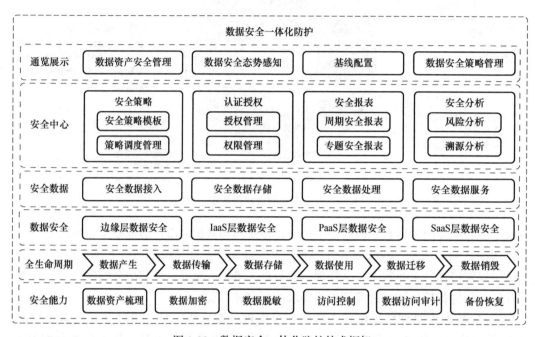

图1-28 数据安全一体化防护技术框架

2. 实践案例

(1)用户需求。以知识产权系统、MES作为目标，根据配套标准开展数据分类分级、制定重要数据目录清单（可体现量化数据）、开展工业领域重要数据和核心数据目录备案管理系统接入/建设，并同步开展重要数据和核心数据目录备案条目上报、修改等工作。按照标准规范，制定数据安全防护方案以及数据全生命周期安全保护等。组建评估团队，制定评估工作计划，开展现场评估工作并形成评估结论，根据评估结论开展自整改。

(2)建设内容。建设虚拟化部署的数据安全管理中心，实现数据资产管理和数据安全各功能模块，包括：提供数据资产态势作为数据资产的全景视图，包含数据资产视图、敏感数据资产视图、数据分类分级视图；提供全域数据资产智能挖掘和扫描梳理；提供数据分类分级管理能力，依据数据资产的价值、敏感度、类别等属性对用户数据资产定义分类和分级规则，并支持自动化标签和手工标签管理。利用数据安全智能识别引擎及可视化技术直观地呈现数据分布、状态、流转、关联等能力。图1-29所示为数据安全管理中心功能模块示意图。

1)数据源发现和识别。数据安全管理中心支持流量监测和扫描解析两种在线数据源的侦测、识别方式，支持对主流数据库嗅探和发现，也能够针对数据源类型、版本、分布、数量、IP 地址等信息进行采集、统计和异常预警，可有效防范数据资产漏审和私设数据库等资产管理风险。

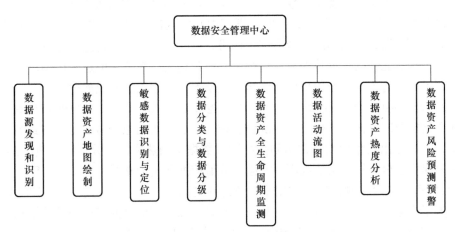

图 1-29　数据安全管理中心功能模块示意图

2）数据资产地图绘制。通过数据安全管理中心的数据扫描策略，可对企业中各类数据进行拉网式清查盘点，并以资产目录及资产索引方式绘制数据源、数据表、类型、大小等多维度数据资产地图，直观、形象地描绘数据资产的分布、数量、归属等详细信息。数据资产地图通过树状结构图、数据关系图等可视化图表，能够清晰、准确地揭示数据源、数据库、数据表、字段、文件之间的关系和脉络，为用户提供全面、翔实、易懂、可视的数据资产平台化管理支撑。

3）敏感数据识别与定位。数据安全管理中心内置了丰富的通用敏感数据特征库，支持机器学习、正则表达式、数据指纹、关键字等多种敏感特征识别技术，用户可以非常便捷地调取并应用。同时，平台也支持用户根据实际需要在敏感数据特征库中自定义添加敏感特征项，以满足特殊的敏感特征类型或应用场景。配合敏感数据特征库和对应的识别策略，平台可以从海量数据中，通过自动发现并定位敏感数据的位置、敏感等级、数据类型、数据量、归属等详细信息，并通过智能算法，绘制全网敏感数据分布图谱。

4）数据分类与数据分级。数据分类分级是数据确权和访问控制的基础和依据，数据安全管理中心支持自定义数据分类分级标签功能，用户可根据行业标准或者自身业务场景、数据价值、数据影响、数据用途、数据来源等确定数据分类分级标准，进而形成企业专属标签库。另外，通过基于 AI 算法的智能标签功能与人工辅助相结合方式，可极大地减轻人员的低效工作，缩短数据治理周期。依照数据标签属性，用户可以制定精细的安全策略和数据授权机制，最终确保敏感信息的扩散范围和权限粒度。

5）数据资产全生命周期监测。通过对数据创建（产生）、配置、修改（更新）、使用、共享等访问和使用环节进行全程动态跟踪，从数据资产维度跟踪、分析数据的量级、归属、类别、级别、使用者［业务系统用户名或用户身份标识号（Identity Document，ID）］、操作、状态等动态信息，同时采用基于时间和会话标识的智能关联技术，将用户身份信息和对数据资产的操作行为进行关联，实现对数据资产访问人员的追踪和定位，为数据资产动态监测和安全管理提供技术支撑，实现企业数据资产的全生命周期动态监测和管理。

6）数据活动流图。用户利用数据安全管理中心的数据载体、数据内容等信息的自动识别、标定和梳理功能，并辅助以安全咨询，即可绘制基于数据层级传递、处理等环节的数据活动流图。直观、完备的逻辑数据活动流图能够形象地表达系统功能逻辑模型以及数据的逻辑流向和逻辑变换过程，帮助用户更为清晰、完整地了解企业整体业务逻辑。

7）数据资产热度分析。数据安全管理中心能够以数据库表为资产粒度和对象，对数据资产主体在指定时间、区间内被访问的次数、访问时长、访问源分布、访问方式等相关数据综合分析，并绘制出数据库的日常访问拓扑图、数据访问热力图、数据综合热度排名图等，最终为用户提供安全防护、系统调优等方面的数值依据和决策支撑。

8）数据资产风险预测预警。数据安全管理中心可通过丰富的场景规则以及 AI 风险分析模型，为用户生成数据资产风险评估基线，同时，综合其他数据安全相关数据和日志进行分析研判，实时监控、预测数据安全风险的变化趋势和偏离预警线的强弱幅度，并从行为、事件、合规性和脆弱性等维度为用户提供及时的风险预警和风险处置措施。

（3）关键技术。

1）敏感数据识别。基于深度卷积神经网络进行文本特征提取的方法，对文档内容进行分词、特征提取，并采用支持向量机（Support Vector Machine，SVM）对特征进行分类分级，相比传统词典、正则表达式，识别精准度大大提高；同时，在大量样本条件下，识别性能也有明显提升。识别引擎的结构化数据识别比传统方法正确率高 40%，非结构化数据识别比传统方法高 50%。

2）风险和威胁检测。风险检测关注并发现统计指标异常、时序异常、序列异常、模式异常等异常信号，采用的技术包括孤立森林、K 均值聚类、时序分析、异常检测、变点检测等机器学习算法。支持利用深度学习技术发现异常，包括基于变分自编码器（Variational Auto Encoder，VAE）的深度表征重建异常检测、基于循环神经网络（Recurrent Neural Network，RNN）和长短时记忆网络（Long Short Term Memory，LSTM）的序列深度网络异常检测、图神经网络（Graph Neural Network，GNN）的模式异常检测等。针对标记数据缺乏的现状，系统能够采用主动学习（Active Learning，AL）技术、自学习（Self Learning，SL）技术，充分发掘标记数据和无标记数据的价值。机器学习的应用极大地提升了风险的识别率，配合传统的规则和模型，在相同样本条件下，风险和威胁的整体识别率提高了 21%。

3）用户行为分析。基于复杂网络的深度学习方法，建立用户与实体行为分析（User and Entity Behavior Analytics，UEBA）模型。通过对用户、设备等构建复杂网络图谱，在图谱的基础上通过社区划分算法，进行群组划分，划分后的群组通过群组结构识别算子、5 度评估模型等算法，可以精准识别有风险的群组；通过构建群组分析，可以跨越单个用户、实体的局限，看到更大的事实；通过对比群组，可以区别于异常检测；通过概率评估可以降低误报,提升信噪比;组合基线分析、群组分析,可以构成全时空的上下文环境;同时对于识别的群组,加强对结果的解释和可视化展示,让风险看得到,使证据合理、充分、有说服力。

(4)实施流程。本项目的实施周期一般为 20 周左右,共有 7 个关键环节。每个关键环节都有明确的时间点和交付物,项目实施关键节点流程如图 1-30 所示。

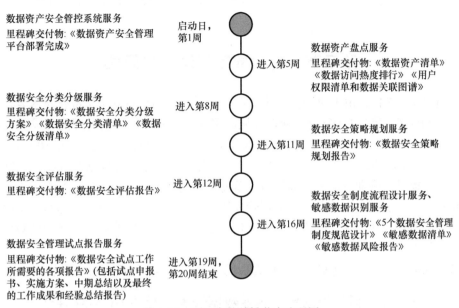

图 1-30 项目实施关键节点流程图

(5)应用效果。

1)经济效益分析。某通信设备制造企业的工业互联网平台数据安全能力提升项目中,通过对数据资产的梳理和风险分析,加强对数据的梳理能力、进行监控风险预警、实现对安全事件追踪溯源、对敏感数据字段进行智能化识别、对敏感数据进行统一的分类分级标识、实时动态的集中监测,展示数据资产的分布、状态、流转、使用行为,以及为数据安全治理和风险管控提供精准的依据和量化支撑,使得后期安全建设更有针对性,实际费用比预算节约了 180 万元。

2)社会效益分析。项目提升了企业对数据资产的可视、可控、可管能力,保障数据保密性、完整性、可用性,确保业务正常运行,避免因数据泄露,影响社会稳定,为企业内部数据扣上"安全带",增加企业服务能力,增强社会认可度。

3. 未来趋势

随着工业互联网技术的持续发展,工业互联网平台规模不断壮大,加速从产业链整合向跨行业、跨界融合互补方向转型,形成以平台为核心的制造业协同创新发展的趋势。数据安全持续提升与工业互联网平台稳定发展形成博弈关系,数据安全体系作为工业互联网平台的保障,需要不断演进以适应新的挑战。首先,数据安全能力需要与工业互联网平台深度融合，为此需要制定行业接口标准，使得数据安全组件能够以"原生"的方式接入，最大程度发挥数据安全能力；其次，工业互联网平台的数据安全能力应该在灵活的框架下形成体系建设，框架可以应对业务的变化，体系化建设则助力数据安全能力协同执行、提升效率；最后，数据安全还应包括完整的安全运营能力，安全运营主导整个安全能力体系的运转，通过规划预防、监测响应、恢复改进等措施，加强工业互联网平台的安全保障能力。

第三节　企业数字管理水平评估

2018年3月15日，由工业和信息化部牵头指导，全国信息安全标准化技术委员会大数据标准工作组组织编制的首个数据管理领域的国家标准——《数据管理能力成熟度评估模型》（GB/T 36073—2018）（英文缩写为"DCMM"）正式发布，并于2018年10月正式实施。

开展DCMM评估，旨在"以评促建"，帮助企事业单位提升数据管理能力，助力企事业单位培育并提升实际业务能力。通过将企事业单位的业务、技术应用、数据需求与数据管理过程相互结合，实现企事业单位的数据管理体系革新、生产模式优化、运行效率提升，加快推动企事业单位向数字化、网络化、智能化转型发展，切实提高企事业单位的数据管理水平和综合竞争力。

本节选取的案例介绍了DCMM评估开展的背景、内容、流程等贯标环节。

案例七　旨在推动传统企业数据管理升级的DCMM评估

1. 什么是DCMM评估

《数据管理能力成熟度评估模型》（以下简称"DCMM"）是我国首个数据管理领域国家标准，借鉴国内外成熟度相关理论思想，吸收了ISO9000管理体系、软件能力成熟度模型集成（Capability Maturity Model Integration，CMMI）、数据管理知识体系（Data Management Body Of Knowledge，DMBOK）等，同时，充分考虑国内外各行业数据管理发展的现状，结合数据全生命周期管理各个阶段的特征，对数据管理能力进行了分析、总结，提炼出针对组织数据管理的能力域，并描述了每个组成部分的定义、功能、目标和标准。

（1）政策支持。2015年，国务院发布的《促进大数据发展行动纲要》首次提出，建立"用数据说话、用数据决策、用数据管理、用数据创新"的管理机制，实现基于数据的科学决策；2021年，国务院发布的《"十四五"数字经济发展规划》要求"提升数据管理水平和数据质量"；同年，工业和信息化部发布的《"十四五"大数据产业发展规划》，提出"加强数据高质量治理，完善数据管理能力评估体系，实施数据安全管理认证制度，推动数据管理能力成熟度评估模型等国家标准贯标"；2022年，工业和信息化部办公厅印发《企业数据管理国家标准贯标工作方案》指出"截至2025年底，在全国推动不少于15万人开展数据管理国家标准宣贯，贯标企业不少于10000家"。图1-31是《企业数据管理国家标准贯标工作方案》文件截图。

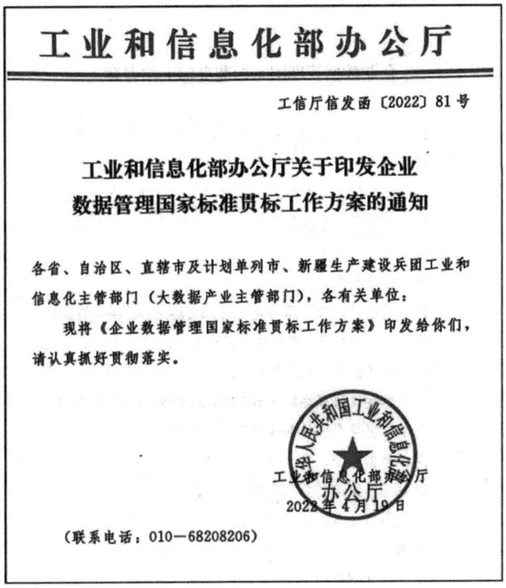

工业和信息化部办公厅

工信厅信发函〔2022〕81号

工业和信息化部办公厅关于印发企业数据管理国家标准贯标工作方案的通知

各省、自治区、直辖市及计划单列市、新疆生产建设兵团工业和信息化主管部门（大数据产业主管部门），各有关单位：

现将《企业数据管理国家标准贯标工作方案》印发给你们，请认真抓好贯彻落实。

工业和信息化部办公厅

2022年4月19日

（联系电话：010—68208206）

图 1-31 《企业数据管理国家标准贯标工作方案》文件截图

（2）服务对象。DCMM 的服务对象面向数据拥有方和数据解决方案提供方两大类。一方面，对于自身拥有大量数据（银行、能源、电力等）的甲方企业而言，通过评估自身的数据管理和应用能力，能够发现自身在数据管理方面存在的问题，进而对企业数据进行规范化和标准化管理，帮助企业提升数据管理意识和能力、提升数据治理水平；另一方面，对于帮助客户开展大量数据（软件、信息技术等）管理的乙方企业而言，通过评估，可对外提供其数据管理和应用能力方面的产品及服务的第三方证明，提升外部信任，并通过 DCMM 贯标工作提升并完善乙方企业自身的完备度。图 1-32 所示为 DCMM 服务对象示意图。

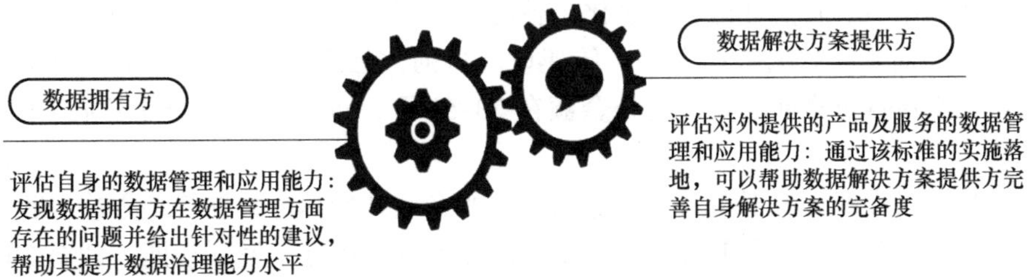

图 1-32 DCMM 服务对象示意图

（3）DCMM 等级。DCMM 将数据管理能力成熟度划分为五个等级，自低向高依次为初始级（1 级）、受管理级（2 级）、稳健级（3 级）、量化管理级（4 级）和优化级（5 级），不同等级代表企业的数据管理情况和应用成熟度处于不同水平、不同阶段。图 1-33 所示为 DCMM 等级示意图。

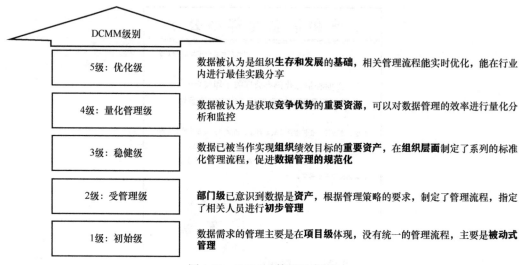

图 1-33 DCMM 等级示意图

（4）DCMM 评估的目的：以评促建。2019 年，在工业和信息化部信息技术发展司指导下，中国电子信息行业联合会（以下简称"联合会"）成立数据管理能力成熟度评估指导委员会，其职责包含：一是全力推动数据管理的科学性、规范性、安全性和可行性，对数据政策、应用策略、所有权治理及架构标准等进行全面科学规范，以防范和化解数据应用的重大风险；二是进一步引导企业提升数据管理共识，提高数据资产管理能力，强化行业自律、规范企业行为，助力数字产业高质量发展；三是广泛协调各级政府的政策支持，加快制定宣贯与评估实施细则，全面推进评估工作有序开展。

截至 2022 年底，联合会遴选了北京赛昇科技有限公司等 12 家 DCMM 评估机构，负责开展全国 DCMM 贯标评估工作，贯标企业达到 1040 家。通过"以评促建，以评促管"的评估工作，提升数据管理理念和方法，完善数据管理组织、程序和制度；加快企业数字化转型步伐，促进企业不断向信息化、数字化、智能化发展；提高企业品牌影响力、市场竞争力和竞争门槛；推动企业数据管理人才队伍建设。目前，已经有 19 个省（市、自治区）出台 70 余项 DCMM 方面的奖补政策，奖补金额在 20~50 万，进一步推动企业开展 DCMM 评估工作。

随着企业数据管理意识不断增强，越来越多的企业开始学习数据管理方法，我国数据管理发展整体向好。但是，综合来看，我国现阶段数据管理仍处于发展初期。截至 2022 年底，DCMM 发展指数为 2.23（以 5 分为满分），即整体上，多数参评企业分布于第 2 级和第 3 级，其中 2 级企业数量占比 64%，3 级企业数量占比 27%，企业仍需加大数据管理建设力度。

同时，由于行业起点不同，行业间数据管理发展差异明显，对比发现，通信、电力、银行三个行业处于相对领先水平，其平均基线分别为 3.48、3.2 和 3.15。软件和信息技术业平均基线为 1.94，基本与 DCMM 发展指数持平，而制造业有较大提升空间，其平均基线为 1.7。图 1-34 所示为行业数据管理水平对比图。

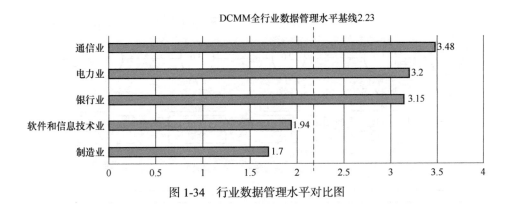

图 1-34　行业数据管理水平对比图

2. DCMM 评估内容

DCMM 数据管理能力成熟度评估模型定义了数据战略、数据治理、数据架构、数据应用、数据安全、数据质量、数据标准和数据全生命周期共 8 个核心能力域，细分为 28 个过程域和 445 条能力等级标准。图 1-35 所示为 DCMM 能力域及能力项示意图。

能力域	能力项	能力域	能力项
① 数据战略	数据战略规划	② 数据治理	数据治理组织
	数据战略实施		数据制度建设
	数据战略评估		数据治理沟通
③ 数据架构	数据模型	④ 数据应用	数据分析
	数据分布		数据开放共享
	数据集成与共享		数据服务
	元数据管理		数据质量需求
⑤ 数据安全	数据安全策略	⑥ 数据质量	数据质量检查
	数据安全管理		数据质量分析
	数据安全审计		数据质量提升
⑦ 数据标准	业务术语	⑧ 数据全生命周期	数据需求
	参考数据和主数据		数据设计和开发
	数据元		数据运维
	指标数据		数据退役

图 1-35　DCMM 能力域及能力项示意图

（1）数据战略。数据战略关注整个企业数据战略的规划、愿景和落地实施，为公司数据管理、应用工作的开展提供战略保障，组织的数据战略需要和业务战略保持一致，并且在利益相关者之间达成一致。图 1-36 是数据战略规划示意图。

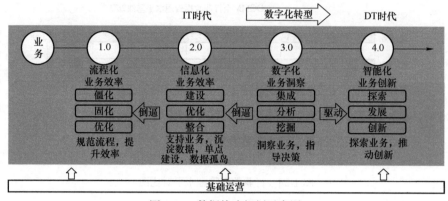

图 1-36 数据战略规划示意图

（2）数据治理。数据治理是数据管理的机制保障，其中，数据治理组织是数据治理的主体，数据制度建设是数据治理的纲领，数据治理沟通是数据主体间的协调机制。数据治理组织的核心思想在于，根据数据战略内容设置组织架构、岗位职责、数据责任、团队建设等，确保数据战略有效执行，是各项数据职能工作开展的基础。图 1-37 所示为数据治理"三位一体"建设结构图。

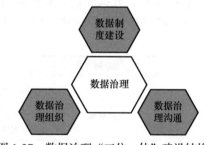

图 1-37 数据治理"三位一体"建设结构图

（3）数据架构。数据架构是通过组织级数据模型来定义数据需求，指导对数据资产的分布控制和整合，部署数据的共享和应用环境，以及元数据管理的规范。图 1-38 所示为企业统一集成平台建设结构图。

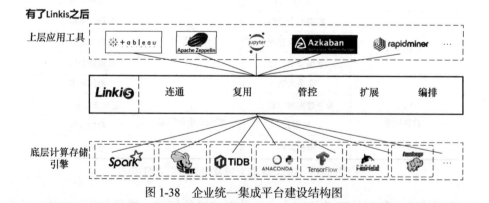

图 1-38 企业统一集成平台建设结构图

（4）数据应用。数据应用是数据管理的价值目标，对内支持运营决策、流程优化、营销推广、风险管理等活动；对外支持数据开放共享、数据服务等活动，提升数据在运营管理中的支持作用，实现数据价值的变现。图 1-39 所示为数据应用的统一报表平台（部分）示意图。

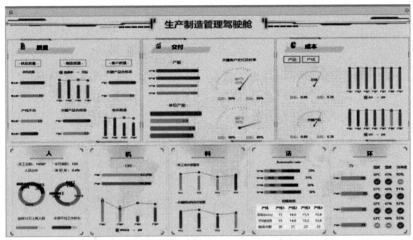

图 1-39 数据应用的统一报表平台（部分）示意图

（5）数据安全。数据安全是确保数据和信息资产在使用过程中有恰当的认证、授权、访问和审计等的措施，确保合适的人以正确的方式使用和更新数据。与传统的信息安全"区域隔离、安全域划分为主"的不同点在于，DCMM 中的数据安全是"数据分类分级、信息安全合理流动为主"。图 1-40 所示为数据安全中的数据分类分级示意图。

级别	类型	性质	敏感程度	判定原则
核心级(5级)	涉敏	"绝密"	高敏感，涉及企业核心利益	安全性遭到破坏后：1)可能对国家利益产生较大影响；2)可能对公众权益造成严重影响；3)可能对公司核心利益等造成特别重大影响；4)可能引发特别重大风险或难以挽回损失
重要级(4级)	涉敏	"机密"	中敏感，涉及企业重要利益	安全性遭到破坏后：1)可能对国家利益产生影响；2)可能对公众权益造成重要影响；3)可能对公司重要利益等造成重大影响；4)可能引发重大风险或带来重大损失
普通级(3级)	涉敏	"秘密"	低敏感，关乎企业的一般利益	安全性遭到破坏后：1)不涉及国家利益；2)可能对公众权益造成一般影响；3)可能对公司利益造成一般影响；4)可能带来一定损失，但不是重大损失
受限级(2级)	不涉敏	可在内部公开	脱离敏感，不涉及企业秘密，关乎企业的轻微利益	安全性遭到破坏后：1)不涉及国家利益；2)不影响公众权益，或影响轻微；3)可能对公司利益造成轻微影响；4)可能带来轻微损失
公开级(1级)	不涉敏	可自由对外公开	不敏感，不涉及企业秘密，关乎企业形象	安全性遭到破坏后：1)不涉及国家利益；2)不影响公众权益，或影响轻微；3)不对公司利益造成影响；4)几乎不会引发损失

图 1-40 数据安全中的数据分类分级示意图

（6）数据质量。数据质量是数据对其期望目标的契合度，是数据满足用户使用需求的程度。数据质量要保证数据的完整性、规范性、一致性、准确性、唯一性。图 1-41 所示为数据质量问题分析方法示意图。

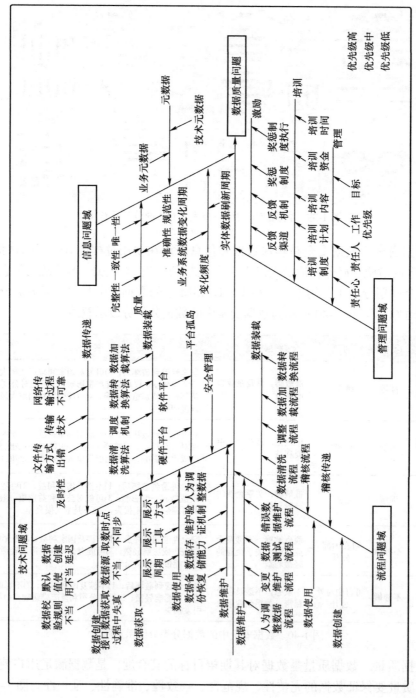

图 1-41 数据质量问题分析方法示意图

（7）数据标准。数据标准是组织数据中的基准数据，为组织各个信息系统中的数据提供规范化、标准化的依据，是组织数据集成、共享的基础，是组织数据的重要组成部分。图 1-42 所示为数据标准中的指标管理界面截屏图。

图 1-42　数据标准中的指标管理界面截屏图

（8）数据全生命周期。数据全生命周期是通过实施管理，以确保从宏观规划、概念设计到物理实现，以及从获取、处理到应用、运维、退役的全过程中，数据能够满足数据应用和数据管理的需求。基于平台实现从数据设计、开发到数据销毁的全生命周期管理，并通过把架构、标准、质量规则和安全策略固化在平台上，实现从事前管理、事中控制到事后稽核、审计的全方位质量管理。图 1-43 所示为数据全生命周期管理示意图。

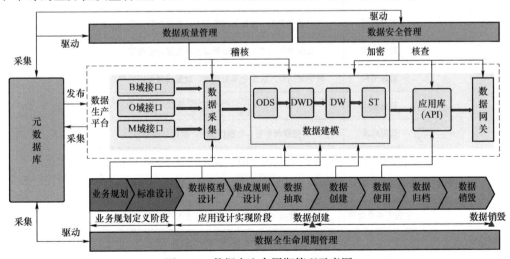

图 1-43　数据全生命周期管理示意图

3. DCMM 评估流程

DCMM 评估流程分为评估准备、正式评估和结果评议三个阶段。图 1-44 是 DCMM 评估流程图。

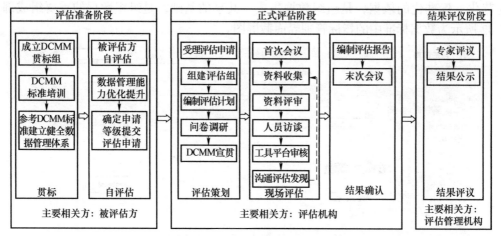

图 1-44　DCMM 评估流程图

（1）评估准备。被评估方（甲方类型企业／乙方类型企业）参照 DCMM 标准建立健全数据管理体系，内部开展自评估，可以通过贯标咨询机构协助对标，并向第三方评估机构提交有效的申请材料。在 DCMM 评估过程中，数据战略和数据治理的评估需要企业管理人员予以配合，其余 6 个能力域需要技术人员予以配合，从实际评估经验来看，企业配合人员一般累计人数约 5~10 人。图 1-45 所示为企业参与人员参考示意图。

能力域	相关参与人员
数据战略	企业负责人、数据管理负责人、首席数据官等
数据治理	数据管理负责人、首席数据官、数据分析师等
数据架构	数据架构师、数据仓库架构师、数据模型管理员等
数据应用	应用架构师、商务智能(Business Intelligence,BI)架构师、报表开发人员等
数据标准	数据管理专员、数据提供者、数据分析师等
数据质量	数据质量分析师、数据质量管理员等
数据安全	数据安全管理员、数据安全审计员等
数据全生命周期	数据开发工程师、数据运维工程师等

图 1-45　企业参与人员参考示意图

（2）正式评估。评估机构受理评估申请后，组织现场评审并出具评估报告，给予评估等级的推荐意见，并报评估工作部备案或者审核。

在正式评估阶段，主要评估内容包括制度评估、平台工具评估和人员管理评估共三个层面：一是审查文件和管理记录，包括公司层面及部门层面的规章、制度、规范和管理规定等，以及公司在管理过程中的过程文档，如会议纪要、会签记录等；二是观察数据管理过程和活动，重点了解数据管理系统/平台/工具的相关功能和使用记录；三是人员访谈，对公司的规章制度执行以及数据管理平台使用情况进行核验，确认其实施过程与客观证据是否保持一致。图1-46所示为正式评估审查文件示例（部分）示意图。

能力域	文件示例（部分）
数据战略	《数据治理战略规划》《信息化规划》《数据规划报告》《信息化项目立项/预算管理办法》《战略发展情况报告》《战略修订记录》…
数据治理	《数据资产管理办法》《数据资源管理办法》《数据治理工作报告》《数据治理管理办法》《数据治理沟通计划》…
数据架构	《数据治理沟通计划》《数据平台规划报告》《企业级数据架构设计报告》《数据集成规范》《数据分布关系》《元数据规范》《企业级数据模型》《平台数据模型》…
数据应用	《BI系统建设方案》《外部数据管理规范》《外部数据清单》《开放数据目录》《数据服务列表》《数据服务管理办法》…
数据安全	《数据安全级标准》《数据安全侵权访问策略》《数据安全管理办法》《数据安全审计报告》《数据安全管理平台技术方案》…
数据质量	《数据质量规则库》《数据质量评估模型》《×××数据质量报告》《数据质量管理办法》《数据质量平台技术方案》…
数据标准	《业务术语定义》《指标数据标准》《主数据管理办法》《数据元标准》《参考数据管理办法》《主数据标准》《参考数据标准》《标准差异性分析报告》…
数据全生命周期	《信息化项目管理办法》《×××平台开发规范》《×××平台运维规范》《×××平台需求规格说明书》《×××数据分析应用设计报告》《×××分析应用管理办法》…

图1-46 正式评估审查文件示例（部分）示意图

（3）结果评议。中国电子信息行业联合会为发证部门，负责对评估机构报送的评估结果进行合规性审查，对于合规性审查中发现的存在较大问题的评估结果有权驳回。对于评估机构推荐的稳健级、量化管理级和优化级的评估结论，发证部门负责组织专家对评估结果进行评议。根据专家对DCMM评估报告复核或评议的结果，在联合会官方网站公示，无异议后颁发DCMM贯标等级证书，有效期为3年，3年后企业可选择证书续期或者更换证书。同时，企业可以在中国电子信息行业联合会官网（http://www.citif.org.cn）评估工作专栏及数据管理能力成熟度评估服务平台进行查询。图1-47所示为官网公示截屏图，图1-48所示为平台

图1-47 官网公示截屏图

查询截屏图，图1-49所示为证书式样截屏图。

图1-48 平台查询截屏图

图1-49 证书式样截屏图

第二章

企业数字化转型

随着企业数字化转型的逐步开展，将数字化转型写入战略规划的企业越来越多，企业数字化转型的目标是推动业务的转型升级，背后是业务模式的变革与组织、流程等的优化，数字化转型正在发展中。要推动数字化转型，就必须要清楚业务在数字化场景下将如何变革、数字化将如何与业务进行融合、未来基于数字化的业务场景如何变化等问题。

本章选取已开展数字化转型的企业典型案例，涉及企业的产、供、销、人等方面，具体涉及智能生产、数字化销售、产业链上下游协同、企业上云和员工数字素养等内容。

第一节　企业智能生产

智能生产即智能制造。智能制造是基于先进制造技术与新一代信息技术深度融合，贯穿于设计、生产、管理、服务等产品全生命周期，具有自感知、自决策、自执行、自适应、自学习等特征，旨在提高制造业质量、效率、效益和柔性的先进生产方式。这一定义出自2021年11月17日工业和信息化部、国家标准化管理委员会印发的《国家智能制造标准体系建设指南（2021版）》。

智能生产贯穿生产制造活动的各个环节，通过综合和智能地利用信息空间、物理空间的过程和资源，制造、交付产品和服务的新型制造。智能制造的广泛定义涵盖了许多不同的技术。智能制造中的一些关键技术包括大数据处理技术、工业连接设备和服务技术，以及先进的机器人技术。

本节选取的第一个案例讲述H型钢结构制造的智能工厂和数字化控制中心结合的建设实践，第二个案例分享了用大数据处理技术对智能装焊车间里的工业机器人进行预测性维护的实践和做法。

案例八　钢结构智能建造全流程应用实践

建筑业作为我国的支柱产业之一，在国民经济发展中占有重要地位。但目前建筑业数字化程度相对落后、产业基础相对薄弱、整体效益偏低，仍属于劳动密集型、建造方式落后型的传统产业。

在传统建筑业的发展中，人工成本的低投入是驱动整个行业快速发展的关键因素，但随着社会人口结构的变化、新一代劳动工人工作意识的转变，未来建筑业将面临劳动力骤降、用工成本大幅上升的问题，传统粗放式发展已经不能满足当前的行业市场，转型升级迫在眉睫。通过对智能建造与新型建筑工业化协同发展方式的探索，以大力发展建筑工业化为载体，以数字化、智能化升级为动力，创新突破相关核心技术，加大智能建造在工程建设各环节的应用，形成涵盖科研、设计、生产加工、施工装配、运营管理等全产业链为一体的智能建造产业体系，替代传统建筑业中高分散、低水平、低效率的建筑业生产方式，以降低劳动力短缺带来的冲击。

近年来，钢结构建筑作为国家推进智能建造与新型建筑工业化中重要的建筑技术体系之一，其结构技术及连接工艺已相对成熟。钢结构具备工业化建造和智能建造的先天优势，具有工业化、数字化、智能化的"三化融合"，赋能钢结构产业升级、发展智能建造产业新模式的条件，是当前建筑业发展的可行之路。

本方案从钢结构生产信息化出发进行数字部署，通过管理数字化进行数字治理，将钢结构智能建造与大数据产业融合发展，建设钢结构智能工厂和数字化控制中心，充分利用大数据技术与建筑信息模型（Building Information Modeling，BIM）技术，实现生产仿真分析、自动排产、工艺能耗分析、成本管控、进度管理、可视化运营等。

1. 应用需求

（1）建设背景。近年来，随着新一代信息化技术的突破与革新，各种顶层数字化应用场景得到广泛推广，数字赋能钢结构也伴随着数字化产业的迅速发展，得到了良好的建设与应用。发展钢结构智能建造，关键技术的突破尤为重要。钢结构智能建造的关键共性技术与核心装备受制于人；智能建造标准、软件、网络、信息安全基础薄弱；智能建造新模式成熟度不高，系统整体解决方案供给能力不足；以及建筑设计个性化、钢结构部品部件标准化程度有很大差异等问题突出。

在制造强国战略部署下，企业加快推进信息技术与工业技术相融合，产业新模式、新业态、新特征日益凸显。而在钢结构建筑的建造过程中，存在人工与设备分离、设计与建造分离、设备间无法交互、数据壁垒高筑等情况，导致钢结构数字化建设困难重重。通过数字赋能，打造钢结构智能化生产线，实现复杂生产工序"无人化"，利用BIM技术、物联网、大数据等手段，研发智能建造信息管理系统，打通钢结构产业数据链，实现全流程管理。解决传统的"个性化、多样性、构件重、工作险、加工慢"等行业痛点，降低生产过程的人工投入，提升生产效率、物料流转效率，提高利润率。

（2）市场应用前景。如今，建筑业数字化转型已是大势所趋，对整个行业发展影响不可小觑。钢结构数字化建设大大提升了钢结构行业建造过程的智能化水平，对提升行业技术水平及建筑工业化水平有很大贡献。

2. 方案架构

（1）构建高效数据采集、互联体系。面向钢结构全生命周期的数字化、网络化、智能化需求，构建基于 BIM 的定制化、绿色钢结构全生命周期的海量数据采集、汇聚、分析服务体系，形成支撑制造资源泛在连接、弹性供给、高效配置的载体，构建精准、实时、高效的数据采集互联体系，不断优化研发设计、生产制造、运营管理等技术，形成资源富集、多方参与、合作共赢、协同演进的钢结构产业新生态。图 2-1 所示为钢结构信息化管理平台整体架构。

（2）构建元数据链体系。利用 BIM 数据指导生产，打通钢结构设计、制造、安装全过程数据链，实现客户、供应商、服务商、职业教育机构互联互通，推进钢结构建筑工程智能化、产品化建设。建立项目调度中心、制造调度中心、安装调度中心，保证生产安装可视可控、材料和构件的跟踪定位，分析构件流转速度，针对流转过程及时调整，保证生产通畅，实现钢结构从制造到安装全过程的数字化、精益化管理。图 2-2 所示为 BIM 钢结构数据模型示意图。图 2-3 是项目调度中心示意图。图 2-4 是制造调度中心示意图。图 2-5 是安装调度中心示意图。

（3）构建设备互联，信息交互体系。以工业网络为基础，实现设备与信息系统的互联互通，进行设备进度反馈、运转参数收集、能耗统计等；以大数据为抓手，为成本分析、工效分析、质量监控、安全监控提供实时数据，为智能制造提供实际生产参数。通过通信协议、信息模型、系统架构等多个方面为装配式钢结构领域研究制定行业标准。利用海量物联网设备的接入，提取设备接入共性，提供设备服务的接入标准。图 2-6 所示为物联网实现设备互通示意图。

（4）构建基于知识工程的钢结构全生命周期管理。在实施全生命周期知识工程中建立一套基于"BIM+钢结构智能建造"为核心的数据中枢，消除旧模式下的信息孤岛，充分定义各信息系统的输入输出规则，并将各系统产生的原生数据进行业务加工，形成价值性统计分析，实现数据生态闭环，使各系统中的原生数据能够创造最大应用效益。

（5）定制化钢结构智能建造模式应用。本平台通过建立异构数据个体属性和全局属性相互关联的映射模型，形成高效异构数据流分析、融合存储机制；研究边缘层智能算法在智能分析、可靠性、安全性、带宽需求和复杂度等不同的场景下的实际应用需求，完善边云协同能力，优化实时数据处理能力，实现生产设备、价值链、供应链的数字化连接和高度协同，使生产系统具备敏捷感知、实时分析、自主决策、精准执行、学习提升等能力，全面提升生产效率；研究建立海量数据实时处理、关键算法及实际性能分析机制，赋予产品智能化，使产品能够实时响应外界变化和用户需求。图 2-7 是一站式智能制造信息管理系统手机终端 APP 示意图。

产业数字化——释义、场景及应用案例

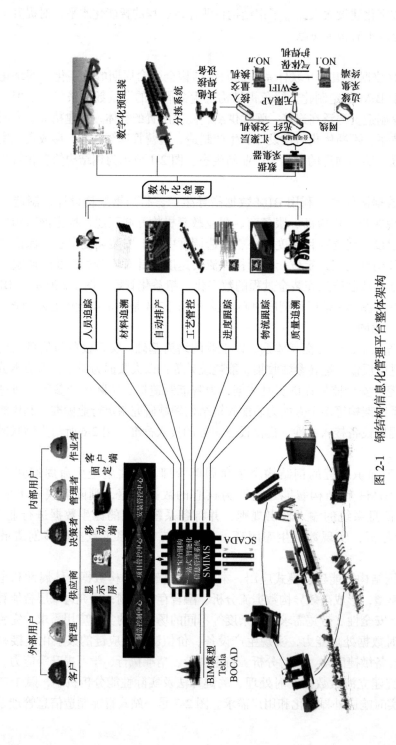

图 2-1 钢结构信息化管理平台整体架构

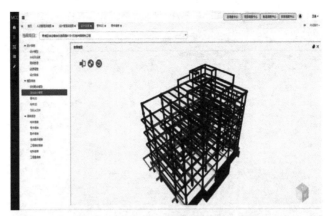

图 2-2　BIM 钢结构数据模型示意图

图 2-3　项目调度中心示意图

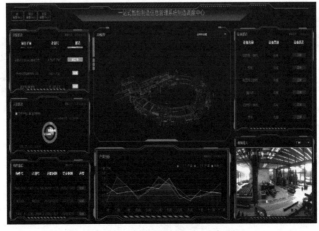

图 2-4　制造调度中心示意图

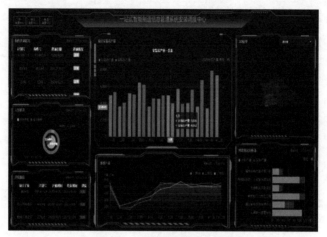

图 2-5　安装调度中心示意图

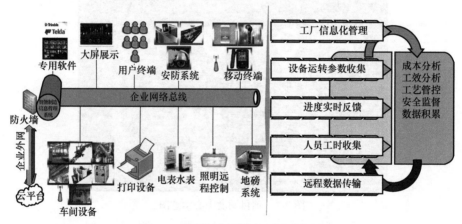

图 2-6　物联网实现设备互通示意图

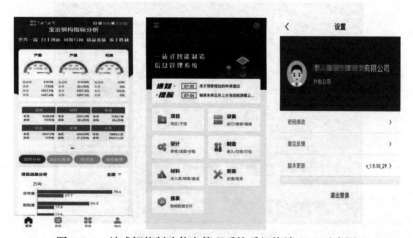

图 2-7　一站式智能制造信息管理系统手机终端 APP 示意图

3. 案例应用关键技术

(1) 基于钢结构 BIM 标准的文件元数据解析及提取。建立基于钢结构 BIM 标准下的元数据体系架构,以及对相关数据的提取、分类、存储、组合的相关规则。搭建海量钢结构 BIM 案例数据仓库。完成每个部件、构件都能够建立可识别的身份信息;并支持"全文检索",可快速定位到各种属性层次的构件。

(2) 二次建模以及模型轻量化、可视化重构研究。对元数据体系的数据关联性进行定义,并对零部件类型、钢板厚度和规格、零部件形状、是否打孔、孔形、孔距、坡口等各类关键信息,以及零部件的装配信息进行独立提取,形成一站式系统的信息库,完成数据轻量化二次建模。并通过对关键信息重新组合以及通过 WebGL 可视化来实现在人机界面 (Human Machine Interface,HMI)、移动终端等设备上的快速展现。

(3) 基于钢结构 BIM 大数据架构下的数据挖掘问题研究。对钢结构 BIM 关键信息进行数据挖掘,结合订单、工序、人员、设备生产能力、库存原料(各类规格板材)等外部因素,建立多维信息模型并通过一站式系统下发至远程设备。寻找原料的最佳切割方式,以及基于进度、投资、质量、订单、资源的最优解;实现设计、制造、装配的智能排产。

(4) 基于钢结构 BIM 大数据架构下的结合视觉的自动控制问题研究。采用高速工业相机对相关目标进行拍摄,采用相关滤波算法和体素网格采样算法进行去噪和简化等预处理;采用场景分割技术将目标进行提取;与海量轻量化模型进行快速比对,快速实现质量判定;并结合机械臂的使用,实现对目标零部件(非标)的秒级全自动分拣。

4. 场景应用效果

(1) 5G 数字化工厂。本方案整合钢结构 30 余道制造工艺流程,针对钢结构的生产特性和构件类型特点,对钢结构中占比达 40% 以上的 H 型钢类构件,创新短工艺流程,形成钢结构智能制造的六大中心,用工减少 80%,成本降低 20%;符合智能化建设方向,将完全离散型工艺向流程化转变。通过技术引进和自主研发相结合,打造了国内领先的 H 型钢智能生产示范线。图 2-8 是钢结构智能化生产线示意图。

1) 零件的智能成型及配送。由智能零件下料中心、智能坡口加工中心及智能零件分拣与检测中心三大中心联合运转,实现零件下料、钻孔、喷码、坡口、分拣与检测等零件全部工序的智能化生产。通过 3D 扫描技术,实现对每个零件的尺寸进行 100% 检测;利用超宽带(Ultra Wide Band,UWB)高精定位技术,完成零件指定工位的配送工作。

2) 焊接 H 型钢的智能成型与加工。由全自动直条切割机中心、智能 H 型钢成型中心及智能 H 型钢加工中心三大中心联合运转,实现 H 型钢下料、组立、焊接、矫正、钻孔、喷码、锯切、锁口等 H 型钢全部工序的智能化生产。自主研发的智能 H 型钢成型中心可实现自行设计制造的 H 型钢成型生产线,自动完成上下料、对中、组立、焊接、清渣、校正等工序,自主研发多丝焊接、焊枪角度自调整、焊接参数自匹配等技术,大大减少场地占用,加快工序流转。

3) 智能 H 型钢装焊中心。实现钢结构生产最复杂工序的智能化、无人化,通过与 MES

直连，打通智能装焊中心与 BIM 数据壁垒，自动识别零件，自动校准装配位置，自动完成装配和焊接工作，实现钢结构制造过程中最复杂工序的无人化生产。与传统装配方式相比，节约 85% 的装配时间，极大提高生产效率。

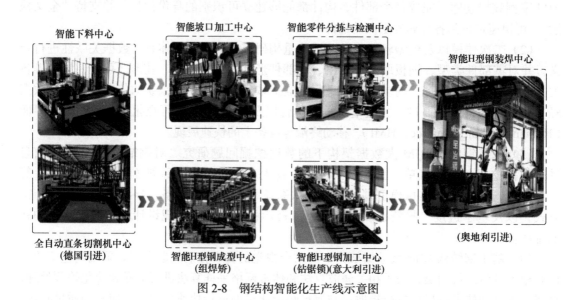

图 2-8　钢结构智能化生产线示意图

（2）数字赋能，一站式智能管理。一站式信息化管理系统通过将人、机、料、法、环五大要素的重要数据有效关联，智能分析生产数据，实现全要素的生产管理，为生产装上"数字大脑"，同时为客户提供全过程、个性化和全方位管理的服务；同步开发"钢构智慧管家"APP，突破质量控制、流程衔接、数据交互、上下游沟通的壁垒，实现系统使用的便捷性。

系统以"一个平台、两个层次、四类数据、八个方面"为建设思路，涵盖企业资源计划、产品全生命周期管理、供应链管理、仓库管理、制造管理、能源管理、数据管理、设备管理等功能，集成可视化四大调度中心，实现生产仿真分析、自动排产、装配构件实时追溯、成本最优管控、实时决策等全方位可视化运维系统。

1）全过程数据管控。与 BIM 打通，将模型数据轻量化，形成轻量化模型、数据清单、工艺参数。实时收集过程数据，实现设计、采购、制造、施工的数据贯通。图 2-9 是数据贯通示意图。

2）全方位数据管理。系统将设计、材料、制造、安装、检测、维护有机结合在一起，实现钢结构全方位信息化管理。图 2-10 是全方位数据管理示意图。

3）全要素数据管理。通过将人、机、料、法、环五大要素的重要数据有效关联，实现智能排产、工效及工艺分析等数据的有效利用，达到全要素的数据管理。图 2-11 是全要素数据管理示意图。

第二章 企业数字化转型

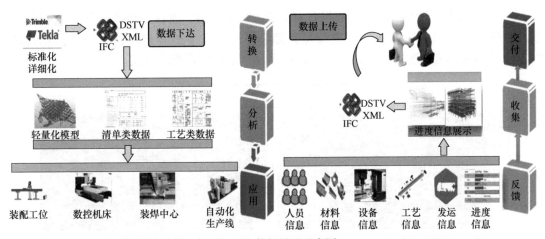

图 2-9 数据贯通示意图

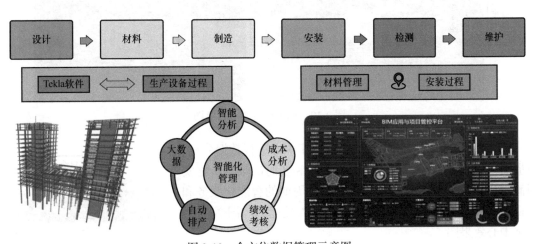

图 2-10 全方位数据管理示意图

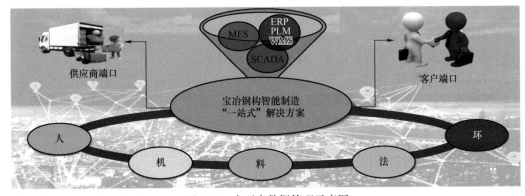

图 2-11 全要素数据管理示意图

67

4）生产数据可视化。将实时数据收录分析，形成总调、项目、制造、安装四大调度中心，实现管理数据一眼看透，合理调配资源。同时研发手机客户端，实现便携化管理。图 2-12 所示为四大调度中心示意图。图 2-13 所示为手机客户端示意图。

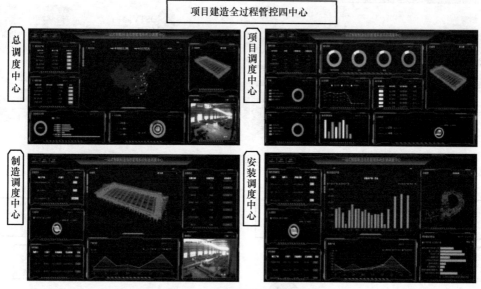

图 2-12　四大调度中心示意图

（3）数字大脑、科学决策。通过数字中心进行数据分析、数据交互，对生产全过程进行总体控制和实时决策，最终实现涵盖供应链、生产车间和产品全生命周期的智能化服务和可视化管理，提高科学决策能力和实时管控能力。图 2-14 是数字中心效果图。

5. 实施流程及关键节点

项目开发及实施过程中的主要流程及关键节点包括以下部分。

1）项目调研，6 个月。
2）生产线采购安装（含进口设备）和系统开发，12 个月。
3）方案测试及完善，6 个月。

6. 实施过程遇到的典型问题及解决方法

本案例在实施过程中遇到的典型问题是，在系统开发过程中，系统开发人员对于钢结构建造过程了解不够，对工艺、工序不熟悉，造成开发进度慢、开发结果与功能需求存在较大偏差。

解决方法：公司自动化部门组成软件开发团队，取代第

图 2-13　手机客户端示意图

三方开发团队，快速解决专业问题，大大提高了沟通效率和开发进度。

7. 实施效果

该案例通过传统建造业和信息化、智能化的深度融合，推动钢结构智能建造与大数据产业的融合发展，每年可为公司节约维修费用20万元、差旅费用50万元、设备配件费用80万元，综合成本降低20%。同时，产线综合运转效率提升30%，用工由传统生产线的80人减少至16人，用工降低80%。单位面积产能由1.2t/m^2增长到1.5t/m^2，在智能化产线的不断完善中，有望实现单位面积产能达2.0t/m^2。

图2-14 数字中心效果图

截至2023年初，本案例已成功举办100多场观摩活动，起到了良好的行业示范效果，营造了数据可见、技术可现、工厂可看、产品质坚、可复制推广的钢结构数字化转型案例，未来将继续完善数字化产业链，构建钢结构全产业链全场景新生态，打造多方参与、协同发展的钢结构生态圈，促进钢结构由产品向服务转型的探索。

案例九　基于工业大数据的装焊车间工业机器人预测性维护

随着工业化进程的不断推进，汽车生产线的自动化程度和复杂程度也越来越高，大数量、多种类等特点为资产管理和设备维护带来了不小的困难。准确的设备数量、型号和运行参数等信息，对制定维护计划及备件采购至关重要；设备中各类软件的版本信息、升级管理出现问题，也会给现场工艺调整及设备维护带来大麻烦。如何快捷、准确、实时地获取现场设备的各类资产信息就显得尤为重要。传统方式是通过人员现场检查记录，并使用纸质文档保存，这种方法较为费时费力，面对时常变更的设备型号、软件版本、系统补丁版本就更显得捉襟见肘。在物联网技术的帮助下，这些问题很容易被解决，将设备连接到网络并实时抓取设备信息存入数据库，通过定制化的前端交互界面，工作人员可以快速便捷地查询所需要的信息。同时，对于关键设备，还可以添加策略管理功能，使变更一目了然，规避质量风险及停机风险。

本案例的车间工业机器人预测性维护依托于北京奔驰工业物联网（Industrial Internet of Things，IIoT）平台，将资产管理、基于工作循环次数的预防性维修、状态监控、决策支持、预测性维修、项目验收支持、生产工艺优化等监测应用，从管理生产设备的技术维护部开始试点，逐渐推广到喷涂、总装、发动机等车间，以及生产、规划等部门。

1. 预测性维护的应用需求

制造业进入到全新的数字化时代，预测性维护需要大量的数据支撑。对于散落在车间的海量数据需要进行采集、存储、集成、清洗、预处理等工作，以便后续的挖掘和分析；需要使用各种算法和工具对数据进行分析，以发现规律、趋势和异常；随着数据规模的增加，需要通过数据可视化帮助用户更快速、直观地理解数据的含义和关系；数据需要实时采集，如设备的监控值、闭环控制的温湿度和速度等；必须要保障数据的安全；需要考虑多角度、多格式的数据，以保证数据的完整性。

2. 数据平台架构

北京奔驰坚信大数据将成为推动企业向数字化变革、精益化管理的重要引擎，将"开创性的数字化"作为企业核心战略规划之一，构建基于 MQTT 协议的数据平台双连生产制造服务总线（Manufacture Service Bus，MSB）。图 2-15 是基于 MQTT 系统架构的 MSB 示意图。

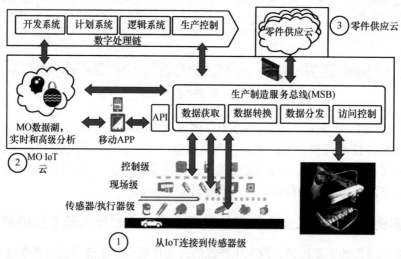

图 2-15　基于 MQTT 系统架构的 MSB 示意图

MSB 通过 MQTT 协议实现对超过 5000 台工业机器人、工艺设备、传感器等现场级设备的数据采集，借助企业云的大数据处理技术，实现数据聚合、数据智能显示、故障提前预知、智能终端数据支持、供应商云应用、辅助管理决策。

3. 关键技术

北京奔驰将工厂内具备 IIoT 功能设备（机器人、PLC、各类传感器、焊接设备、涂胶设备、冲压设备等）的数据通过 MSB 传送到大数据中心。可以在前端通过数据看板直接监控实时数据并获取设备状态信息，也可以调用大数据中心的历史数据进行智能算法研究与开发。基于 MQTT 协议采用非结构化查询语言（Structured Query Language，SQL）数据库作为实时数据显示，采用 Hadoop 生态圈作为数据湖，构建了工业物联网系统。图 2-16 是北京奔驰生产制造服务总线（MSB）平台示意图。

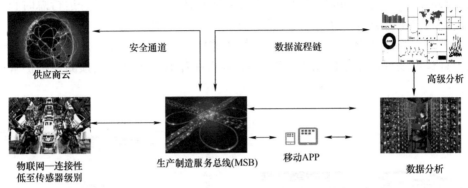

图 2-16　北京奔驰生产制造服务总线（MSB）平台示意图

一方面，联合设备制造商升级设备功能，使设备具备发送 MQTT 消息的能力。另一方面，由于使用设备类型众多，对于无法开发 MQTT 的设备，采用了信息转化方案，即利用 Node-Red 数据流工具获取设备控制器本地数据，再由 Node-Red 发送出 MQTT 消息。

因涉及的设备种类多，设备发送各类日志及报警等信息的数据量巨大，造成传统关系型数据库无法支持日志信息的实时分析。采用可以作为一个大型分布式集群（数百台服务器）技术的 Elasticsearch（简称 ES）处理 PB 级数据。它将全文检索、数据分析以及分布式技术合并在一起，能够近实时地对海量数据进行搜索和分析，响应耗时控制在秒级。以 ES 作为实时数据库，将 ES 架构下的 Kibana 作为前端实时看板开发的可视化工具。迄今为止，连入设备量达到 5000 台以上，各类设备监控可视化看板 70 个，为设备的智能管理与运维提供了强有力的支持。图 2-17 所示为机器人状态监控系统设备运行状态及资产管理示意图。图 2-18 所示为机器人进行振动分析示意图。

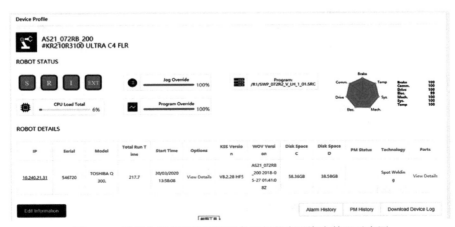

图 2-17　机器人状态监控系统设备运行状态及资产管理示意图

以工业机器人状态监控系统为例，机器人通过 MQTT 协议与 MSB 连接，实时将当前状态、资产信息等数据上传。通过定制开发的机器人状态监控信息，工作人员在选定某一台机器人后可以看到该机器人的当前状态，例如，正在运行的子程序、运行速度、驱动相关参数等实时状态信息；同时，还可以看到机器人 IP 地址、序列号、运行总时长、系统版本、机器人程序包版本、机器人工艺设备种类的资产信息。通过对半年内机器人报警信息的分析处理，系统还会自动对机器人的整体健康状态进行评分，并以雷达图的形式展现，便于直观地展现设备整体状态。图 2-19 是北京奔驰工业机器人预测性维护管理平台截屏图。

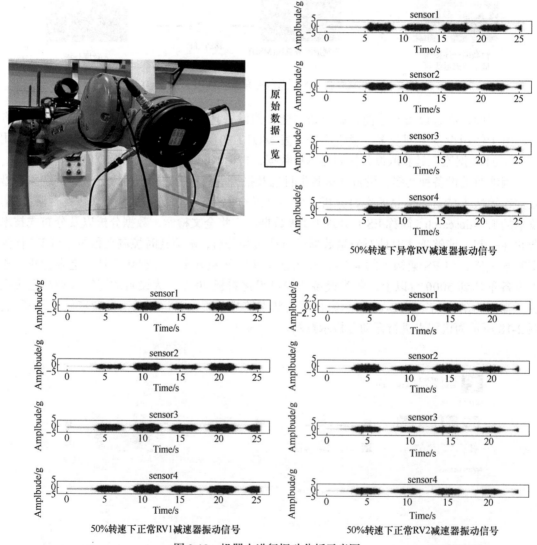

图 2-18　机器人进行振动分析示意图

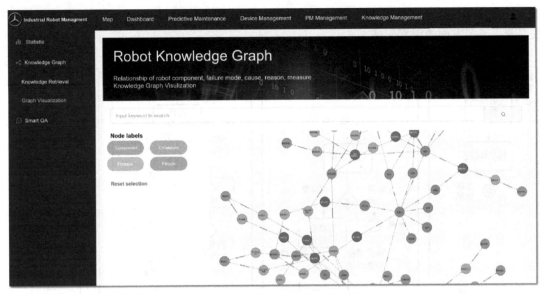

图 2-19　北京奔驰工业机器人预测性维护管理平台截屏图

4. 项目收获

（1）技术层面。第一是集数据收集、存储、展示、分析等功能为一体的数据平台搭建。通过联合设备厂商，开发基于 MQTT 协议的客户端，使现场设备具备数据发送能力。对于无法发送 MQTT 消息的设备，通过 Node-Red 主动访问设备数据库来抓取设备数据。基于这种方式，将生产线上设备产生的数据通过 MSB 传送到大数据中心。系统前端可以通过数据看板直接监控实时数据来获取设备状态信息，同时，支持调用大数据中心的历史数据进行智能算法研究与开发。第二是数据融合。根据不同设备数据的特点，结合实际应用场景，将设备数据进行定制化的预处理，降低系统载荷，节省计算资源，降低系统成本。同时将设备数据与维护数据相结合，打通工作全流程，实现数据融合。第三是数据应用探索。通过不断探索和积累，开发出了一系列智能维护应用，包括设备日志及报警信息整合分析、基于设备运行数据的预测性维修、基于设备运行数据的视情保养策略、基于设备能耗数据的节能减排策略等。图 2-20 是具体实施流程图。

（2）管理层面。首先是建设了工业互联网团队，为促进 IT/OT 的深度融合，助力持续创新及技术落地，融合 IT 及设备维护人员建立 IIoT Swarm 团队。团队以业务为导向，高度灵活开放。致力于快速开发，协助业务向数据驱动转变，体现数据价值，保证工业物联网应用，给客户提供新而优的解决方案。其次是建立了信息安全体系。网络攻击不再遥不可及，而是已经成为现实，来自虚拟世界的攻击每时每刻都在发生，面对复杂的信息安全现状和公司保质保产的目标，建立了业务信息安全增强计划。结合网络数据和操作系统日志建立的维护数据应用平台解决方案，适用于防护和监测环节，确保积极预防、及时发现外部或内部的可疑攻击。

（3）预测性维护。预测性维护是一个系统性的流程，需要结合组织结构、失效模型和知识图谱等多方面的因素实施。

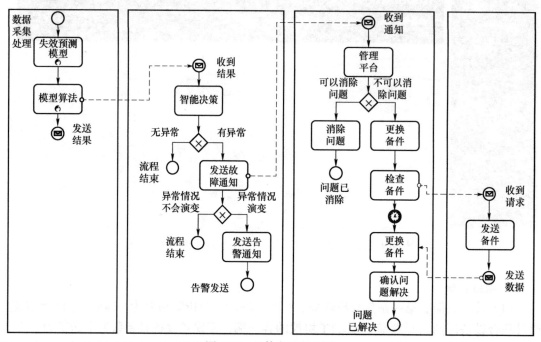

图 2-20　具体实施流程图

1）通过传感器、监测设备等，对生产设备进行数据采集和处理。
2）针对不同的设备，建立相应的失效预测模型。
3）通过收集生产设备的历史运行数据、故障数据等，建立相应的知识图谱，以便对故障表象与原因建立联系。
4）明确预测性维护的组织结构，包括团队的人员构成、职责分工和工作流程等。
5）根据预测结果，进行相应的维护措施、制定维护计划等。
6）对预测性维护的效果进行监控和评估，不断改进预测性维护的方法和流程。

5. 实施过程遇到的问题和解决方法

（1）技术标准不统一。联合设备制造商升级设备功能，使设备具备发送 MQTT 消息的能力。一方面，通过多轮测试，性能稳定后，开始大范围推广安装升级程序，为数据收集奠定基础。另一方面，利用 Node-Red 数据流工具获取设备控制器本地数据，对众多类型的设备实现了信息转化。

（2）数据质量不高。由于工业环境复杂，数据采集存在干扰和误差。做好电磁屏蔽和接地，布线时用示波器测试相关区域的电磁干扰，用物理方式降低对数据采集质量的影响。

(3)数据安全问题。通过在设备端加装防火墙、访问权限控制、身份验证等措施,通过在老旧操纵系统加固白名单,以及在服务器端安装防火墙、流量监控、日志分析等方式加以解决。

6. 实施效果

基于工业物联网创建的工业机器人信息管理平台,接入机器人数量已达 3000 多台,可以监控机器人的资产信息、备件信息、实时运行状态信息、报警信息、预防性及预测性维护提示信息。通过融合资产管理、故障诊断、维护指导等功能,实现了机器人全方位精准把控管理与维护。平台开放了各级数据接口,支持机器人发送数据和拓展类型,支持现有预测模型优化、新预测模型的灵活添加,使该平台可持续地提升性能。

(1)机器人齿轮润滑油评价。依托平台获取数据,结合机器人周期维护的痛点,基于支持向量机的机器学习方法,开发了机器人齿轮润滑油评价模型。该方法摒弃了传统周期换油方式的高备件损坏和高人力投入,通过建立机器人运行与润滑油状态的关系,模型能够有效评价润滑状态。实现了物料和人力成本的双向节约,精准制定维护策略,达到精益运营的目的。

(2)模式平移与复用。工业物联网数据收集与应用模式部署到除机器人以外的其他多种设备,如电动机驱动器、焊接设备、冷连接设备、PLC 控制的各类传感器、涂胶设备、冲压设备等,创立了统一的 MSB 平台。覆盖 8 大核心技术,设备接入量超过 5000 台,超过 20 个优秀案例已运用于现场。现场维护不再以漫无目标地巡视为主,通过可视化信息看板,现场维护人员可以精准把握现场状态,定位故障,及时协调利用生产间隙,完成检修维护工作。主要技术问题的平均维修时间降低了 20%,同时,人员有效利用率也大大提升。

北京奔驰工业物联网数据的成功应用,从设备运维角度,有效降低了设备停机时间,优化人力成本、备件配置,调整第三方服务支持、监控;从设备利旧角度,很好地改善了能源消耗,发挥了旧设备的新利用;从数据价值最大化角度,因平台性能可以不断提升,为企业实现数据价值持续驱动奠定了基础。

第二节 销售服务数字化

销售的数字化大体经历了四个阶段:第一阶段是台式机时期,将销售电话的内容手工录入,以获取客户信息;第二阶段是信息化时代,通过客户关系管理(Customer Relationship Management,CRM)系统软件及呼叫中心加上入口网站,帮助实现部分营销自动化;第三阶段是移动数字化阶段,通过移动终端、营销工具和平台的数据分析,使营销更加智能化、精准化和个性化;第四阶段是数智化营销,以软件即服务(Software-as-a-Service,SaaS)形式为主的"数据产品",以及人工智能(Artificial Intelligence,AI)机器学习基础上的数据建模分析为主要手段,可更自动、更智能、更精准地分析客户需求,实时数据加上人工智能是第四阶段的典型特征。

数智化营销已经成为许多企业竞争中不可或缺的一部分,从小型创业公司到大型跨国企业,都在把更多的资源投入到数智化营销中。数智化营销不仅可以帮助企业与客户建立更紧密的联系,推广品牌形象,还可以通过数据分析来改善市场营销策略和计划,并实现更好的营销效果。其商业模式并不拘泥于特定行业,而适用于一切期待为消费者提供定制化需求并希望消费者与品牌产生持续直接对话、建立长期真实情感连接的企业。

本节选取家电研产销大数据服务平台案例,分享了从产品设计到产品售出整个流程的数字化建设情况。

案例十　大数据助力国产彩电产业腾飞

——家电研产销大数据服务平台及应用

1. 方案概要

家电研产销大数据服务平台是以大数据为中心,用互联网和大数据将研发、制造、销售、服务、市场及消费者进行无缝衔接的"制造＋服务"的一体化系统,利用这个系统可以实现产品的个性化定制、敏捷制造、精准营销和智能服务,全面提升用户的满意度。

家电是人们日常生活离不开的重要物品。近年来,国产品牌家电逐步替代了进口品牌成为市场主流。以彩电为例,2005年以前,我国彩电市场主流品牌以外资为主,中外彩电品牌市场呈现"二八格局";到2022年年底,国内市场中外品牌之间的占比已经达到了"八二格局",实现了国产彩电产业的腾飞。

洋品牌在中国市场的落败,并非其技术不够先进,而是其经营用户的能力不如国产品牌。

所谓经营用户,就是企业利用数字化技术跟用户建立长久的买卖关系。在家电领域,企业与用户建立长久买卖关系的主要方式体现为,在产品的全生命周期中都将用户的需求放在首位:产品的设计精良让用户满意,产品的物美价廉让用户动心,产品的质量可靠、易用耐用让用户舒心,产品的售后服务让用户放心,而跟用户建立关系的主要技术手段就是大数据。近年来,各大国产电视机厂商在数字化转型过程中,先后建设了基于大数据技术的家电研产销大数据服务平台,用互联网和大数据将研发、制造、销售、服务、市场及消费者进行了无缝衔接,将提高用户满意度放在第一位,从而提升了市场占有率。

一个高效连接用户的以大数据为基础的家电研产销一体化生态系统如图2-21所示。

2. 应用需求

尽管目前中外彩电品牌之间的占比已经达到了"八二格局",但部分洋品牌并不甘心将中国市场拱手让出,他们希望以技术来赢取市场翻盘的机会,其中最典型的例子就是有机发光二极管(Organic Light-Emitting Diode,OLED)电视(即,有机电视)与液晶电视的技术之争。

从2011年京东方第一条8.5代液晶面板线在北京投产以来,我国投入近8000亿元,先后建成20条高世代薄膜晶体管液晶显示器（Thin Film Transistor-Liquid Crystal Display，TFT-LCD）生产线，液晶电视成为国产电视机厂的主流技术。面对中国崛起的液晶显示器（Liquid Crystal Display，LCD）产业，日韩等国失去了LCD产业的主导权，为了换道超车，他们转产OLED，韩国某电视机生产巨头向中国LCD产业发起了挑战："超越液晶，只为突破极限画质而生"。如果这成为事实，中国在TFT-LCD产业的巨额投入将面临巨大风险。

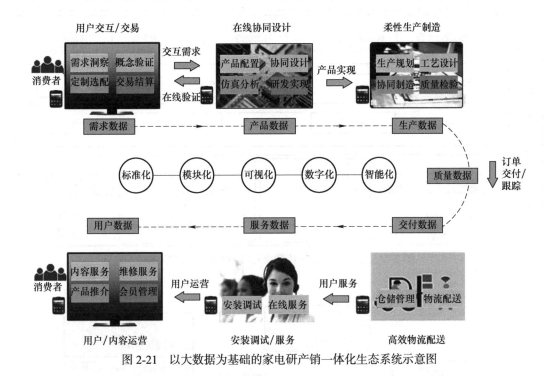

图 2-21　以大数据为基础的家电研产销一体化生态系统示意图

面对这一巨大挑战，中国彩电企业通过实施数字化转型并应用家电研产销大数据服务平台提出了应对方案。

3. 方案架构

家电研产销一体数字化转型平台的典型架构如图 2-22 所示。

家电研产销一体数字化转型平台需要实现以下五个在线。

（1）设计在线。设计在线也叫作在线协同设计，主要包括市场洞察、产品策划、概念设计、产品开发验证、市场推广、预售/销售、制造等 7 个部分，如图 2-23 所示。图 2-24 所示为在线协同设计平台示意图。

（2）供应链在线。供应链在线是通过数字化手段实现：计划拉通、采购透明；物流拉通、供应商互联；设备联通、制程可见与品质可控，如图 2-25 所示。

（3）生产制程在线。生产制程在线包括订单在线、物料在线、供应商在线和制程在线。图 2-26 是生产制程在线示意图。

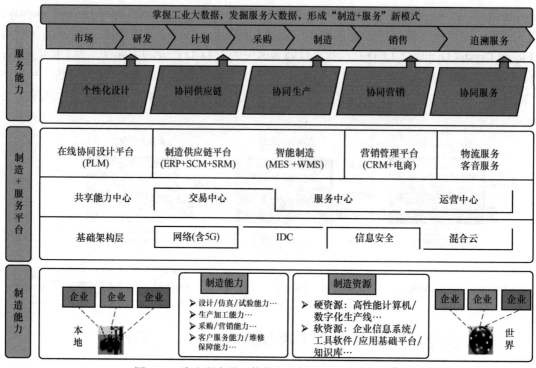

图 2-22 家电研产销一体数字化转型平台的典型架构

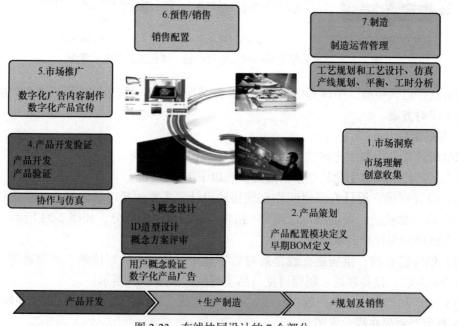

图 2-23 在线协同设计的 7 个部分

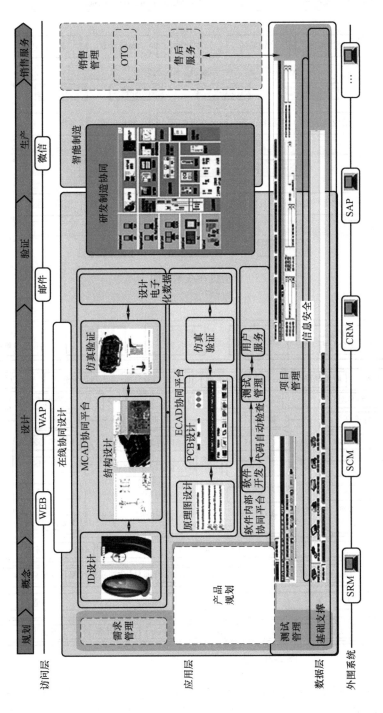

图 2-24　在线协同设计平台示意图

计划联动,提高供应链可视性,促进内外部资源整合和协同,提升对供应商的管控能力,优化MES系统,实现与SCM/SRM/ERP的闭环管理,支持精益制造能力的实现,以更好地支持产量和品质的提升

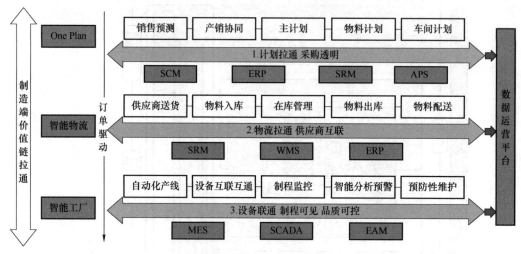

图2-25 供应链在线示意图

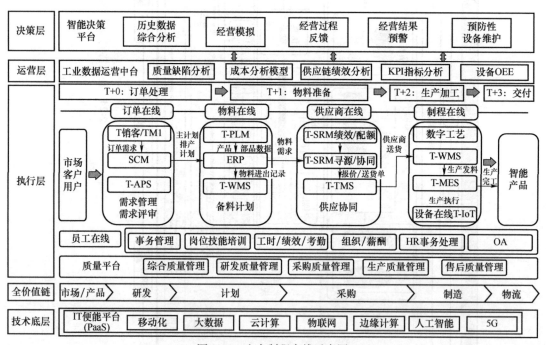

图2-26 生产制程在线示意图

（4）营销在线。项目开发了基于大数据和移动APP的线上线下融合的家电消费数字化服务平台,用APP直达用户、客户、产品、经销商和员工,实现精准营销。图2-27是线上线

下融合的家电消费数字化服务平台示意图。

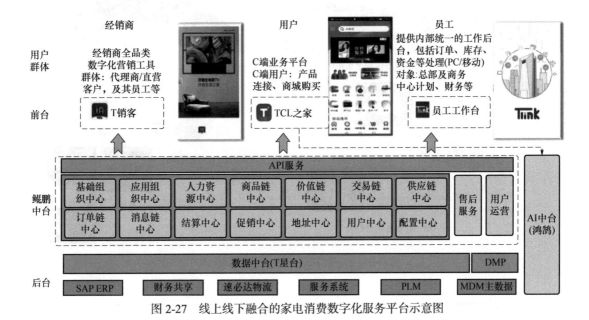

图 2-27 线上线下融合的家电消费数字化服务平台示意图

1) 后台。围绕全价值链的研发、生产、制造、营销、物流、服务的专业系统，为中台提供业务支撑。

2) 中台。建立企业的核心能力平台和共用业务数据模型，包括商品、客户、价格、库存等。

3) 前台。围绕 2C、2B、2E 的各类前端应用，形式为 APP、微信小程序、PC、TV 端应用。

（5）服务在线。线上线下融合的家电消费数字化服务平台还提供一单到底的客户在线服务，通过大数据实现服务工单受理、智能调度、过程管控、备件进销存管理、库修管理、结算计费等功能，精益业务能力，降本增效；实现工单、备件、库修、物流、结算等环节的流程贯通集成，连接上下游，包括大小 B 厂商、服务商等，拉通价值链，实现生态协同，更好地服务于终端用户。图 2-28 是一单到底的数字化服务流程图。

项目以端到端数据流为基础，以数据作为核心驱动力，以"五个在线"为抓手，推动了 IT/OT 的融合，实现了研产销一体化。图 2-29 是实现研产销一体化的示意图。

其中，端到端数据集成拉通和 IT/OT 融合主要是通过家电研产销大数据服务平台赋能完成的。家电研产销大数据服务平台的总体架构如图 2-30 所示。该平台是一个以数据中心为核心的系统，它包括基于"工业+互联网"技术的数字化生产制造系统、采用"人工智能+大数据分析"方法的智能决策系统、具有在线协同设计和个性化定制能力的研发设计系统，以及线上线下销售系统和用户数据系统。

图 2-28　一单到底的数字化服务流程图

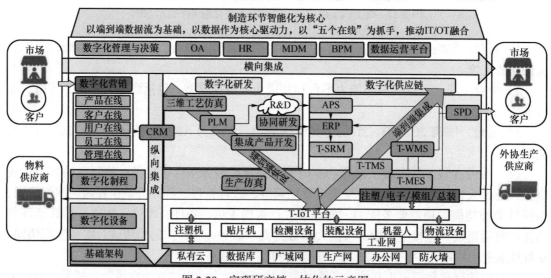

图 2-29　实现研产销一体化的示意图

数据中心收集来自线上到线下（Online to Offline，O2O）前台的市场数据，收集来自销售公司中台的订单、物流和服务交易数据，以及来自制造和研发系统后台的内部运营数据。通过对数据清洗建模形成经营分析电子报表并形成智能决策，以指导研产销实现前后打通及内外融合，如图 2-30 所示，图中右半部分进一步说明了企业是如何应用工业互联网和大数据，将协同设计、智能制造、智能运营和线上线下销售联系起来，通过数据驱动，利用智能终端和人机交互为消费者提供线上线下融合的精准服务，达到抢占市场先机的目的。

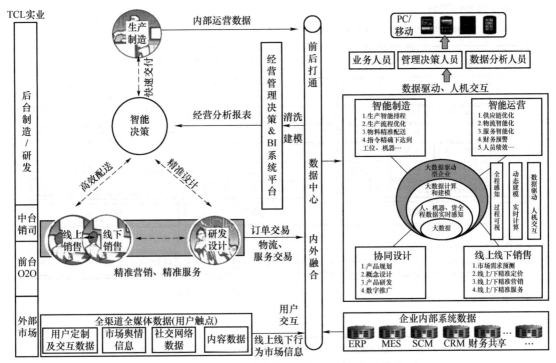

图 2-30 家电研产销大数据服务平台的总体架构

4. 关键技术

本项目开发了谛听、千像、智星、罗盘和数据资产统一门户等 5 个大数据工具并将其成功应用于研产销一体化平台，大大提高了平台的效率。

（1）谛听。谛听是一款面向市场听取消费者意见的全域数据采集、识别和分析平台，其主要功能模块有：品牌运营、产品顾问、电商运营和商机指南。其核心优势为自研的 Tcrawler 全网自助爬虫平台（见图 2-31）和 AI 算法能力支撑体系（见图 2-32）。

（2）千像。千像是一款采用用户画像、智能运营、智能分析来蓄流量、养用户、收销量的用户运营产品套件。千像通过量化用户在关键场景中的关键行为来构建用户画像，通过直播导购拉新，实现全渠道获客，并借助人工智能技术实现用户识别、用户分组和营销自动化，通过对用户数据的智能分析实现导购带货、智慧零售和云店交易等。图 2-33 所示为千像的模块和功能示意图。

（3）智星。智星是为企业全业务链提供数字化决策的工具，其架构如图 2-34 所示。智星是一个具备运筹规划、自然语言处理（Natural Language Processing，NLP）预测和图像识别能力的智能化平台，能够提升企业感知能力并为企业推荐最优决策方案。其中，供应链指挥塔是一个反馈供应链全流程运营情况的智控平台，能够汇总供应链端到端流程数据，结合 AI 算法和规则设置，展示供应链实时和未来可能发生的问题，并提供推荐的解决方案。

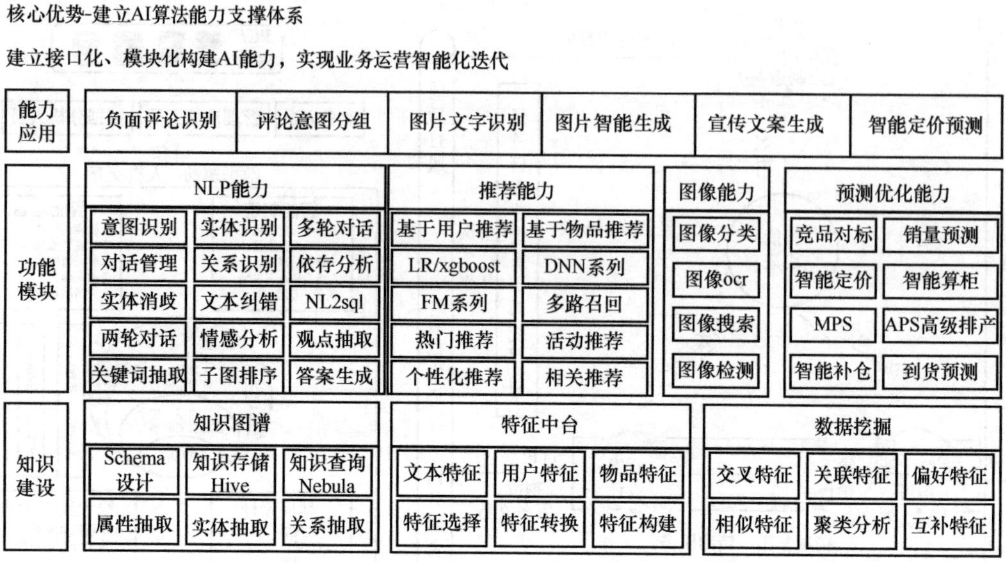

产业数字化——释义、场景及应用案例

核心优势-建立AI算法能力支撑体系

建立接口化、模块化构建AI能力，实现业务运营智能化迭代

能力应用	负面评论识别	评论意图分组	图片文字识别	图片智能生成	宣传文案生成	智能定价预测

功能模块	NLP能力			推荐能力		图像能力	预测优化能力	
	意图识别	实体识别	多轮对话	基于用户推荐	基于物品推荐	图像分类	竞品对标	销量预测
	对话管理	关系识别	依存分析	LR/xgboost	DNN系列	图像ocr	智能定价	智能算柜
	实体消歧	文本纠错	NL2sql	FM系列	多路召回	图像搜索	MPS	APS高级排产
	两轮对话	情感分析	观点抽取	热门推荐	活动推荐	图像检测	智能补仓	到货预测
	关键词抽取	子图排序	答案生成	个性化推荐	相关推荐			

知识建设	知识图谱			特征中台			数据挖掘		
	Schema设计	知识存储Hive	知识查询Nebula	文本特征	用户特征	物品特征	交叉特征	关联特征	偏好特征
	属性抽取	实体抽取	关系抽取	特征选择	特征转换	特征构建	相似特征	聚类分析	互补特征

图 2-31　自研的 Tcrawler 全网自助爬虫平台示意图

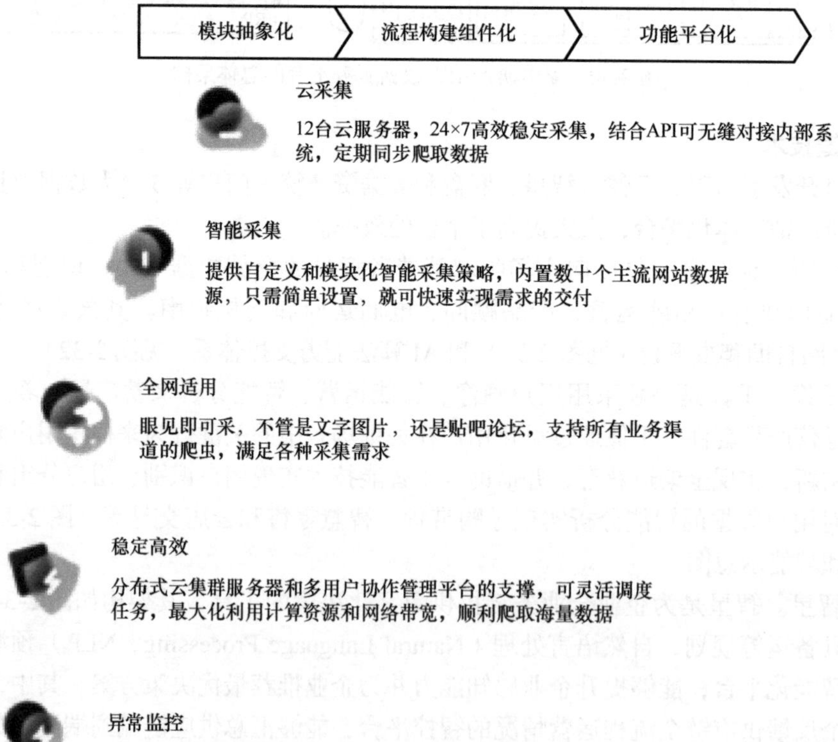

模块抽象化　→　流程构建组件化　→　功能平台化

云采集

12台云服务器，24×7高效稳定采集，结合API可无缝对接内部系统，定期同步爬取数据

智能采集

提供自定义和模块化智能采集策略，内置数十个主流网站数据源，只需简单设置，就可快速实现需求的交付

全网适用

眼见即可采，不管是文字图片，还是贴吧论坛，支持所有业务渠道的爬虫，满足各种采集需求

稳定高效

分布式云集群服务器和多用户协作管理平台的支撑，可灵活调度任务，最大化利用计算资源和网络带宽，顺利爬取海量数据

异常监控

主动监控日志并发现异常，支持邮件、T信消息通知

图 2-32　AI算法能力支撑体系示意图

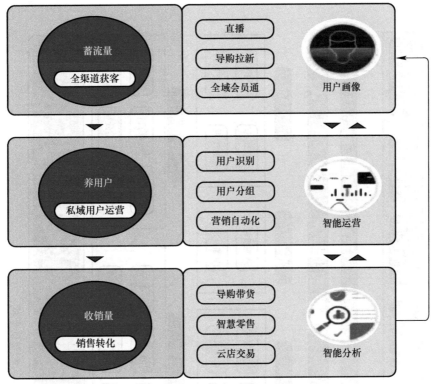

图 2-33 千像的模块和功能示意图

（4）罗盘。罗盘是一个可视化的多维度数据分析平台，能够全方位监控业务健康度，辅助高效归因及决策。罗盘平台覆盖了生产营销 7 大产业线、30 个以上业务域的监控分析看板，提供 6 种核心可视化产品及管理工具，可以让企业更优化地管理和应用数据。图 2-35 所示为罗盘的功能模块示意图。

（5）数据资产统一门户。数据资产构建了前瞻性的湖仓一体化的架构，融合并贯通供应链、制造、营销等领域，提供全局统一的数据资产门户，为企业提供丰富、精准、高效的数据服务，图 2-36 是数据资产的架构图。

数据资产的功能模块有：

1）数据概览。可实时掌控数据变化动态和趋势、进行数据质量评估，可对资源占用成本和收益进行分析。

2）数仓地图。可覆盖全品类全领域数据资产的资产检索，可进行全产业链展示数据依赖关系的血缘跟踪，可对资源占用成本和收益进行分析。

3）影响分析。可快速定位到由于源端数据或程序异常所影响的报表、系统。

5. 实施流程

应对 OLED 电视与液晶电视技术之争而开发的本平台，主要实施流程如下。

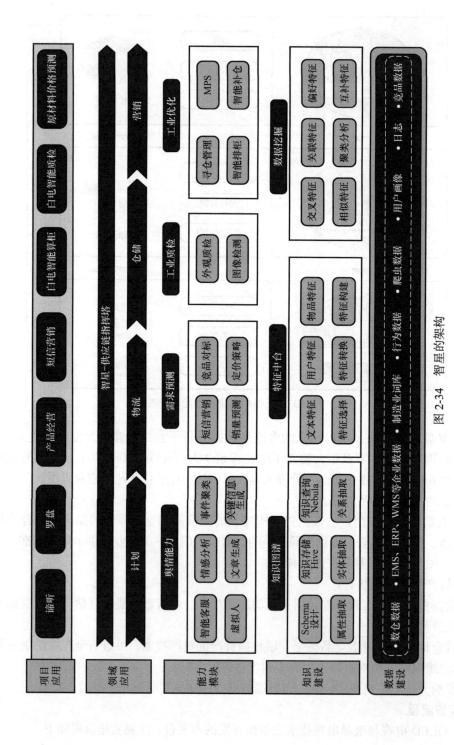

图 2-34 智星的架构

活动大屏	可视化BI平台
4+作战大屏产品，如电商618大屏、CBG-ISBC作战大屏、电商鹰眼看板、数转中心大屏等	10+可视化图表及多业务域数据源，全自助数据分析工具
移动端看板	指标超市
总部、OBG、CBG、空调BU核心四大移动端驾驶舱产品	各模块由上至下的KPI指标管理及可视平台
计算机端看板	填报系统
覆盖7大产业线、30+业务域监控分析看板及查询报表	面向业务侧提供外部数据进入系统内部的填报入口，填报任务的管理平台

图 2-35 罗盘的功能模块示意图

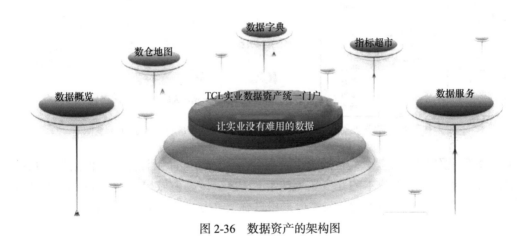

图 2-36 数据资产的架构图

（1）采用谛听大数据分析产品顾问对 OLED 电视进行全面竞品分析。通过谛听平台 Tcrawler 全网自助爬虫工具收集发现 OLED 电视存在以下问题：价格高、性价比低、市场常有烧屏投诉、用户购买意愿低、制造良率低、面板寿命短、大尺寸量产难等。图 2-37 所示为采用产品顾问模块对 OLED 电视进行全面竞品分析。

（2）采用千像的大数据分析智能画像模块对 OLED 电视的目标客户进行全面调研，向研发提出开发对标产品的要求。通过智星平台的智能画像模块对 OLED 电视的目标客户进行全面调研，发现 OLED 电视的目标客户基本为高端客户，客户对超薄、高对比度、画质优良的高端电视感兴趣，但又对 OLED 电视可能烧屏的传闻表示担心。图 2-38 所示为采用智能画像模块对 OLED 电视的目标客户进行全面调研。

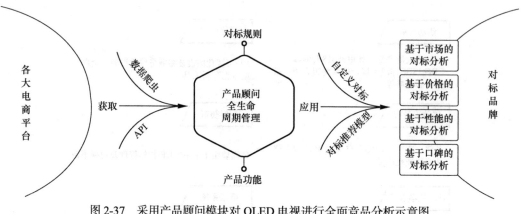

图 2-37　采用产品顾问模块对 OLED 电视进行全面竞品分析示意图

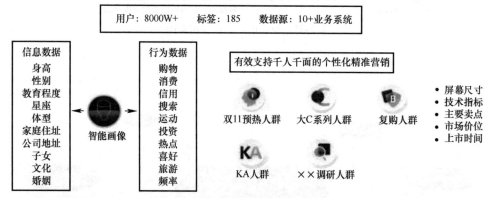

图 2-38　采用智能画像模块对 OLED 电视的目标客户进行全面调研示意图

（3）数字化研发平台基于大数据提出具有竞争力的新产品设计方案。根据综合数据分析，提出了一种高性能低成本的新型显示技术——多分区高色域量子点 MiniLED 背光液晶电视技术方案。图 2-39 是数字化研发平台提出具有竞争力的新产品设计方案图。

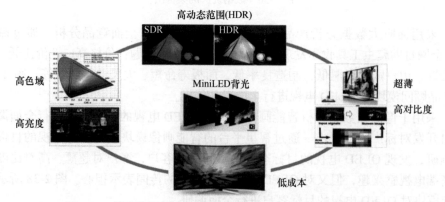

图 2-39　数字化研发平台提出具有竞争力的新产品设计方案图

(4)基于大数据的数字化供应链平台进行关键物料国产化协同。为实现多分区高色域量子点 MiniLED 背光液晶电视的产业化,基于大数据的数字化供应链平台,联合目前国内有实力的上游供应商,通过校企合作,开发量子点等关键技术,突破了国外的技术壁垒,实现了量子点和 MiniLED 背光电视全产业链的国产化,打通了产业链条,在保证质量的基础上大大降低了产品成本。图 2-40 是基于大数据的数字化供应链平台进行关键物料国产化协同示意图。

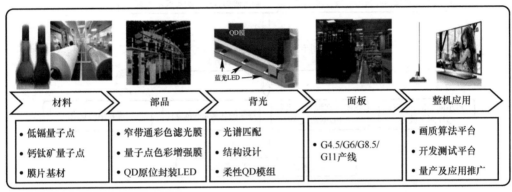

图 2-40 基于大数据的数字化供应链平台进行关键物料国产化协同示意图

(5)研产销一体化平台助力 MiniLED 背光液晶电视新品快速上市。在 MiniLED 背光液晶电视新品快速上市过程中,从对标竞品分析、产品优化设计、国产供应链保障到量产上市,研产销一体化大数据平台都发挥了巨大作用。

市场反馈的数据表明:MiniLED 背光液晶电视在宽色域、高对比度、高动态显示以及超轻、超薄方面可与 OLED 电视相媲美,而整机成本则远低于 OLED 电视,并克服了大屏幕 OLED 电视烧屏和制造困难等缺点,大幅度提升了产品性价比,受到了国内外用户的欢迎。图 2-41 是研产销一体化平台助力 MiniLED 背光液晶电视新品快速上市流程图。

6. 实施效果

项目已助力 QD-MiniLED 电视新品快速上市,从新品推出速度方面提升了国产彩电的竞争力,延长了 TFT-LCD 的产业寿命。项目线上线下融合销售服务平台采用供应链设计创新、社交式营销及区块链技术,拓展内购直销员和用户,是彩电行业首个 5G 全连接平台,实现了 5G 无缝转产,转产时间从传统的大于 15min 缩短到小于 1min,大大加快了市场响应速度。

平台实现了研供产销服全链条数据赋能,人均劳效行业领先。企业产品的所有质量信息均录入大数据系统,线下可追溯率维持 100%,线上可追溯率达到 93%,产品市场不良率行业最低,数字化服务、用户满意度指标:净推荐值(Net Promoter Score,NPS)行业领先。

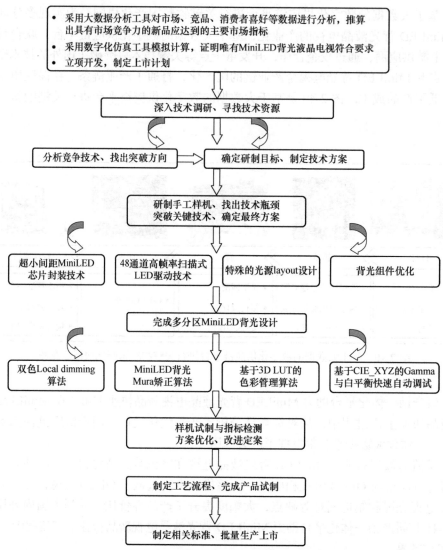

图 2-41　研产销一体化平台助力 MiniLED 背光液晶电视新品快速上市流程图

第三节　企业的一体化数字平台

除了一开始就以数据业务为核心的数据原生型企业，很多企业在数字化实际中通常由不同部门和业务线单点式发起信息化建设，如办公自动化（Office Automation，OA）、人力资源（Human Resource，HR）、客户关系管理（Customer Relationship Management，CRM）、ERP 等各种部门级信息化系统，数字化转型呈现出碎片式的发展过程、断联式的结构特点，往往需要在后期做弥补式的系统建设。随着企业数字化的逐步发展，企业沉淀的数据量越来越多,数据不统一、缺乏治理,很难为业务所利用。存量的系统、持续积累的数据、不同供应商的软件、错综复杂的数据关系和尚未统一的数据标准,很难发挥数据的业务价值。

一体化数字平台可将企业各个业务部门、流程和数据整合在一起,融入规则,实现数据联动,并通过不断迭代,持续提升工作协同效果,是企业实现数字化转型和持续优势增长的重要工具。

本节选取了机械制造业和建筑业中的两个国内大型企业的一体化数字平台建设案例。

案例十一　机械制造企业的工业大数据应用实践

中联重科工业大数据平台是以在工业制造领域的深度应用为目标,集研发设计、生产制造、经营管理、销售服务等环节,聚焦工业研发在全流程实现大数据分析的融合应用平台。基于工业大数据平台的计算存储、数据开发、数据服务等能力,实现研发管理驾驶舱、智能工厂可视化、实时终端台账、服务墙管理等功能,促进生产资源优化配置,实现产业链上下游业务数据的互联互通以及供应链的高效协同,提升企业核心竞争力,从而支撑企业全方位的数字化转型。

1. 应用需求

在数字化转型的大背景下,传统工程机械企业基于多年的信息化建设,积累了大量的经营管理数据、工程数据、研制流程,初步实现了数字化改造,但在以下方面存在不足。

(1)研发设计。一是研发过程数据分散管理,手动统计效率低、时效性和准确性较低;二是研发过程缺乏系统监控,效率较低;三是研发数据图表的表现单一。迫切需要构建一套聚焦研发的关键指标管理体系并应用实施。

(2)生产制造。随着工程机械企业智能工厂的推进,装配车间在计划、物流、生产、质量、设备、环境等方面逐步进入信息化管理,为了实现数字化、智能化的车间管理,需要利用大数据可视化技术,来实现业务层面的可视化数据处理与分析,构建完整的制造管理驾驶舱指标体系。

(3)经营管理。终端客户回款台账涵盖订单、发货、敞口、逾期、回款全业务链条的多个数据指标,随着公司端到端风控的持续落地,对贷后风控工作提出了更高的要求,如基于台账开展自动停开机、货款催收自动派单等高时效的应用,需要对终端台账功能进行重构,以快速提供业务部门所需的关键数据和指标。

(4)销售服务。管理人员缺少数字化的手段对服务进行直观全面地监控,来降低服务异常的风险。随着业务高速发展,管理部门需打造创新模式,以降低成本、提升服务效率和客户满意度。

2. 产品架构

本案例工业大数据平台架构包含大数据平台、研发管理者驾驶舱、智能工厂可视化、实时终端台账、服务墙管理共五部分。

(1) 大数据平台。大数据平台构建基于海量数据采集、汇聚、分析的服务体系，支撑制造资源泛在连接、弹性供给及高效配置，打造企业全生命周期管理的工业大数据体系，总体架构如图 2-42 所示。

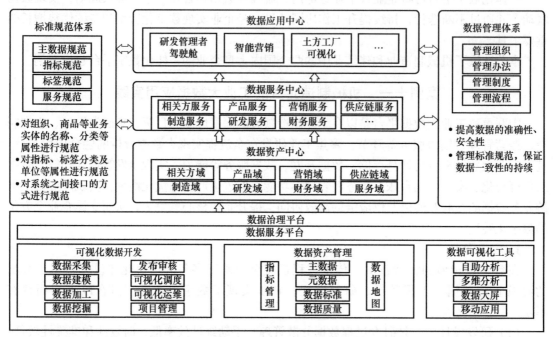

图 2-42　大数据平台总体架构

(2) 研发管理者驾驶舱。实施思路：对业务系统的数据进行提取、汇集、清洗、归类，形成数据中台，并基于此数据中台，构建研发过程监控指标体系，用于研发指标分析和决策支持。业务系统是驾驶舱系统的业务后台支撑，研发平台、CRM、大数据分析、SAP 等业务系统即是研发业务支撑、反馈的信息化载体，共同构建了研发业务后台，确保指标数据的准确性、及时性。数据采集、处理是驾驶舱系统的数据引擎。原始数据虽然具备高度的业务相关性，但存在大量因为版本控制、过程追溯、操作错误等原因产生的冗余数据，并且由于该类数据本身面向的是业务过程，而非业务管理，因此，需要通过对该类数据进行采集、清洗、归类，使之满足管理指标所依赖的数据质量。驾驶舱系统的功能主要是通过汇集研发数据并向管理层输出可视化指标，因此，数据的集成和指标的计算是技术关键。

研发驾驶舱系统的技术路线如图 2-43 所示。

(3) 智能工厂可视化。方案包括工厂可视化、车间看板可视化、产线看板可视化，在中型挖掘机装配车间实现整体的方案落地。各层级可视化界面分别展示工厂、车间、产线、工位/设备的 3D 模型和 2D 图形，通过颜色、名称、图标等标注其用途、进度、运行状态、预警告警等信息;支持悬停,即点击 3D 模型后,联动可视化图形展示后台数据,并可弹出数据卡片展示详细信息。支持配置告警参数及阈值的调整设定;支持可视化界面分屏操作,可一键全部、局部切换;支持点击式的可视化图形向下钻取;支持 360° 全方位漫游 3D 模型;支持设备动态拉近或 3D 模型可视化界面切换。图 2-44 是智能工厂可视化实施方案示意图。

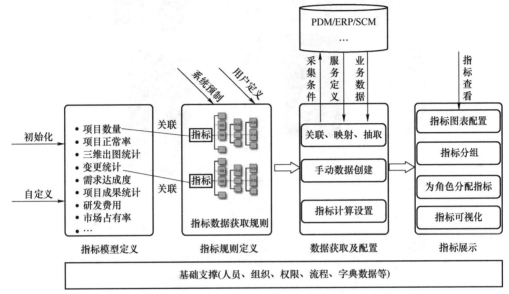

图 2-43 研发驾驶舱系统的技术路线图

(4)实时终端台账。方案包含的功能:实现原有终端台账逻辑的迁移和实时终端台账计算,涉及 ECC/CSS/CRM/RMP/B1 等多个业务系统接口的开发和实时终端台账系统的实现;数据源通过统一数据总线平台,实现业务实时数据的归集;实现归集数据的元数据化配置和自动调度生成元数据集合;实现基于元数据的自助式数据分析能力。实时终端台账功能架构如图 2-45 所示。

(5)服务墙管理。通过实现服务运行看板,打通业务系统之间的数据通道,实现对异常数据的实时预警并及时干预调度,最终达成服务管理闭环。主要功能有如下五个方面。

1)服务监控。通过四层地图的形式,细化到省市区,直观清晰地展示人员位置和状态,以及人车、设备、网点、服务现状等分布图,了解资源配置、设备开工、服务动态等情况,同时设置人员电子围栏,深挖服务异常。

2)服务异常。服务异常管理,对服务过程的异常数据细化到二级单独跟踪,对不同类型的服务工单分布情况进行分析,捕获异常,及时干预。

3)服务 KPI。细化服务过程指标分析,通过对各事业部、大区、服务站、合伙组等多维度指标数据进行统计分析,建立 KPI,精细管理。

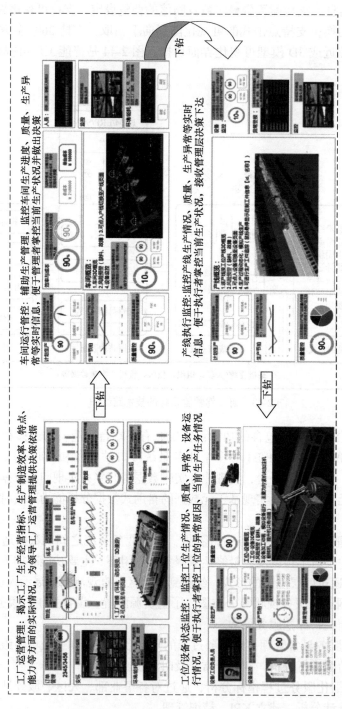

图 2-44 智能工厂可视化实施方案示意图

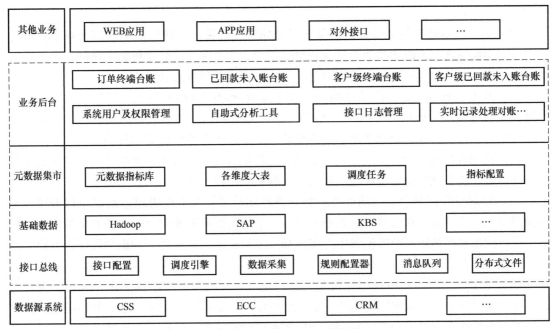

图 2-45 实时终端台账功能架构

4)人员管理。服务人员的多维度数据监控,通过人员出勤、里程、工作时长、技能等级等方面的数据细化展现,实现服务人员的行为数据化。

5)设备管理。以客户和设备为维度,全方位呈现客户的所有设备全生命周期的服务数据,同时,多维度监控设备运行情况,依据设备故障情况进行质量分析。

3. 关键技术

(1)基于机电液一体化的整机协同验证与数字孪生。利用经过不断迭代验证的机电液一体化模型,通过降阶变成孪生体模型,再结合物联网技术,将现场工况数据和传感器信息传递到 IoT 端,加载到孪生体模型中,通过模型计算和优化,得到设备运行的工况参数和各处的载荷,反馈给设备端,实现产品数字孪生。

(2)基于大数据平台的统一物料清单(Bill of Material BOM)数据拉通。通过大数据的数据抽取、清洗加工技术,构建微服务分布式框架,通过抽取设计物料清单、工艺清单,自动化生成并向下游传递制造物料清单,实现物料清单统一管控,研发制造物料清单一致性达到 100%。

(3)基于动态工序产能模型和工艺路线模型的实时精准排程。基于机器学习和运筹优化技术,构建产线和设备多级工序产能模型和动态工艺路线模型,实现复杂调度优化,实时规避工序瓶颈,达成智能精准排程,设备利用率从 70% 提升至 87%。

(4)3D 可视化技术。基于 C4D 和 Blender(C4D 和 Blender 都是功能强大的 3D 建模和动画软件)实现数字孪生工厂的定制化开发,实现网页端工厂模型游览,应用 Blender 添加场景灯光和真实材质,使模型更加仿真;支持 iframe 页面的嵌入、视频接入、TAB 控件添加。

（5）多工位协同智能大师焊接。基于激光测距、红外温度传感器和焊接大师手工焊接数据，构建焊缝间隙追踪和参数自适应调整的模型，实现多工位焊接机器人协同，并通过机器学习、神经网络，构建参数自适应调整的模型，实现焊接参数自适应。

（6）基于机器视觉的生产质量检测。基于深度学习图像检测技术，通过控制搭载了工业摄像头的机械臂运动拍照，再利用 AI 算法进行目标检测，具备自动识别、自动检测、自学习等功能，可实现降低检验强度、提高检验准确率、提升检验效率的目的。

（7）协同优化的柔性分拣配盘。通过 2D、3D 组合视觉，对零件建模分析，建立人工智能平铺算法，智能规划托盘零件摆放策略，托盘装载率提升 33%。

（8）知识与数据混合驱动的业务态势全景感知技术。基于逻辑超边的双层知识图谱表示模型以及构建方法，在模型中融入不确定性，描述场景不断变化时的业务和决策流程，刻画工程机械企业产销协同业务流程中的实体和其复杂关系，深度融合知识和数据，可提升库存周转率，助力企业智能运营决策。

（9）基于大数据建立多级指标权重的客户精准风控模型。贷前预测客户风险，在销售与管控之间寻找平衡；贷中实时监控，避免消息滞后；贷后账款完成收取。利用风险预测模型，进行差异化客户风险分类，自动识别应用不同贷审策略，根据市场形势灵活调整，适应不稳定的需求变化与风险管控要求。

（10）基于机器学习与运筹优化的配件供应链预测与优化技术。利用机器学习算法和三箱备货模型构建配件供应链需求预测及智能备货模型，提升现货满足率并降低库存成本。利用运筹优化算法构建配件供应链仓间智能调拨模型，降低调拨成本及物料采购成本。

4. 场景应用效果

本案例是基于 SLQCD 理念打造数字化工厂的先行先试项目。通过项目的实施，拉通生产执行、设备、质量、物流等信息系统，搭建管理驾驶舱指标体系，实现工厂透明化管控与全新的数字化协同管理方式，同时融合 3D 模型技术，实现智能工厂的 3D 仿真模型构建，对内提升可视化管理水平，对外展示智慧管理能力与先进理念。打通 5 个上游系统，建设 26 个数据模块和 67 项基础指标，覆盖 5 个事业部和 10 个生产车间，开发完成工厂、车间、产线、工位四层级可视化大屏界面 36 个，构建 4 个智能工厂 3D 仿真模型，支撑从事业部经营到工厂管理、从工厂级到工位级的多维度管理。

通过沉淀业务经验，完成数据标准化处理，车间级生产节拍类指标原本需要人工投入 2 人天/月完成计算，通过大数据系统采集与计算，仅需 10min 即可出数据。

建立了一套企业级标准的可视化标准模板，可以复制到各事业部，实施周期从原来的平均 4 个月减少到 2 个月左右，培养了内部 3D 可视化团队，大幅减少项目实施费用。图 2-46 是中联搅拌车智能工厂调度指挥中心大屏显示截屏图。

5. 实施流程

项目立足于工程机械行业的共性痛点，实施周期为 2 年，即为 2021.01~2022.12，具体计划见表 2-1。

图 2-46　中联搅拌车智能工厂调度指挥中心大屏显示截屏图

表 2-1　项目实施计划

项目子项	日期	目标
智能工厂可视化	2021/5/12	实现 3D 模型处理及实施，生成 3D 模型文件
智能工厂可视化	2021/12/16	完成可视化指标开发
智能工厂可视化	2022/4/31	完成 3D 可视化大屏实施
服务墙管理	2022/5/8	完成服务监控功能
实时终端台账	2022/5/10	上线实时银行文件处理
智能工厂可视化	2022/5/15	事业部大规模推广与应用
研发管理者驾驶舱	2022/6/30	完成事业部复制推广与深化应用
实时终端台账	2022/7/10	上线中台字段实时化处理
服务墙管理	2022/8/10	事业部大规模推广与应用
实时终端台账	2022/9/30	上线台账第二批字段开发
服务墙管理	2022/10/25	完成服务墙优化需求上线
实时终端台账	2022/10/30	上线台账异常监控报表、风控报表
实时终端台账	2022/11/10	事业部大规模推广与应用

6. 典型问题及解决方法

（1）资金问题。项目技术研发采购了大量的软硬件，需要大量的经费支撑。为解决该问题，项目组积极与企业开展项目合作来保证项目实施过程中的资金投入问题。

（2）人才问题。项目开展投入了大量的人力资源，在研发人员不足的情况下，项目主体提早布局未来发展规划，建立各方向研发团队，大力引进国内外高端技术人才。

（3）推广问题。解决项目成果推广问题，主体通过参加工业领域的技术交流大会、紧跟政府的引导政策、组建产学研用联合体、构建区域性工业智能生态圈等方式进行推广。

7. 实施效果

项目实施达成工业大数据可接入结构化、图像、视频、声音、文本等多种类型数据的预期目标；工业检测可实现场景产品、安全、管理、生产等业务环节的场景应用，安全监控方面驾驶安全系数提升30%、服务监控方面服务水平和服务效率提升20%；工业知识库覆盖故障、设备画像、客户画像等场景，其中的故障知识库实现故障诊断率提升30%；在工业企业进行示范应用，提高企业研发、生产、管理、服务水平，提高企业人员效率和管理效率，为工业企业节省成本15%以上。

案例十二　大数据集成应用平台推动建筑企业运营管理数字化转型升级

1. 平台概述

本案例针对建筑企业精细化运营管理所面临的问题，以集约化管理为思路，在中建一局集团搭建的统一的大数据集成应用平台，开展全域数据治理，为企业运营管理提供数据支撑。

平台以"大数据平台+数据中台+数据分析平台"为数据集成应用架构，可集成多种类、多来源的数据，支持实时和离线数据集成，数据处理速度快，数据量可灵活扩展，能够满足建筑企业全域数据的数据治理。平台提供灵活的数据与应用共享服务，以租户方式为下属企业提供数据、平台基础资源和应用资源共享，不需要额外投资，降低数据应用成本，提供灵活便捷的数据分析以提升数据应用的主动性，以API方式为各级政府及供应链外部企业提供标准化数据对接，消除数据壁垒、满足监管要求，为客户提供增值服务。平台的建设一方面推动了企业数字业务化，另一方面也提升了企业业务数字化的能力。

2. 平台建设背景及目标

（1）大数据集成应用平台建设背景。建筑行业作为国民经济的支柱产业，面临日益激烈的市场竞争，市场由增量转为存量，劳动力要素日趋严峻，绿色、低碳、环保要求加剧了建筑业的紧迫感，推进建筑行业数字化转型是企业突破发展瓶颈、实现精细化管理、高质量发展的必由之路。建筑企业虽然信息化建设相对滞后，但在项目管理、财务管理、智慧工地等方面已经开发并应用了一些业务系统。由于这些业务系统的实施厂商分散、建设缺乏统筹等原因，形成多个数据孤岛；指标定义和计算逻辑不同，无法共享，导致虽然有大量数据，但利用率低。中建一局集团从2010年开始陆续实施了财务、人力、资金、生产资源、项目管理、智慧工地等系统，在此基础上，基于传统数据仓库建立了数据分析中心，在集团层面提升了数据的应用和价值。但随着企业精细化管理的提升，传统数据仓库架构已不能满足企业需求，主要体现在以下几点。

1）业务层面。数据孤岛造成数据的重复录入，指标定义不统一，逻辑关系不清晰，大量项目级SaaS应用分布在各大厂商的平台，造成企业数据的缺失与不完整，无法全面支撑企业的运营管理。

2）技术层面。传统数据仓库在存储和算力方面，无法有效承载大数据场景下多类型数据的接入；在数据集成方面，多侧重于数据抽取，缺乏数据管理工具；在分析时效性方面，通常是准实时（T+1）的数据分析，无法实现数据实时分析。

3）平台方面。无法快捷、灵活地对内外企业进行数据共享，影响数据价值的发挥；另外，传统数据仓库大多是基于国外的商业化软件，应用成本高。

4）数据资产管理方面。缺少对数据标准、数据建模、主数据、元数据、数据质量、数据安全、数据价值等进行体系化、标准化、流程化的管理，数据资产管理的组织体系不够健全。

(2) 大数据集成应用平台建设目标。

1）构建易于扩展的大数据平台，提供一站式大数据基础设施能力，确保满足企业未来几年海量数据的存储和计算能力。

2）构建高度协同的数据中台，采用准实时数据批处理和实时数据流处理的方式进行数据集成，整合企业内外分散的数据，形成企业数据湖；消除数据孤岛，实现跨平台、跨系统的数据融通；探索数据挖掘技术，发现数据价值。

3）构建易于使用的数据共享平台，实现跨层级、跨地域、跨系统、跨部门、跨业务的数据共享，为内外企业提供数据服务，充分发挥数据的价值。

4）探索数据资产管理和相应体系建设，制定统一的数据标准体系和规范，构建统一的数据资产地图，提高和规范数据质量，完善数据安全管理，开展数据价值评估。

5）开展数据应用，快速响应各业务部门的分析需求，促进数据与业务的深度融合，用数据支撑企业的运营管理；打造数据产品，构建数智化场景的创新应用。

3. 平台总体架构

平台包含数据采集、数据存储、数据治理、数据共享和数据应用功能，实现数据从采集、建模、分析、构建数据服务 API 处理的全链路可视化操作，并提供数据质量、数据安全等数据资产管理功能。

大数据集成应用平台总体架构如图 2-47 所示。

(1) 数据源。企业管理的数据包括财务、人力资源、项目管理等数据；项目现场生产数据如设备、质量、安全等的数据；BIM 应用数据如模型、运维等数据；外部数据如兰格网、钢铁网、天气等数据；日志数据如系统使用日志、用户行为日志等数据；以及其他系统缺失的数据如目标数据等。

(2) 大数据平台。以数据湖聚合海量原始数据，提供足够的存储和算力支持数据处理，形成的热点应用数据存储到数据仓库。大数据技术以 Hadoop 开源生态为核心，实时方式以 Kafka 存储，离线方式以 HDFS 存储；数据仓库仍以传统数据库为介质，如 PostgreSQL 等。

(3) 数据中台。提供数据治理的开发工具。先建模后治理，采用分层处理，将复杂问题简单化，减少重复开发，降低对业务变更的影响。离线处理通常以 Spark 作为计算引擎，实时处理通常以 Flink 作为计算引擎。

(4) 数据共享平台。主要有 3 种数据共享方式：数据库同步、API 方式及多租户模式，对内向各级单位、项目、业务提供数据服务，对外以 API 方式提供标准化数据服务。

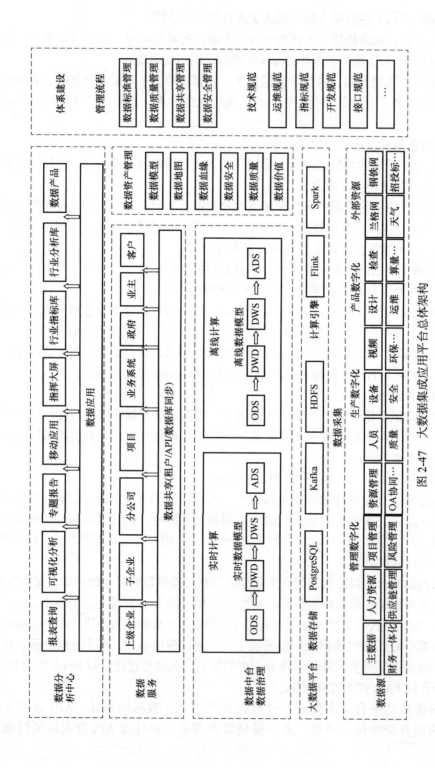

图 2-47 大数据集成应用平台总体架构

（5）数据分析中心。数据分析中心提供报表查询、可视化分析、指挥大屏、自主分析、数据挖掘、移动应用等相关内容，并形成适合企业及行业的指标库和分析库，打造适合建筑行业的数据产品。

（6）数据资产管理。主要任务包括数据标准管理、数据模型管理、数据质量管理、数据安全管理、元数据管理、数据价值管理等，目前数据作为资产的价值管理还处于初级探索阶段。

（7）体系建设。为了数据治理而开展的各种管理要求、机制建设和技术规范，如数据治理体系、数据入湖标准、数据标准管理流程、数据共享开发规范等。

4. 平台建设关键技术

（1）数据采集方法。

1）数据库采集。数据中台基本都配置相应插件，通过简单配置 ODBC/JDBC 链接，实现数据库数据同步到数据湖。

2）半结构化数据采集。通过自定义编写 Python/Shell 程序，实现对半结构化，如 Excel 台账、通过 API 获取的 JSON 或 XML 格式公共数据的数据采集。

3）网络数据采集。通过 API 方式获取，或使用 Python 开发爬虫程序或者选择专门的机器人流程自动化（Robotic Process Automation，RPA）工具，实现将网络数据抓取到本地的业务数据库，然后利用数据中台采集同步到数据库。

4）非结构化数据采集。针对文档/图片/视频等非结构化文件有多种入湖方式：一是基本特征元数据入湖，源文件仍保留在源系统，以视频为例，数据湖中仅存储视频的基本特征元数据，如创建日期、主题、描述、标识符、来源等；二是文件解析内容入湖，对源文件的内容进行分析后入湖，原始文件仍在源系统，如通过 AI 对项目现场视频的边缘计算结果入湖；三是原始文件入湖，需要将文件同步到数据湖，利用数据中台进行分析，仍以视频为例，通过 Python 加载视频后，对视频进行分帧处理，运用合理的模式识别算法，提取图片有用信息并转换为业务场景需要的数据模型，将结果保存到数据库。

5）人工采集。针对系统缺失的数据，可通过人工填报、人工导入等方式获得数据。

（2）数据仓库建模。尽管大数据集成应用平台架构与传统数据仓库不同，但建模方法还是一致的，推荐以维度建模搭建企业数据仓库模型，主要分为 4 个步骤。

1）确定业务场景。通过与业务沟通，分析业务需求，识别需求中涉及的业务流及其对应的逻辑数据实体和关联关系。

2）声明粒度。声明粒度是维度表和事实表设计的重要步骤，粒度越细，细节程度越高。设计时，要保证事实表的粒度是一致的。

3）维度设计。维度是用于观察和分析业务数据的视角，支持对数据进行汇聚、钻取等分析。为了保证查询性能，维度设计时可以有一定冗余，并且需要保证一个维度只能有一个视角，不能具备向上和向下两个方面的收敛逻辑，一个值节点不能有两个不同的上层归属。

4）事实表设计。事实表存储业务过程事件的性能度量结果，由粒度属性、维度属性、事实属性和其他描述属性组成。粒度属性是事实表的主键；维度属性是维度表的主键，为了查询性能，也可以继承维度表中的部分属性；事实属性是对事实进行定量的属性，不能存在多种不同粒度的事实属性；其他属性主要包括数据加载日期、分区等附加信息。

（3）离线数据治理。离线数据治理采用分层处理，从下到上可分为：操作数据（Operation Data Store，ODS）层、数仓明细（Data Warehouse Detail，DWD）层、数仓汇总（Data Warehouse Summary，DWS）层、应用数据（Application Data Store，ADS）层、公共维度（Dimension，DIM）层、数据应用层，数据分层开发模型如图2-48所示。

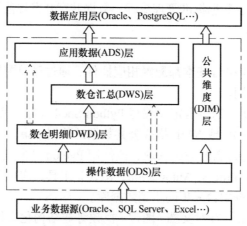

图2-48 数据分层开发模型示意图

ODS层提供了对原始数据的备份，避免直接调用业务系统的数据；DWD层对ODS层的数据进行过滤、清洗、转换，形成最细粒度的明细表；DWS层将DWD层的明细数据，按照不同维度、不同粒度，进行汇聚，构建命名规范、口径统一的统计指标，形成不同业务需求的汇总表；ADS层对DWD层或DWS层数据进行个性化加工、数据汇总，形成某一个主题域的服务数据，为数据应用提供数据支持；DIM层整合不同业务系统的维度相关信息，建立统一的标准的企业维度表；数据应用层同步ADS层的交易数据和DIM层的维度数据到关系型数据库，面向最终应用。

（4）实时数据治理。实时数据治理逻辑简单，但特别消耗资源。实时数据开发逻辑流程如图2-49所示。

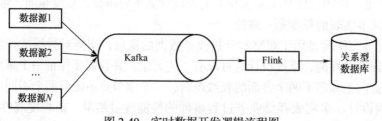

图2-49 实时数据开发逻辑流程图

实时采集通过读取数据库中的日志，利用数据抽取插件解析日志，逐条读取各种数据库操作，以流式数据的方式记录到 Kafka；Flink 作为实时计算引擎，以 SQL 的形式处理 Kafka 中的流式数据，将 Kafka 中的数据映射为源表，然后，通过 Flink 计算引擎以及特定的数据计算逻辑，完成对实时数据的分析处理，并将数据输出到数据库中。

（5）数据共享服务。

1）数据库同步。主要是提供面向目标数据源的跨数据源类型转换的数据同步能力，实现直接向目标数据库表以增量或全量的方式批量推送数据，用于企业内部的数据交换，不适用于需要清理和转换复杂的场景。

2）API 方式。与数据库同步方式不同，API 方式数据共享具有高聚合、松耦合及响应敏捷等优点，适用于处理不同数据结构以及需要高可靠性和复杂转换的场景，尤其是与业务系统对接及实时要求高的场景，但不适合处理大量数据。

3）多租户模式。这种模式适用于企业内部，特别是多层级组织架构，不仅能够实现数据共享，更为下级企业提供统一的数据治理工具和大数据平台，一方面减少企业重复的软硬件投资，另一方面实现租户的个性化定制。考虑到 Hadoop 集群资源和多任务并行，多租户使用时，需实现逻辑隔离、资源隔离、运行隔离等多重隔离，同时，要明确租户申请、租户命名、空间分配、数据管理、权限管理、安全与隐私、运维与运营等方面的管理要求，确保数据应用的便捷高效及合法合规。

（6）数据分析平台。数据分析平台是提供最终用户数据消费的唯一入口，通过数据分析平台，用户可以实现不同层级的数据应用。固定报表、可灵活钻取的交互式分析报表是最常见的数据应用方式，此外，还可以通过自助分析技术强化业务人员对数据的使用。在数据分析基础上，一方面，通过数据挖掘，增加动态及时预警能力、智能分析能力、方案推荐能力、任务自动执行能力，以更自动、更准确、更智能的方式支撑业务数字化运营；另一方面，基于用户的深层次需求，构建有行业特点的数据模型、产品设计，并与决策逻辑结合起来，打造数据产品，发挥业务指导作用。

5. 大数据集成应用场景应用效果

大数据集成应用平台上线一年多来，完成了十多个业务系统的数据融通与集成，提升工作效率、降低管理成本的同时，为各层级运营决策提供了有力的支撑。下面以两个典型案例进行说明。

（1）项目级运营管控数据分析系统。对建筑企业来说，项目管理是企业的核心，针对项目运营管控中的业财分离、资金、预算管控弱的问题，基于大数据集成应用平台，结合商务运营、财务、资金等数据，打造一款项目运营管控数据产品，实现了以下功能。

1）核心指标预算管理。引入目标管理，预算与实际相结合，加强对预算执行过程和执行结果的动态监督，提高公司的运营效率。

2）项目风险预警与往来分析。及时提醒管理人员关注项目中的风险点，项目人员需进行项目风险分析并将分析结果、整改措施上报到上级机构。

3）项目资金管理。结合业财数据，实现项目的应收账款、应付账款及账龄分析等，对于到期尚未清欠、账龄三年以上未清欠、付款是否涉诉、账龄 3 年以上未支付原因、超付等风险事项,项目必须分析原因并上报,降低资金管理风险。

4) 项目成本管理及现场费用管理。通过细化成本和费用自动核算,运用定额管理,控制项目成本费用支出,辅助成本控制。

5) 自动生成财务管理 3 大基本报表。财务人员可轻松评价项目的财务状况、损益情况、偿债能力、现金流等。

6) 项目日常账务实时检查及报表间的勾稽关系核对。一旦发现问题,反向督促业务系统账务调整。

7) 按子企业、分公司、大项目部及报表法人的口径自动汇总财务报表,不需要人工干预。

该数据产品基于实际业务管控难点,实现子企业、分公司、大项目部及项目的分级运营监控、有效规避项目风险,提升运营管理水平。图 2-50 是项目运营管控分析截屏图。

图 2-50　项目运营管控分析截屏图

(2) 生产资源风险管理。建筑企业在项目施工过程中会使用大量的劳务分包、专业分包、物资供应商及设备租赁商,行业里被统称为生产资源,是施工项目管理的主要单元,是项目履约成败的关键,也是项目成本的重要组成部分。如何选到优质的资源、如何对资源进行过程管控、如何规避履约过程中的风险是生产资源管理中面临的问题。通过平台实现对生产资源的风控管理,具体功能如下。

1) 开展生产资源数据集成。通过平台集成生产资源的"失信、破产、股权质押、停工停产"等外部信用信息,与企业内部的"合同、结算、质量、安全、评价、处置、法务纠纷"等履约管理数据相融合,形成相对完整的生产资源数据供应链。

2) 建立资源可视化分析,为各层级选择生产资源提供支持。根据项目所在区域,通过大数据模型算法,推荐企业合作不同类型的优质生产资源,避免履约风险。图 2-51 是资源可视化分析截屏图。

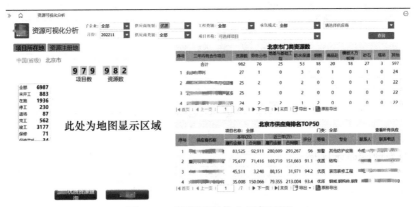

图 2-51　资源可视化分析截屏图

3）建立生产资源画像。在业务部门决定与某家企业合作之前或者确定企业的战略合作伙伴时，可通过资源画像对合作企业进行更深入的了解，为决策提供支撑。图 2-52 是资源画像截屏图。

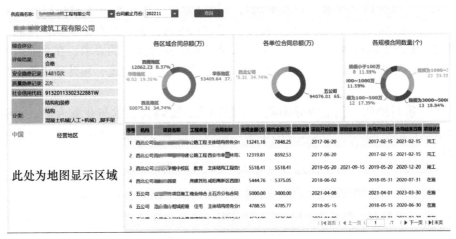

图 2-52　资源画像截屏图

4）在业务系统嵌入大数据平台信息，进行业务过程管理中的风险预警。比如，在生产资源的合同评审、结算等环节，会对资源目前存在的风险进行预警提示；在履约过程中生产资源发生重大风险问题时，会根据风险紧急程度自动推送到相关负责人。

5）建立生产资源使用情况分析。让管理人员清楚地了解到用户选择的合作资源在企业全局下是什么样的表现，为以后的工作提供纠偏的依据。图 2-53 是资源使用分析截屏图。

通过大数据集成应用，对生产资源的关键管控环节做到了事前防范、事中管控、事后分析，最大限度防止风险的发生，提升项目履约管理的效率与效益。

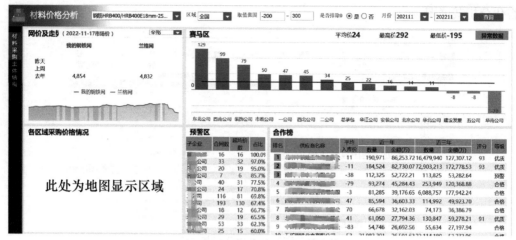

图 2-53　资源使用分析截屏图

6. 实施流程及关键节点

数字化项目的实施有通用项目管理的共性，也有与通用项目管理不同之处，通常的实施流程如下。

（1）立项。在项目立项前，首先要进行可行性分析，包括外部大数据技术、数据中台的发展，行业对技术的应用现状、内部数字化建设状况的分析，盘点企业数据家底、数字化人才的能力，了解不同层级管理人员、业务人员对数据支撑业务的要求，在企业数字化规划的总体框架下，明确项目实施的目标、范围、投资预算、保障措施、预计效果等，完成立项报告。

（2）组建项目团队。包括领导团队、实施团队，要包含技术与业务人员，明确各方责任，在立项报告的基础上，开展充分的市场调研与对标学习，整理企业需求，制定项目初始的需求文档。

（3）选择合作伙伴。对于传统企业来说，技术力量毕竟薄弱，项目的实施需要有实力的技术合作伙伴，在这里要强调的是，数据平台项目的实施不是简单的采购一个工具，而是双方技术与业务的融合，所以我们不称其为采购，而是合作伙伴，在需求文档的基础上，明确对合作方的考察点，以便对合作方做出合理的评价与选择。

（4）实施启动。跟合作伙伴一起，开展调研，完成需求规格说明书，据此制定详细的方案设计，包含元数据库、模型设计等相关内容，对完成的开发内容进行测试，最后进行集成测试，部署生产环境，进行上线前的培训。在整个过程中，遵循周例会、月报告的制度，对发现的问题、需要协调的内容及时跟进，确保项目按进度保质保量完成。

（5）上线后的运营。数字化是三分建设、七分运营。对于大数据集成应用平台更是如此。系统上线后，要关注数据的及时性、准确性、完整性，深入业务中，关注用户的体验，主动发现问题、解决问题，通过运营，切实让系统发挥作用。

7. 实施要点

在项目实施的整个过程中，有一些关键节点要特别给予重视：第一个就是立项过程中，盘点数据家底，要对已有数据情况有清楚的了解，而且要明确，建立平台一定是企业整个数字化转型规划中的一部分的思想，要明确知悉项目能给企业带来的收益；第二个是在需求规划中，要根据企业业务实际需求的轻重缓急做到整体规划、分期推进；第三个是企业自身要配备专业人员参与项目实施的全过程，对每一个环节做好把控，特别是集成测试环节，以便及时发现问题，确保建设质量；第四个是做好验收，对交接的文档检查验证，对企业的关键技术人员做好培训与交接，确保企业可自行承担验收以后的运营。

8. 实施与运营过程遇到的问题及解决方法

大数据集成应用平台是企业数字化转型规划中的重要组成部分，它不仅仅是一项单纯的数据技术工作，涉及现有系统的使用情况与数据质量情况，也涉及企业各级管理人员、业务人员的数据意识，所以，在实施与运营过程中不可避免会遇到很多问题。

（1）数据源数据的及时性、准确性与完整性。数据来源于已有系统的各数据源，现实的情况是，有些系统上线后，对系统的使用情况无人管理，造成数据效率、质量没有保障，应用价值无从提起。解决方法：通过大数据平台的数据集成，及时发现数据存在的问题，明确责任部门，形成问题督办，再辅以考核制度，不仅解决数据质量问题，也推动原有业务系统的应用提升。

（2）企业数据标准的制定问题。企业数据标准的制定，需要数据技术部门与各业务部门共同参与；数据标准的落实与推广，会改变业务部门的日常习惯；如何调动业务部门的积极性，深度参与数字化的工作，也是平台建设中面临的问题。解决方法：加强组织保障，制定数据治理的管理办法，从制度上落实保障资源，落实推进职责，同时让业务部门感受到通过规范标准带来的各部门之间协同的效率提升。

（3）使用数据，用数据说话的意识问题。大数据集成应用平台的重要目标之一是辅助管理、运营与决策，对传统企业来说是要改变思维方式和工作习惯，但这恰恰是最难的。解决方法：要取得主要领导的支持，通过领导使用数据，引起各层级人员的重视，打造全员数字化的氛围，使善于获取数据、分析数据、运用数据成为一种企业文化，让数据在各项工作中发挥更大的作用。

（4）数字化人才问题。数字化人才是传统企业开展数字化建设都会面临的共性问题。合格的数字化人才是复合型人才，其技能和素质不仅有信息技术、数据分析的"硬技能"，也包含业务思维、管理思维、创新思维的"软技能"。解决办法：一是从技术人员角度，加大培训，让传统技术人员掌握新技术能力的同时不断去了解业务，从后台走向前台来帮助技术人员提出业务的解决方案，通过积极影响、参与业务决策，锻炼人才；二是从业务人员角度，组建技术＋业务的团队，培养业务人员的技术与逻辑思维，互感融合，培养人才。

9. 实施效果

大数据集成应用平台，是构建企业统一标准、统一流程、统一授权、统一应用的数据资源中心。目前,集团3000多用户日均查询5000余次。因共享平台软硬件资源,预计节省重复投资1000万元以上。以业务需求为导向,完成安全、人力、资金、税务等22项数据治理,实现关键业务11个大类、百余个小类的数据治理,为11家子企业提供120余项数据服务,每年减少重复录入40余万次。为各业务体系提供21个分析主题的310多张报表,实现总部、子企业、项目的三级联动,企业运营逐步智能化,企业数据资产初具规模。

第四节 企业产业链上下游协同

法国经济学家佩鲁提出经济学的增长极理论,认为经济单位不是存在于地理上的某一区位,而是存在于产业间的数学关系中,表现为经济元素之间的经济关系。其主要发展动力是技术进步与创新。创新则集中于那些规模较大、增长速度较快、与其他部门的相互关联效应较强的产业中,具有这些特征的产业被称之为推进型产业。推进型产业与被推进型产业通过经济联系建立起后向、前向的非竞争性联合体,通过推进型企业对被推进型企业的支配效应,最终实现区域发展的均衡。

产业协同与该理论高度一致,可理解为企业之间按照产业链的上下游关系形成有机联系、产业之间相互支撑和配套协作,形成有序的产业关系系统,通过流程、价格、信息等一系列要素的设置,实现产业链的高效运转,降低成本,形成提升企业竞争力的多赢局面。

产业协同是产业布局深度拓展、改善产业上下游发展不同步的做法之一。通过开放合作,共谋发展机遇,达到产业协同优化、协同发展的目的。

本节选取的案例介绍了危化品行业供应链一体化的建设及管理实践。

案例十三 危化品行业供应链一体化管理实践

在全球经济一体化大趋势下,我国化工行业自2017年开始,进入新一轮的产能投资释放期。《国务院办公厅关于积极推进供应链创新与应用的指导意见》(国办发〔2017〕84号)等系列政策支持,加快了供应链创新与应用,推进供给侧结构性改革,促进产业跨界和协同发展。对于化工产业来说,整个产业链存在链条长、节奏不同步、反应周期不一致的现象。作为化工产业中基础型产业的危化品行业,更是存在区域、时间、信用、贸易和终端不对称的问题,导致危化品行业供应链运行中"四高三低"的问题尤为突出;危化品流通过程中,化工生产前端和终端用户之间、下游用户和生产供应之间,个性化需求不可预见性的矛盾问题亟需解决。

1. 平台综述

以危化品物流为主线,连接上下游资源,以工业互联网技术为底座,融合多年的产运销经验,研发出集前端化工电商交易、物流服务匹配、智能管车系统、主动安全系统为一体的危化品行业供应链一体化平台。该平台有效地连接了油源端、车主端、司机端、油站端各方，同时采用轻资产、开放的模式来实现"商流、物流、信息流、资金流"四流合一的强结构供应链体系，使上游炼厂、物流企业、终端油站、合作商四者间从供求关系转变到合作关系。图2-54是端到端设计理念示意图。

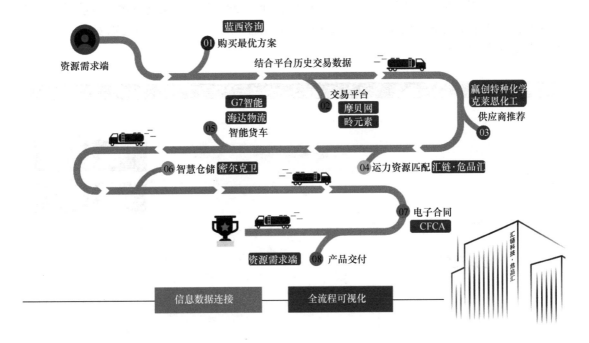

图2-54 端到端设计理念示意图

2. 平台服务

（1）构建平台，提供物流支撑。平台通过大数据架构设计，将空、天、地一体化的地理空间信息展示系统运用到危化品物流平台。通过对北斗、全球定位系统（Global Positioning System，GPS）数据的读取和分析，结合实时气象、路况等数据，实现物流轨迹的快速模拟，预测最佳运输线路，为用户提供智慧化的物流建议方案。

（2）模式创新，赋能生态圈。该服务平台旨在缩短产业链程、实现"去中间化""去中心化"和"去边界化"，打造"共赢发展，联合互补"的供应链生态圈。主要体现在四个方面：一是"一手货源，海量车源"，与多家生产公司、物流企业达成战略合作，为用户提供优质一手货源、可信车源信息，搭建有效沟通渠道；二是"交易透明，全程可视"，操作轻松简单、交易透明，物流信息全程可视，车辆状态随时查询，实时跟踪驾驶状态，综合报表定时送达；三是"智能匹配，便捷高效"，基于大数据、云计算、人工智能技术，为用户智能匹配精选车源、货源，进行合理的运价指导，让交易更加便捷高效；四是"审核严格，结算快捷"，结算工序程序化、标准化，构建会员信用体系，协同第三方金融保理，确保会员企业资金快速回笼，助力企业发展。

（3）规范标准，供求共赢。为将上游炼厂、物流企业、终端油站、异业合作商四者间的利益，达到从供求关系到合作关系的关键性转变。平台通过规范行业标准，通过车辆管理系统、视频监控系统、货物管理系统相结合，进行终端设备跟踪，提供危化品运输全流程的可视化综合管理服务，实现人、车、货全方位强管控，助力货主端实现货物的质量管理、安全管理，实现车主端的车辆安全管理及司机标准化管理，全面提升车辆运输安全。图2-55是可视化运营示意图。

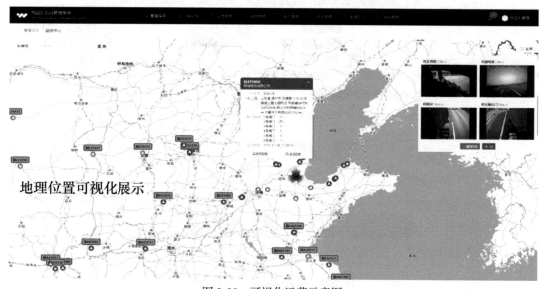

图2-55 可视化运营示意图

（4）综合服务，赋能危化品行业。面向危化品流通领域，着力推进运力整合以及化工合同物流的竞价交易，在提供交易服务的基础上，配套采、销、运、存、供应链金融服务。有超过100家国内品牌企业在危品汇平台和汇链优油电商进行交易、代运营。截至2022年底，平台的数据显示，交易金额8.8亿元，运输货量743万t，会员人数819位，合作企业678家，合作车辆20498辆。

（5）共商共建，共享共赢。平台用"产业链+金融链+科技链+价值链"努力打造"共商共建，共享共赢"的和合模式。平台在维护好上百家核心资源合作方的同时，与生态圈里的各类优质品牌企业展开供应链全环节的深度合作和资源优化，整合垂直用户需求，优化上下游实时数据洞察，预测危化品行业新的购买需求，共同为用户实现精准服务、匹配资源。平台发展从协同商品规划和供应服务，转变到协同需求的规划和供应；从为产品端服务（你生产什么，我买什么），转变到为需求端服务（你需要什么，我去为你生产什么），为生产企业探索智慧制造。通过平台实践危化品新零售，开创成品油在线零售新模式，包括单车量（30t）竞拍、拼单团购等，满足加油站、渠道商以及最终用户的需求。平台既满足石油炼化前端的合同大单拆小单，又满足需求终端的小单拼大单，对于服务不同类型客户的需求，产生了非常明显的和合效应。

（6）衍生金融服务，共建信用体系。在供应链金融服务方面，针对化工流通领域仍然普遍存在的信用风险问题，通过物流调度系统、全程可视化、第三方支付以及仓单增信平台等方式，配合政府监管部门和金融机构，与生态圈的参与方一起打造中国危化品行业流通领域的信用体系。平台嵌入了拥有第三方支付牌照的支付资源，基于平台上的真实交易背景，提供买方融资、卖方融资服务，并将拓展仓单质押服务。图2-56是信用体系示意图。

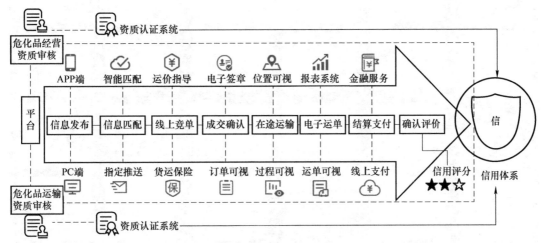

图2-56　信用体系示意图

3. 平台功能

平台采用云服务器搭建线上SaaS服务平台，独立部署应用服务、数据验证中心、数据接口中心、数据库服务等，以隔离保障网络安全。数据库采用主从部署、热备份，以分流保障数据安全。

（1）车辆管理。通过智能车管系统进行车辆管理，系统包括智能车管设备、防疲劳设备、主动安全监控系统、高级驾驶辅助系统（Advanced Driving Assistance System，ADAS）、发动机管理系统（Engine Management System，EMS），能够自动识别运输线路上的各个节点，对车辆位置、司机驾驶行为、车辆发动机数据进行实时监控；通过驾驶行为数据的智能化分析处理，指导司机形成最安全、经济的驾驶习惯；通过对安全评分、成本节点数据的收集分析，辅助制定安全提升、成本管控的最佳解决方案，实现由被动应对事故到主动预防风险的转变。图2-57是车辆与司机的行为监控截屏图。

（2）物流管理。平台用户有货主方、司机、承运商等，基本数据涉及地理位置、货物属性、车辆条件、司机信用等，通过平台的算法模型实时进行数据对照和匹配，减少信息不对称现象，为平台用户提供决策和监督信息，提升物流效率。用户登录官网或 APP 后，可以实现车源及货源的高效匹配，获取新闻、蒸罐、加油站、保险、ETC、司机招聘等服务，还可以查看订单状态，实现对配送过程的全程管控。通过司机端 APP，可查看派车指令、司机反馈，实现了运输订单的智能派车。图 2-58 是运输过程中实现全程可视化功能展示的示意图。图 2-59 是危品汇 APP 截屏图。

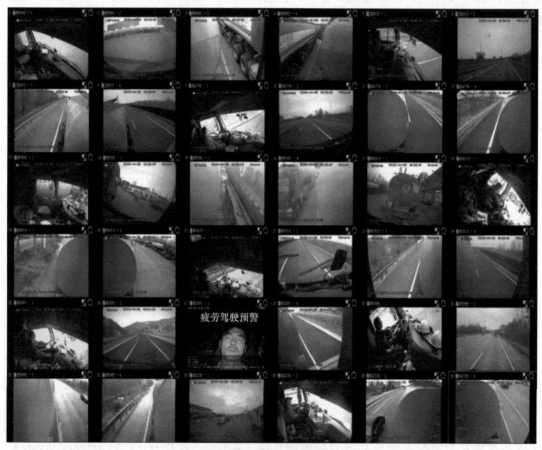

图 2-57　车辆与司机的行为监控截屏图

（3）订单管理。系统实现了订单自动导入、任务自动分派、任务车辆全程跟踪管理、运费自动结算、单车/线路成本自动核算等功能，可快速导出运输综合报表、车辆报表、司机报表、财务报表，有利于物流成本管理。系统对承运商进行在线管理及绩效考核，智能运费结算系统方便了运输费用的快速结算，确保企业资金的款速回笼。

（4）货物安全管理。车载电子铅封系统通过电子技术监控罐车的海底阀、API 阀和人孔盖的开关信息，在成品油二次配送过程中进行不间断监测和记录，结合卫星定位系统和 4G 数据联网，实现对配送车辆的实时跟踪和管理，其数据上传至平台，用于单据的记录管理。运输车辆到目的地后,在确认铅封正常情况下即可卸油,避免了交接计量误差及损耗,从根本上解决装卸运输过程中的油品损耗隐患。图 2-60 是车载电子铅封系统的设备原理示意图。

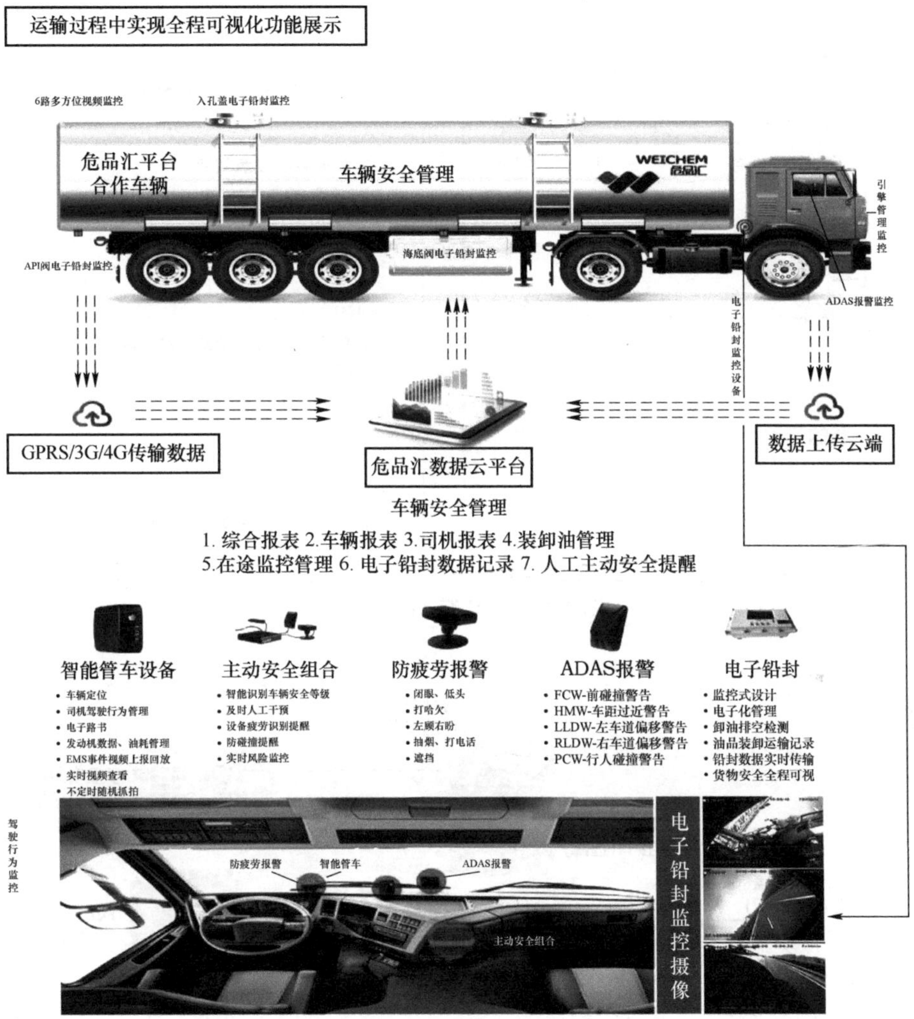

图 2-58 运输过程中实现全程可视化功能展示的示意图

4. 场景应用

某承运商试运营所有应用 10 个月后,事故率同比下降 19.6%,车辆运营成本下降 10.3%,车辆管理效率提升 17.1%。电子铅封的运用杜绝了车辆在货物运输途中的拆卸安全隐患与损耗隐患。图 2-61 是承运商车辆位置和电子围栏示意图。图 2-62 是承运商物流车辆安全管理情况示意图。图 2-63 是承运商七日安全对比示意图。

图 2-59　危品汇 APP 截屏图

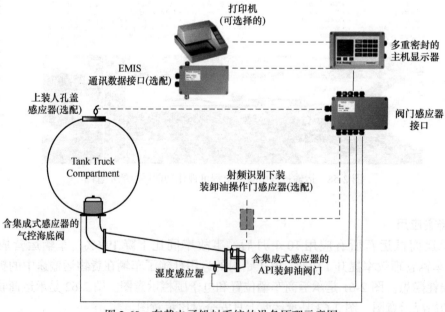

图 2-60　车载电子铅封系统的设备原理示意图

图 2-61　承运商车辆位置和电子围栏示意图

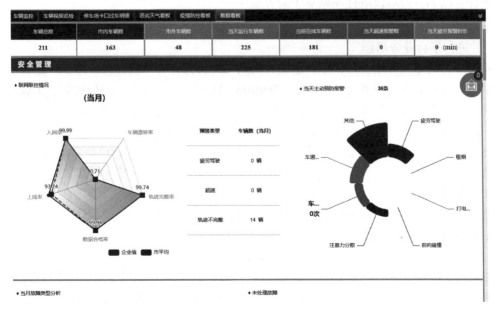

图 2-62　承运商物流车辆安全管理情况示意图

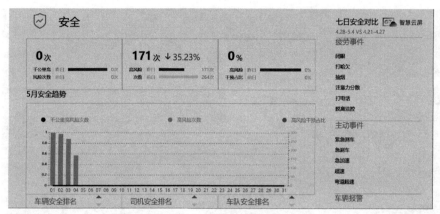

图 2-63 承运商七日安全对比示意图

（1）成本节省。主要指油耗下降 10.3%：按 30L/ 百 km 计算，自有车辆 1800 万 km/226 辆 / 年、油价 5 元 /L 计算，年可节省成本为 278.1 万。

（2）效率提升。效率提升 17.1%，相当运量可提升约 10%，运费均价 60 元 /t，按全年 150 万 t 计算，年可增加收入 900 万元。

（3）人力资源节约：车辆调度人员由 5 人减少为 3 人，财务结算人员由 3 人减少为 2 人，各类数据报表出具时间大幅缩短，公司运营效率得到了有效提升。

5. 实施流程及关键节点

第一步，平台运营部门对目标公司进行资质审查，现场考察目标公司的运营管理体系，针对考评合格的目标公司出具详细的实施方案。

第二步，平台运营部门为目标公司注册平台的货源或车源账号，开通货主 / 司机端 APP，并进行平台业务培训。

第三步，对车源类型公司，平台运输部门入厂对目标公司车辆进行改造，一是装配智能车管系统、无线交通监控系统（Wireless Transport Monitoring System，WIMS）、车载电子铅封系统，这些系统的部署是关键步骤，且因公司而异，需要充分考虑与目标公司已有的财务系统、物流系统、进销存系统等的对接，并且需要考虑车辆状况和客户要求等；二是提供车辆 GPS、视频监控、WTMS 数据接口；三是把货源型公司的车辆、订单信息接入平台。

第四步，与目标公司进行业务流程固化，定制车辆、订单、运费、路线、货物等的管理报表和数据分析展呈。

第五步，跟踪目标公司使用平台的情况，及时优化完善，稳定运行 3 个月后，完成验收。

6. 实施过程遇到的典型问题及解决方法

（1）订单交易透明可溯源。通过创建区块链分类账本系统，将生产商、零售商、物流服务商和监管机构等供应链上的所有相关利益方纳入到同一个管理平台中，对所有供应链交易进行一对一记录，按照货物、车辆、货主、路线等不同维度进行数据分类标识，实现不同维度交易数据的安全可追溯，从而使整个管理流程变得简单、可信和透明。

（2）多公司多信息系统数据对接。平台面对不同目标公司、不同应用场景、不同品牌系统，用户多，系统各异，通过开发丰富的 Web Service、API，以及提供标准接口开发手册和定制化服务加以解决。

7. 实施效果

截至 2022 年底，平台实现了一手车源、货源的汇聚，运力车辆 7 万余辆、承运商 700 余家、货主 300 余家，货源匹配效率提升 10% 以上，车源匹配效率提升 15% 以上，事故率降低约 15%，车辆管理效率提升约 20%，车辆运营成本下降约 20%。

第五节　企业上云

2020 年 4 月，国家发展改革委、中央网络安全和信息化委员会办公室印发《关于推进"上云用数赋智"行动培育新经济发展实施方案》，鼓励企业在上云基础上实现研发、生产、销售等环节的数字化转型。

企业上云分为基础系统上云、管理上云和业务上云，上云能够帮助企业创新商业模式、专注核心业务、管理数据资产，从整体上推动企业的数字化转型实践，可以助推企业研发、生产、销售、客服等环节的数字化实践更好落地。但同时，企业上云也需要面对一些挑战和风险，如数据安全和隐私保护、成本控制、人才培养等问题。

本节选取了阿里云计算有限公司提供的一体化云智能平台及云上数字创新实践案例。

案例十四　一体化云智能平台及云上数字创新实践案例

在数字经济不断发展的今天，云计算已经成为企业数字化转型的重要技术驱动力和关键底座。基于云构建新的生产关系，实现云上数字创新是企业加快业务转型、打造新增长引擎的战略选择，也是企业数字化转型的重要基础。以云计算技术为承载，融合大数据、人工智能等多种数字技术打造的一体化云智能平台，为企业提供底层算力和基础信息资源的同时，也为企业数字化创新发展提供开箱式服务，同时，通过打造能力中枢平台，推动数据和业务应用系统的集成融合，并基于业务场景开发数字化应用，助力企业进行云上数字化转型和发展创新。

1. 一体化云智能平台及云上数字创新基础架构

随着企业上云环境的持续优化，互联网等新兴企业已经广泛采用云计算作为数字基础设施支持业务开展，而传统企业则进入到用云计算全面替换传统 IT 基础架构的攻坚阶段。

传统 IT 基础架构以硬件定义数据中心为特点，企业数字化转型的不断深入使得 IT 软硬件规模快速加大，继续用专有硬件系统和商业软件套件支持，成本过高且开放性、兼容性不足，应用自主开发不够敏捷。新型云计算架构使用通用服务器系统和云平台替代传统大小机专有系统，并采用各种分布式微服务框架，向容器化、Mesh、Serverless 发展，以期在软件层实现更多的高可用、连续性、扩展性、安全性等性能，不再与 IT 硬件基础设施紧密耦合，应用部署架构向单元化多地多活发展。

一体化云智能平台包含 IaaS 层 /PaaS 层 /SaaS 层，其中 IaaS 层主要通过虚拟化、动态化等技术将 IT 基础资源（计算、网络、存储等）聚合形成资源池，为用户提供弹性、可靠、安全的云计算资源服务；Pass 层主要通过云平台上的数据库、大数据计算、人工智能等基础能力，为企业用户提供数据中台、业务中台、物联网中台等；SaaS 层则通过开放各种 API，支持企业用户根据组织经营管理和业务场景进行全链路数字化转型开发，使云应用更加轻量化、低代码化。

一体化智能云平台及云上数字创新助力产业数字化转型的框架如图 2-64 所示，即包括"一云"——云计算底座，"多中台"——业务中台、数据中台、AI 中台和物联网中台等，"N 应用"——数字化生产、数字化协同、数字化服务、数字化营销等。

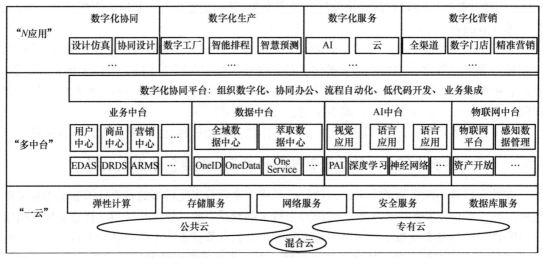

图 2-64　一体化智能云平台及云上数字创新助力产业数字化转型的框架

（1）"一云"：提供集成计算资源的技术底座。云计算平台通过提供云主机、云存储、软件定义网络、云数据库、中间件、大数据及安全等，将基础设施所承载的标准 IT 资源和技术产品提供给客户。其中计算服务是通过云上虚拟化的服务器、分布式计算集群等，提供给用户海量可弹性伸缩的计算资源。存储服务是通过集群应用、网络技术或分布式文件系统等功能，采用计算和存储分离的架构，为用户提供极致的稳定性、弹性，并具备完善的多租户管理、可靠的数据灾备、高度安全的存储，包括对象、文件、表格、并行文件存储等服务。网络服务主要包括跨地域网络、混合云网络产品体系和可满足不同场景的网络解决方案。云安全主要提供网络安全、硬件安全、软件安全、系统安全、数据安全等服务。

云原生服务则重点提供原生数据库、大数据计算引擎服务、容器、云原生、Serverless、函数、AI 计算等服务。平台包含自主研发的关系型数据库、非关系型数据库（NoSQL）、数据仓库、数据库生态工具和云数据库专属集群，为政务、制造、金融、通信、交通等多个领域和行业提供稳定可靠的数据存储与分析服务。大数据计算引擎服务则通过对离线计算、实时流计算、图计算、超大规模交互式查询等多种不同计算服务的封装，支持数据研发场景和数据治理场景，如实时风控、实时推荐、搜索引擎、实时数仓、实时报表、实时异常检测和预警等。

在基础云底座方面，平台可对外提供公有云、专有云、混合云等形态。其中，公有云主要通过统一基础设施所承载的标准化、无差别的 IT 资源提供给公众客户；专有云及混合云，主要面向金融机构、政府机关、大型企业等用户，满足上云数据合规性与业务创新性的综合需要。各上云形态均采用统一架构、同宗同源，提供全栈云产品，并且可以通过调用开放的 API，对产品、资源、应用和数据进行统一入口管理，实现灵活部署、快速操作、精确使用和及时监控，为用户数字化转型带来一站式全栈云的端到端支持。

（2）"多中台"：构建数据中台等能力中枢平台。中台的概念是经过实践后提炼出来的，由云服务提供商基于云底座及其大数据计算、人工智能、物联网等技术能力，帮助企业构建基于统一技术底座的能力中枢平台，实现组织内部数据资源的汇聚和业务共性需求的沉淀，通过数据业务化和服务共享化，实现低成本、高复用地开发应用、加工使用数据，推动企业的敏捷化管理和创新。

数据中台：是在企业数据库、数据仓库、数据湖等技术的基础上从业务视角对企业的数据资产建立的服务平台，以促进数据流动、提升数据资产价值、促进业务发展，服务企业的数据资产运营。

业务中台：把业务的公共部分分离出来，抽象和标准化成通用的业务模块，以提高业务模块利用率，优化资源配置并优化组织业务流程。

物联网中台：将智能端、物联网、互联网、人工智能等技术彼此融合，构造的一个实现万物智能互联的技术平台，包括物联网智能设备及解决方案、人工智能物联网（即，AI+IoT，AIoT）操作系统、AIoT 基础设施等，并最终以 AIoT 集成服务的形式进行交付。

数字协同平台：通过统一界面和应用，加强企业的跨部门、跨组织、跨供应链的沟通、协作，并基于其上的应用开发平台，构建低代码开发应用，针对具体业务场景进行数字化应用开发。

（3）"N 应用"：开放基于场景的数字应用生态。应用是指架构在云平台上的组织和业务数字化应用。一体化云智能平台打通了业务、数据、协同、智能等共享能力，并以工具化和产品化的能力，提升应用开发效率。通过充分开放各种 API，支持开发人员基于业务场景对产品设计、生产、供应、销售、服务等全链路进行数字化应用开发。目前平台积累了如供应链全链路协同管理、会员全生命周期管理、智能客服、全生态营销效果评估、智能化质量监测、数字工厂等应用。

2. 企业上云及云上迁移的路径与案例实践

（1）企业上云及云上迁移路径。企业上云策略应聚焦企业建/管/用云的核心要素、突出问题和风险隐患，从云发展战略制定、云能力与成熟度评估、云治理与组织构建、云技术架构规划、应用云化设计、云安全与合规要求、云容灾与备份、云运维等方面做全面的规划和方案制定,以上述为基础,再实际开展企业上云。

企业上云包括计算资源上云、存储资源上云、网络资源上云、安全防护上云以及数据上云、业务应用系统上云等。当前,企业的互联网业务已广泛使用云架构,但经营管理与核心生产的相关应用,仍然运行在传统 IT 架构上。传统专有硬件基础多为封闭系统,在技术架构、运维方法、生态体系方面与云方式有非常大的差异。为加快数字化转型步伐,企业逐步将传统业务应用系统迁移上云。

上云过程包括云服务环境搭建、云上架构设计、数据和应用迁移、云原生应用开发设计等。云上架构设计需要进行网络设计、安全设计等;数据上云包括缓存数据上云、数据库上云、半结构化数据上云及存储迁移上云等,可通过在线迁移服务方式将第三方数据平滑迁移至云平台;应用迁移则通过迁云工具加以解决,应用迁云涉及方案评估、迁云实施和生产流量切换。

传统应用的 PaaS 化云原生重构是企业上云的重要趋势,一体化云智能平台通过 DevOps 平台,打造云原生应用研发运维一体化底座,提供敏捷项目管理、需求管理、研发测试工具,增强云原生应用架构设计管控、通用应用组件复用、Mesh 化和 Serverless 架构、业务/数据双中台企业服务目录、低代码、多地多中心应用单元化多活架构能力。让企业能快速构建真正"应云而生"的"云原生应用",最大程度发挥云的优势。

(2)企业上云及云上迁移实践。以某电力企业为例,随着企业自动化、数字化应用的逐步增长,原有传统的万物互联(Internet of Everything,IoE)架构受限于集群横向扩展能力,无法满足打造国际领先能源企业建设目标下的海量数据统一接入和管理、实时计算、数据运营与价值发现、业务快速迭代的需要,迫切需要更加弹性灵活的系统架构以支撑企业的运行管理和业务创新。

该企业构建了混合云,打造"一云多区域(Region)"架构的单元云、面向能源大数据应用和数据融合的互联网云、提升云平台高可用能力的同城容灾云、遍及各区域提供低时延高并发大数据的边缘云、以及发挥多站融合优势支持本地视频产业的产业云共五种云形态,实现电力数字基础设施全面云化。实现统一管控、分级运维,既可以满足总部统一管控要求,又可以兼顾区域自运营和自运维的需求。

该企业共完成 150 多套系统上云,其中容器化改造上云 50 多套,容器化上云系统无感检修率达到 90% 以上。构建企业中台服务,打造共享服务体系,横向打通各领域,发布近千项微服务接口,支持近 50 个应用场景快速构建,避免重复造轮子,有效减少专业之间的协同成本。计算和存储资源交付时间从 1 周缩短至 1 个工作日,基础设施云化为企业整体每年节省 IT 投资几千万元。

3. 一体化云平台助力企业云上数字创新实践

企业数字化转型必须紧密围绕组织管理和业务发展创新,典型场景贯穿生产前、生产中和生产后不同环节及企业的组织管理、生态协作等方方面面。生产前,以互联网消费数据强化市场洞察预测、引领数字化研发设计;生产中,以数据驱动加快数字工厂建设,改造生产制造中的瓶颈问题，推动个性化定制等全新制造模式；生产后，通过数字化供应链管理、数字化营销、数字化服务全方位升级产品和服务提供方式，精准触达客户。

以某大型汽车企业为例，该企业以"数字化智能工厂"为全新建设理念，系统地把数字化、智能化技术覆盖到汽车生产各车间及整个生产过程，基于云上物联网平台对产线边缘侧的数据进行采集、实时分析及数据智能应用，形成与线体自动控制系统和工厂管理系统的高效协同，再通过云上工业数据中台进行数据资产沉淀，结合人工智能控制系统（Artificial Intelligence Control System，AICS）工业大脑平台沉淀算法以及机理模型进行数据价值挖掘，配合DTwin数字孪生平台，使车间生产运营具有全面感知、优化协同、预测预警、科学决策的能力，提升工厂生产效能、降低运行成本、提高产品质量，并以分析结论和决策建议支撑工厂持续优化。通过应用云上平台物联网、大数据、数字孪生、人工智能等技术，工厂实现了冲压、焊装、涂装、总装以及新能源汽车电池电驱五大车间的数字化、自动化、柔性化、绿色化生产。

该车企还基于云上数字协同化平台，实现了生产设备远程监控报警、生产车间数字化管理、生产流程移动化审批、生产经营移动驾驶舱建设等，通过端到端的流程再造，确保数据信息在企业管理层与工厂车间层、工位层的同步一致，提升了车间内部运行效率、质量控制能力及现场管理水平。所有业务系统的审批流程纳入到集团统一的待办中心，实现了审批、任务、会议、考勤、差旅等多个事项的移动化办理，每个员工可以直接到待办中心或任务中心查看自己要处理的工作，而不用再进入各个业务系统分别去办理业务审批。搭建了统一的消息平台，无论是生产设备的报警、流程的审批通知、还是发布的新闻动态，都可以通过统一消息平台进行消息调用并发送到员工的手机上，从"人找事"转变为"事找人"，工作效率显著提升。

该车企通过云上数字化协同平台，与上千家供应商建立全流程集成互联并赋能经销商直达消费者的线上线下一体化运营体系，实现报价、订单查询、资质上传等供应链信息全集团共享，实现实时生产计划、经销实况、品牌触达等的上下游生态互联与赋能。新一代云是云计算发展的新阶段，从计算架构的演进到原生态的应用与服务，再到丰富的产业数字化的能力，各个层面都在不断演进和迭代。云成为各类数字技术发展的重要承载与发展基础，是促进数字经济与实体经济深度融合的重要引擎。

第六节 数字素养

2021年11月，中央网络安全和信息化委员会办公室（简称"中央网信办"）印发了《提升全民数字素养与技能行动纲要》，指出数字素养与技能是数字社会公民学习工作生活应具备的数字获取、制作、使用、评价、交互、分享、创新、安全保障、伦理道德等一系列素质与能力的集合。提升全民数字素养与技能，是顺应数字时代要求、提升国民素质、促进人的全面发展的战略任务，是实现从网络大国迈向网络强国的必由之路，也是弥合数字鸿沟、促进共同富裕的关键举措。

师者如光，微以致远。2022年11月30日，教育部发布《教师数字素养》行业标准，从数字化意识、数字技术知识与技能、数字化应用、数字社会责任、专业发展等五个方面对教师的数字意识、能力和责任进行了规范。

在数字经济高速发展的时代，每个人都处于数字洪流之中。在数字环境下，利用一定的方法手段，快速有效地发现信息、获取信息、整合数据，进行信息输出和交流，是每个人应该具备的综合素养之一，对于数字相关的从业人员，则是必备的职业能力要素。

本节选取了以低代码支撑工作人员数字素养提升的实践。

案例十五　一站式低代码业务创新平台支撑电力行业人员数字素养提升实践

以设立基础的维度看企业，可以分为，如多数互联网公司那样的数字原生企业，以及如电网公司那样的典型非数字原生企业。数字原生企业设立之初就以数字世界为中心来构建，生成软件和数据平台为数字世界入口。非数字原生企业以物理世界为中心来构建，围绕具体的经济活动展开，数据为业务的信息载体，需投入大量人力、物力去修正物理世界与数字世界之间的信息偏差。

在企业数字化转型进程中，电网公司的非数据原生企业属性使得企业难以实现"业务流、数据流、价值流"三流合一，需要解决提高员工电力业务知识技能储备、加强全员数字化学习能力和认知，以及长效协同IT系统与业务人员联动、互动模式等具体问题。

1. 构建低代码业务平台的应用需求

近年来，电网公司数字化转型成为企业进阶及高质量发展的关键。运用大数据、数据中台、低代码、移动应用技术，在社区驱动产品迭代的管理理念下，构建一站式低代码业务创新平台。可实现如下功能。

（1）员工可通过简单的"拖拉拽"自主实现长尾需求，实现电网业务流的线上化和数据流的可展示可分析可流通。

（2）数据在线、数据共享、数据建模功能由平台信息人员主导、业务人员配合，保障数据资产的持续运营。

（3）数据贯穿、数据分析、数据驱动功能由业务人员主导、信息人员配合，实现符合业务逻辑、便于业务应用的数据架构，驱动业务价值创造。

（4）助力培养业务知识与数据思维兼备的复合型人才。

2. 平台架构及创新点

平台以彩虹七色为特征，构建数据在线、共享、建模、贯穿、分析、驱动、数字人才共七个维度的数据资产运营体系，并在此基础上形成了一站式低代码业务创新平台。平台以底座式数据中心为核心基础，全域数据打通，通过"业务创作间"工具支撑线下数据报表的填报、采集；通过"数据创作间"工具支撑数据的分析、展示。并组建专门的数据运营中心团队，通过深度运营，培养提高员工的数字素养。图2-65是业技员工融合视角的"数据+工具"赋能体系示意图。图2-66是面向数字素养提升的数据资产运营体系示意图。

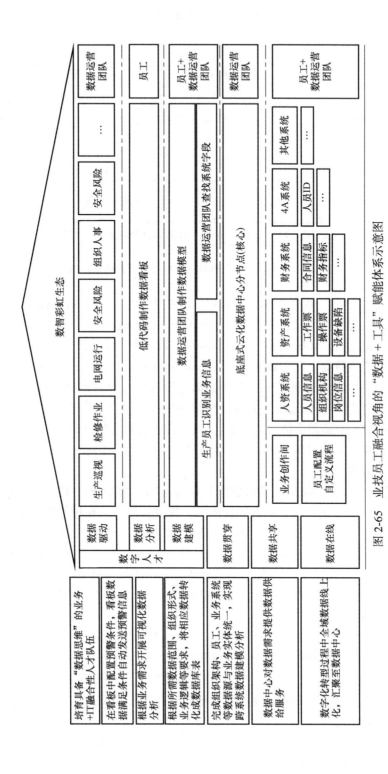

图 2-65 业技员工融合视角的"数据+工具"赋能体系示意图

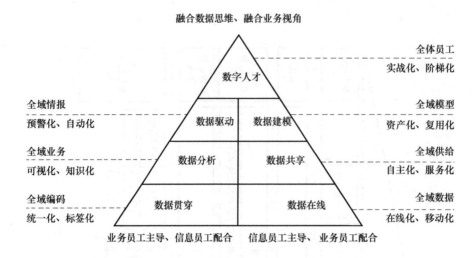

图 2-66　面向数字素养提升的数据资产运营体系示意图

（1）数据在线·红。数据在线以全域数据在线为导向，通过数字化员工主导、业务员工配合的形式，实现工作审批、风险上报等公司业务数据线上化、移动化。技术人员指出传统烟囱式项目制研发模式无法快速响应数据需求、数据资产运营严重依赖第三方服务商、无法规模化复制与供给数据、业务数据仍然线下运转等问题，迫切需要将关注点从解决数据技术问题转移至业务视角的数据挖掘、业务数据建模等核心能力建设上来。通过"数据创作间"与"业务创作间"两套低代码平台，在移动端将数据资产中心连通线上、线下所有数据，将数据连接能力赋能给全体员工。通过研发协同编辑、报表自动取数和稽核等功能，解决人工报表、表单手动汇总等问题，提升报表编制效率和标准化水平，减少数据重复报送、汇总耗时，提增效率。

（2）数据共享·橙。数据共享以数据开放为导向，数字化员工主导、业务员工配合，实现供给自主化、服务化。建立数据运营团队，建设步骤为：在种子期，组建数据应用组，关注数据产品建设和内部数据流通；在培育期、成长期，随着离线数据仓库、实时数据仓库、数据湖的建设，组建数据基建组、数据流通组，直至成熟期将数据保障组纳入运营团队管理。数据运营中心为全公司提供标准化数据服务，员工按需经审批后即可使用数据。快速的数据交付、标准化的交付方式、上千条数据服务链路，都是自主可控的，数据由业务活动的副产物转变为生产要素。

（3）数据建模·黄。数据建模以模型自主可控为导向，数字化员工主导、业务员工配合，实现模型资产化、高复用。在统一电网模型标准下，归集数据字典"密码本"，掀开数据逻辑"黑匣子"。在四个发展阶段，不断将严重依赖系统原开发商开展建模的状况，完全转变为统一由数据运营中心开展建模，建立敏捷式数据研发能力。在盘清数据资产的同时，杜绝数据模型重复建设。

（4）数据贯穿·绿。数据贯穿以核心编码统一为导向，业务员工主导、数字化员工配合，实现物理实体与逻辑实体的编码统一化、标签化。通过跨安全大区的电力监控系统、业务管理系统的数据模型，关联唯一的设备编码与人员编码，以保障人员全场景管理与设备全生命周期管理等数字孪生场景的真正数据融合。

（5）数据分析·青。数据分析以构建洞察能力为导向，业务员工主导、数字化员工配合，实现业务可视化、知识化。员工可以快速获取业务数据模型，运用低代码技术推出数据产品，通过在不需要理解编程代码的条件下进行数据创作，可以快速制作数据分析看板，数据分析结果可实现企业内网、外网、多终端环境下的访问，截至2022年，累计孵化1529个数据分析看板，数据模型师与业务分析师连接紧密，数据业务化程度不断加强。

（6）数据驱动·蓝。数据驱动以数据驱动业务为导向，业务员工主导、数字化员工配合，实现情报预警化、自动化。数据驱动是数据分析的高阶环节，业务员工绕开纷繁复杂的业务规则，通过数据感知的形式获得情报，通过配置的形式直接通知到企业微信、短信、邮件、电话等用户终端，将"人找数据"转变为"数据找人"，进一步提升业务洞察效率。

（7）数字人才·紫。数字人才以知识技能融合为导向，使数字化员工融合业务知识，业务员工融合数据思维，保障人才实战化、阶梯化的成长路径，推动全员数字素养提升。数字化人才、业务人才相向而行，每向对方多迈半步，数字化人才与业务人才的融合就加深一步，孕育培养出数据科学家等传统企业的新型岗位。数字化员工与业务员工通过自主开展、敏捷开发、协同实施的形式，实现了零成本的数字化运营人才培养模式，真正将技术赋能于每一位员工。

3. 关键技术

一站式低代码业务创新平台深度应用大数据、微服务、低代码与移动应用技术，集成了企业微信移动端，并研制了"数据创作间""业务创作间"等一系列面向业务员工的数据生产力工具产品。

（1）技术架构。平台面向业务员工的"数据创作间""业务创作间"，围绕低代码技术栈，实现所有业务人员不需要编程即可快速上手业务流程开发与数据分析开发，主要依靠五大技术引擎。

1）基于前后端分离的表单流程引擎，可自定义设置表单组件页，支持装载图片与附件，设置字体、超链接等各种结构化、非结构化数据要素，通过可视化、拖拉拽组装流程，固定、自由、分支、并行四大类流程，支持流程应用一键发布。

2）基于图形语法的图表渲染引擎，采用轻量级的数据交换格式（JavaScript Object Notation，JSON）描述图表结构、数据，以及数据到图元的映射、交互、样式、统计信息等。采用面向对象的设计，将各种类型图表放在统一的描述框架中，具有良好的可扩展性。

3）基于关系代数和图形语法的数据可视化推导引擎。研发智能可视化的引擎，包含求解析模块、图表推导模块和图表配置合成模块，对最终数据展现的可视化方案自动进行基于关系代数的图表透视结构分析与基于图形语法的图表类型推导。

4）兼容批流异构数据源的元数据接口引擎。面向批流一体的元数据统一管理技术，研发对多个系统元数据的统一管理。当不同的计算模型需要互相引用和依赖时，统一的元数据模型能够有效支撑跨系统的统一管理、统一权限、统一身份、统一授权。

5）异构网络融合消息通道分发引擎。面向终端侧提供信息情报分发统一服务栈，研发服务端提供 Restful 高并发、轻量级消息通道服务，实现对企业微信、短信、邮件、语音、电话等异构网络下的分层级发送，形成可监测、可控制、可回溯的智能情报分发网络。

（2）数据架构。在数据架构方面，平台构建基于统一元数据中心的开发与治理一体化管理模式，构建自主可控的数据仓库，解决了传统电网数据仓库可持续治理问题，以统一元数据中心为核心，面向业务员工提供业务应用层、业务服务层（统一查询服务）、业务工具层（数据地图服务、数据分析服务、数据指标服务）能力，面向技术员工提供数据管理层（模型中心、质量中心、血缘中心、集成中心）能力，实现全员支撑的"一站式"数据资产运营服务体系。图 2-67 是平台数据架构。

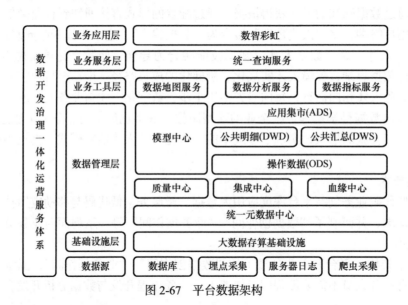

图 2-67 平台数据架构

4. 应用场景——换流站运行

某换流站运行值班人员应用"数据+工具"构建可视化分析看板，研发直流电压测量、异常故障检测等遥信遥测数据分析算法 60 余项，实时掌握站内风险和工作进度。依托数据主动预警功能，及时发现阀厅内冷水管道轻微渗水、阀冷系统膨胀罐补气次数异常等隐蔽缺陷，有效避免停运事件的发生。

5. 平台建设实施流程

公司首先通过大量生产现场的业务与数据需求调研，发现快速变化的业务需求与长周期的系统建设之间的矛盾，聚焦解决用户长尾需求，对平台予以建设实施。

（1）构建数据资产运营体系。重构分工协作模式，从 7 个维度创新数据资产运营管理体系。让数据利益相关方不再孤立地看待"谁主导谁创造"的惯性思维，使其共同推进数据生产、治理、消费的价值共创生态环境。建设一站式低代码业务创新平台,做好"数据+工具"赋能员工。为了从最初业务数据的割裂状态转变为价值共创,规划了种子期、培育期、成长期、成熟期四个阶段。种子期,打造价值共创支持平台,数字化贯通业务、数据、技术管理流程;培育期,构建数据资产运营体系,促进数据消费"内循环",启动数据分析师培养;成长期,构建面向用户运营和产品运营的价值评估模型,组织各类培训、沙龙、大赛、发布会,打造产品品牌;成熟期,制定电力数字化人才评价规范标准,打通复合型人才队伍成长通道,全面提升全员素质化素养。图2-68是平台的四个发展阶段示意图。图2-69是价值共创生态环境示意图。

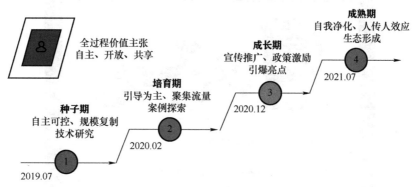

图2-68　平台的四个发展阶段示意图

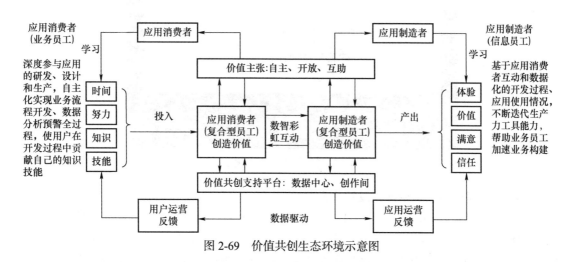

图2-69　价值共创生态环境示意图

（2）强互动式应用迭代模式变革创新。随着数据资产运营体系的变革,管理模式也需要相应做出调整。构建强互动式学习型组织,打破生产者制造、消费者购买的单线程链条,以数据为驱动,价值共创平台以数据中心、创作间作为支撑,连通消费者参与生产者的制造产出活动的价值创造通路。

（3）打造复合型数字化人才团队。管理模式的创新，对人才有了更高的要求。复合型人才团队解决了"懂业务缺乏数据思维"与"懂技术缺乏业务知识"之间的突出矛盾。通过精准分工，提升双方参与感、获得感，最终形成可复制、可推广、可传承的价值共创生态环境。培育出一条技术与业务融合发展模式，技术逐步了解业务视角，业务逐步具备数据思维，通过仅作为业务人员就能使用低成本生产力工具的方式，自主化构建业务流程，分析业务数据，极大提升业务人员对于系统建设的参与感、获得感。公司深度运营并组建复合型人才队伍，制定团队使命、愿景和价值观。图2-70是数据分析师团队文化示意图。

图2-70 数据分析师团队文化示意图

6. 实施过程遇到的典型问题及解决方法

（1）典型问题一。缺乏持续有效的企业级元数据管理，数据存在"重建设、轻治理"问题，始终存在数据边污染、边治理的情况。解决方式：抓源头数据治理，重视源端业务系统的统一元数据管理，让数据不仅仅是业务活动的痕迹，而是一开始就定义好业务信息模型，杜绝建设系统孤岛、数据烟囱，让数据为企业的各类数据提供上下文环境，使企业能够更好地了解、管理和使用数据。同时，在数据加工、计算过程中，做好数据湖、数据仓库的统一元数据管理，规划数据价值主题，并通过数据开发治理一体化平台做好数据研发管控。

（2）典型问题二。员工数字意识、计算思维，以及数字化学习、创新能力与动力不足，低代码、零代码等新型数字化工具推广的成效不明显。解决方式：挖掘种子用户，特别是对数据需求迫切的基层用户，通过竞赛、培训、考试等多种形式，培养员工对数据的敏感性并能够辨别数据的真伪和价值。以点带面培养员工主动发现和利用真实准确数据的习惯，重视员工对数据的参与感、获得感，对标互联网企业移动端用户体验，让员工在协同学习和工作中分享真实、科学、有效的数据，不断培育数据文化。

（3）典型问题三。运动式的推广模式无法带来用户的持续性增长，用户黏性依赖上下级考核评价，缺乏持久有效的运营方法和路径。解决方式：将数据运营工作机制化、流程化，连接外协人员和内部人员，实现业务管理、用户服务、数据运营流程全面线上化，并持续优化完善数据运营过程中组织和个人的绩效评估模型，在业务活动数据洞察过程中，不断调整运营策略，推动业务活动"全景看、全息判、全维算、全程控"。

7. 实施效果

该平台上线以来，填报约 1618 个业务审批流程，开发了换流站之窗、防误操作监测等 1529 个业务分析看板，累计发现设备疑似问题、隐患、故障共 10 余个，培养数据分析师 1230 名，业务员工占比 95% 以上，其中，具备流程设计能力的员工 52 名，具备数据实操能力的员工 1188 名。基本消灭了线下纸质审批模式，实现"数据多跑路、员工少跑腿"，全员数字素养与技能显著提升。

第三章

重点产业的数字化转型

《"十四五"数字经济发展规划》提出,要加快企业数字化转型升级,要全面深化重点产业数字化转型,要立足不同产业特点和差异化需求,推动传统产业全方位、全链条数字化转型,提高全要素生产率。

腾讯研究院联合有关研究机构发布的《数字化转型指数报告2023》显示,我国各大行业数字化转型普遍呈增长势头。对16个主要行业的数据分析显示,金融行业"领跑",制造业和通信业两"升",与之相比,消费侧表现则有些动力不足,生活服务业和零售业的数字化规模都有所下滑。

南京大学长江产业经济研究院的刘志彪、徐天舒在《我国制造业数字化改造的障碍、决定因素及政策建议》一文中,对我国"灯塔工厂"数字化转型的基本情况进行了分析,转型效果在5个维度上表现优异:提高效率(20%~250%)、降低成本(6%~35%)、节能减排(10%~49%)、提高客户满意度(25%~75%)、促进销售(14%~40%)。

数字化转型是产业转型升级的必经之路,对提升市场竞争力、创新能力、生产运营效率和品牌形象会产生越来越多的影响。本章选取了农业、工业、工业互联网、商务、物流、金融、能源行业的数字化转型案例。

第一节 智慧农业、智慧水利

目前,我国智慧农业的需求主要体现在农业种植和畜牧养殖的生产经营环节中,农业数字经济水平低于绝大多数的服务业和工业行业,农业数字化转型仍相对滞后,但存在较大提升空间。随着农业数字化水平的提高,机器人、物联网、人工智能等先进技术被不断应用到农业生产经营的各个环节,未来智慧农业的需求将不断攀升。要加快推动种植业、畜牧业、渔业等领域的数字化转型,提升农业生产经营数字化水平。

智慧水利旨在通过水利行业内的物与物、物与人、人与人之间的互联互通和相互感知,提升水利信息处理和资源整合能力,提高水利监测、预警、分析、预测和决策能力,加强水利设施远距离控制和智能化执行能力，以及加强协调水利业务跨部门、异地合作的能力等。

本节选取农牧产业平台建设实践案例一个，选取城市智慧水务实践案例一个。

案例十六　数字化农牧助力乡村产业振兴

1. 农牧产业数字化转型的背景

我国是农牧业大国，农牧产业在满足居民粮食和蛋白供给、提供劳动就业岗位、带动区域经济发展等方面发挥了重要作用。生猪产业是我国农牧业的重要组成部分，2021年我国生猪出栏量达67128万头，猪肉产量5296万t，产业上下游企业数量超49万家，产业规模超4万亿元。

我国生猪产业市场规模巨大，但产业整体发展水平却并不高，在生产管理、交易流通等环节存在诸多痛点和难题。

生产管理环节：生猪饲养过程中，从投料、防疫、看护、管理、出栏到称重等过程均需要人工参与，标准化程度低，随意性较高，生产效率低。以代表猪场生产效率的每头母猪年产断奶仔猪数量（Piglets/Sow/Year，PSY）指标为例，我国PSY平均水平为20左右，国外发达国家的PSY平均水平普遍在24以上，如丹麦等部分国家PSY平均水平高达30，远超我国平均水平。

交易流通环节：我国生猪产业的中小养殖主体占比较大，产业流通链条长。中小养殖主体因规模小、信息不对称等问题，投入品购买的成本相对较高，主体议价能力弱。产业流通链条长等问题也抬高了消费者的购买成本，不利于产业长期健康发展。此外，近几年频发的非洲猪瘟和"猪周期"等问题，对于行业发展和从业人员的综合管理运营能力提出了更高的要求。

2021年，农业农村部发布《"十四五"全国畜牧兽医行业发展规划》，明确提出：以信息化培育新动能，利用数字技术全方位、全角度、全链条赋能传统产业，提升全要素生产率。以生猪、奶牛、家禽为重点，加快现代信息技术与畜牧业深度融合步伐，大力支持智能传感器研发、智能化养殖装备和机器人研发制造，提高圈舍环境调控、精准饲喂、动物行为分析、疫病监测、畜产品质量追溯等自动化、信息化水平，建设一批高度智能化的数字牧场。

自2015年"互联网+"行动提出以来，我国农牧产业数智化进程不断推进，取得良好进展的同时也面临一些现实问题。如产业内部缺乏专业的数智化服务商，大型农牧主体普遍需要通过自研数字管理平台或引进行业外通用数智化工具等方式来推进数智化进程，但产品总体适配性不高、各环节数据无法实现有效联通、应用效果欠佳、研发投入较大。此外，对于中小农牧企业而言，数智化推进成本高、缺乏相应的专业化工具和一站式数智化服务等问题也在制约产业发展。

因此，专业化、一站式、全方位的产业数智化服务平台，对于加速推进产业数智化进程、提高企业经营效率和总体竞争力至关重要。

2. 农牧产业数字化转型解决方案

围绕产业链中的管理、生产和交易环节，全方位、一站式的农牧产业数智化服务平台为满足农牧业发展需求，为提高生产效率和食品安全提供服务和保障。

(1)平台架构。平台主要由智慧管理平台（MaaS平台）、智能物联平台（DaaS平台）和数字交易平台（TaaS平台）构成，架构如图3-1所示。

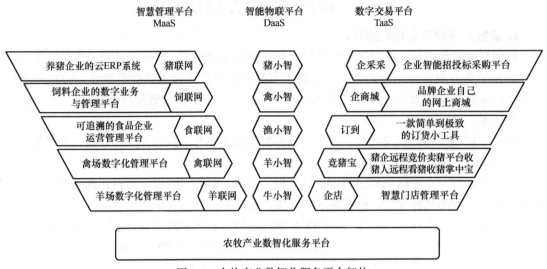

图3-1 农牧产业数智化服务平台架构

1）智慧管理平台（MaaS平台）。智慧管理（Management-as-a-Service，MaaS）平台，聚焦于农牧企业生产管理的数智化，为企业提供智慧管理服务。作为产业管理的数字中台，从流程管控到算法赋能，实现人、畜、事、物、车及设备的全面、实时、在线连接，尤其是与终端用户的自然连接，实现员工、用户及社群的线上化，实现财务与资金管理的线上化，实现业务流程的线上化，从而实现智能化决策。企业组织通过数字中台获取数据，通过平台算法的不断迭代，赋能于每一位员工，允许基层人员直接跟数据对话，自动协同彼此间的工作，实现管理的去流程化、决策的去中心化，形成"大中台＋小前台"的业务格局，达到管理扁平化，降低管理成本，提升经营效率。图3-2是企业智慧管理平台示意图。

2）智能物联平台（DaaS平台）。智能物联（Device-as-a-Service，DaaS）平台，为企业提供设备平台服务。以5G智能装备、养殖机器人、AI芯片、深度学习及区块链等数智化技术为底层基础能力，结合农牧企业的实际生产场景和需求，开发相应的生产智能化应用系统，连接并打通各种设备硬件，集成打造智能物联平台；同时，基于自研Loki算法平台，以算法模型驱动智能化生产过程管理和设备智能决策，从而实现从人工作业到设备智能的升级。图3-3是企业智能物联平台示意图。

3）数字交易平台（TaaS平台）。数字交易（Transaction-as-a-Service，TaaS）平台，为企业提供数字交易平台服务。TaaS平台致力于改变农牧企业单纯依靠地推团队或渠道拓展业务的传统方式，帮助农牧企业打造"线上营销＋线下服务"的O2O组合运营模式，从而实现交易管理、供需匹配、招采投标、门店经营等一站式数字交易服务。数字交易平台提供的产品有：企采采（农牧企业招采投标）、企店（企业门店系统）、订到（订货）、竞猪宝（竞价销售）、企商城（企业自营商城）等。图3-4是企业数字交易平台示意图。

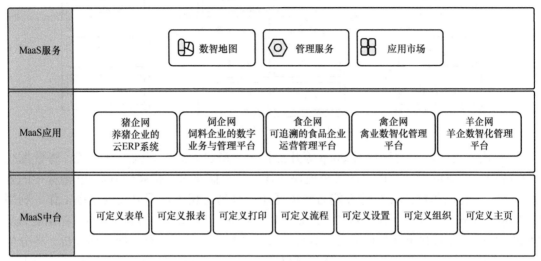

图 3-2　企业智慧管理平台示意图

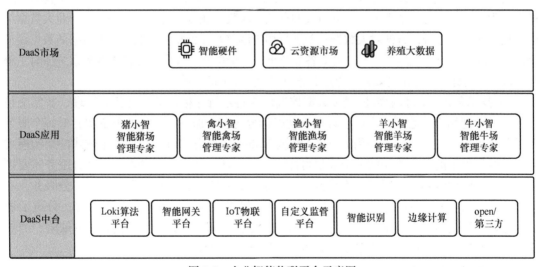

图 3-3　企业智能物联平台示意图

（2）关键技术。农牧产业数智化服务平台，是根据生猪产业普遍面临的生产效率低、交易链条长、管理粗放等问题，通过利用物联网、互联网、大数据、5G等新一代信息化技术和现代管理理念搭建的产业数智化服务平台，旨在为产业主体提供管理、生产、交易和社会服务等一站式的数智化技术、产品与服务，加速推进产业数智化进程。

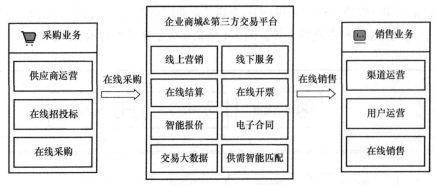

图 3-4 企业数字交易平台示意图

1）核心技术。通过利用 Hadoop 等开源技术，搭建大数据离线处理系统，将数据挖掘系统中，需要巨大计算能力的各个模块的计算和存储要求，扩展到 Hadoop 集群中的各个节点上，利用集群的并行计算能力和扩展能力来进行相关数据离线的挖掘工作。利用 Hadoop 分布式文件系统（Hadoop Distributed File System，HDFS）的文件分布式存储能力及 MapReduce 的分析和统计处理能力，对海量级关系型行为数据进行离线数据分析，将分析的结果存储到 HBase 数据平台上，通过接口直接透明地调用底层的计算和存储能力对上层业务进行支持，自顶向下每层都透明地调用下层的接口。最顶层为交互层，用于用户和系统之间的交互；中间层为业务层，是整个系统的核心，提供各种业务逻辑的处理以及基础计算框架；最底层为存储层，为整个系统提供分布式的存储。农牧产业数智化平台根据农业产业大数据结构变化自动生成报告，方便对大数据模型进行相应调整并评价相关影响，为大数据的数据模型提供灵活健壮的自动化运维基础。针对各业务推出相应的指标体系，方便各业务系统随时了解各平台运营指标、业务推进效果，透过业务数据看到业务的本质。

2）技术创新。将行业数据通过数据挖掘形成特定行业标准的智慧猪场管理、智慧交易服务。平台把用户、管理、商品、订单等功能拆分为多个服务，使得业务解耦，对每个服务做了公开明确的接口定义，采用 REST API 或 Dubbo 等服务协议，与原先单体式的架构模式相比，拆分出来的每个模块的复杂度尽可能降低了，便于团队独立开发。当部分服务需要扩展时，只需要调整相应的服务实现或接口。升级时，只需要升级经过调整的那部分服务，不需要整体升级，与单体应用相比，局部升级对全局影响可控。各服务独立部署，分流了请求，克服了传统集中式系统会导致中心主机资源紧张的情况，弥补了响应瓶颈的缺陷，当部分服务压力过大时，可通过给单个服务增加资源从而快速提升性能。

3. 农牧企业数字化转型典型案例分析

齐全农牧集团股份有限公司始建于 1994 年，是一家集生猪育种、饲料、兽药、养殖、食品研发、生产和销售等业务为一体的大型民营企业。据统计，齐全农牧集团生猪年出栏量超 30 万头，属于中大型猪企。

近年来，伴随集团经营规模的快速扩张以及业务向产业链上下游的延伸，集团内部对于精细化和数智化管理的需求在不断攀升。尽管集团之前引进过相关企业管理和财务管理软件，但生猪产业具有一定的行业垂直性，通用型的财务管理软件与企业的适配性不高。同时，集团内部各业务环节之间无法实现数据的联通，不利于企业管理与竞争力的提升。

（1）项目实施流程。农牧业数智化解决方案实施流程通常可分为6个步骤：项目启动、需求调研、蓝图设计、系统实现、上线培训、项目验收，详情见表3-1。

表3-1 项目实施流程

项目阶段	规范动作	交付物
项目启动	成立项目组	《项目成员名单》
	制定实施计划	《项目实施计划》
	项目启动会	《项目启动会会议纪要》
需求调研	编写调研计划	《项目调研计划》
	关键调研	《访谈纪要》《需求调研表》
	编写调研报告	《项目调研报告》
	需求分析汇报	
蓝图设计	整理业务流程	《业务流程图》
	编写业务解决方案	《业务解决方案》
	蓝图确认	
系统实现	需求开发	—
	系统配置	—
	数据初始化	平台发布
上线培训	使用培训	《标准产品使用手册》
	系统上线	《客户系统使用管理制度》
	试运行	《试运行效果反馈与FAQ》
项目验收	项目总结汇报	《项目总结汇报PPT》
	验收确认	《系统验收报告》
	验收成功	《实施与服务交接清单》

（2）典型问题及其解决办法。

1）管理层认知不足，基层理念短板严重。农牧行业较其他行业而言，整体发展水平相对滞后。在推进数智化过程中遇到的一个问题是，目前，农牧行业的企业管理者年龄大多在50~60岁，管理理念相对传统，对于数字化、智能化的知识储备较少、认知较弱，产业数智化的接受程度较低。针对这种情况，通常需要数智化服务商加大对数智化的宣贯，从行业具体应用到行业发展趋势进行深入的解读，通过长时间反复的宣传和直接沟通，将数智化经营的理念和认知植入到管理层的脑海中。

企业高层与基层的理念冲突是推进数智化过程中遇到的另一个问题。农牧企业基层人员通常都是普通农户，平均文化程度不高、对于新鲜事物的接受程度低。同时，基层员工在推进数智化的过程中也惧怕因改变原来的工作模式而损害自身利益。遇到这种情况，通常需要企业高层进行公司内部整体战略方向和理念的统一，在必要时候，需要企业高层奖罚分明，传播毫不动摇坚持推进数智化的决心。否则，在推进数智化的过程中，会出现"表里两张皮"，严重阻碍企业数字化转型发展。

2）企业定制化需求较多，研发成本高。近年来，伴随产业规模化扩张，农牧企业业务呈现产业链一体化的发展趋势，生猪养殖企业开始向上游饲料与动保，及下游屠宰、加工与食品终端延伸。产业链条长、业务范围广是农牧企业发展的基本态势。因此，在推进企业数智化的过程中，不同类型和规模的企业主体，会呈现不同的需求，定制化产品多，研发成本高。

为解决农牧企业定制化产品多、研发成本高等问题，一方面，需要农牧企业明确主营业务方向，对于非核心业务，不建议盲目推进数智化。另一方面，数智化服务商要做好充足的需求调研，按照产业发展的态势和实际需求进行严格分类，提高研发人员效率，尽可能降低产品的研发成本和生产周期。

3）企业缺乏数字化人员，人才培养基础较差。农牧产业从业人员以农户居多，年龄相对较大、文化教育水平不高是产业面临的普遍问题。此外，农牧产业数字化转型处于初步发展阶段，既懂农牧产业又具有互联网思维的人才极度缺乏，农牧产业数智化在人才配备方面缺乏有效支撑。企业在推进数智化的过程中阻力大、摩擦成本高。为解决企业数字化人才缺乏问题，一方面需要相关部门加强有关专业人才的培养，另一方面，企业内部也需加强人才梯队建设，有组织、有计划地开展数字化人才培养，提高企业内部数字化人才密度和全员数智化经营意识。

（3）实施效果。本案例在集团框架下开设产业公司，将其饲料、养殖、动保、屠宰、门店全面打通，同时人力、OA、财务、生产集成于一套系统中，实现了饲料、养殖、交易等业务的一体化运营。

通过"饲企网"实现从订单生成、生产计划、配方制作、中控配料、自动领料、投放料管理、成品打包、品质检测到存货出入库的智能化管理。

通过"猪企网"实现"集团＋公司＋农户"的解决方案，除了实现猪场生产与企业管理的无缝对接，即实现猪场成本、猪场财务、猪场绩效、供应链、协同办公等关键环节的数据全面贯通，还可以满足"公司＋农户"管理。

通过集团管理，提供集团统一设置和集团间各单位数据的对比分析，横向分析全集团所有公司的生产指标、成本、销售业绩等，实现多个单位的统一管理。

通过"企店"品牌门店连锁经营管理系统，实现连锁品牌肉店统一管理及数据监管，帮助精简管理人员的同时全方位管理门店。

基于监控设备及督导服务器设备的智慧门店巡店系统，实现总部对门店的随时随地远程监管、远程巡店、计划巡店；在线整改任务下发与反馈收集，解决连锁经营的人工到店巡店成本，有效提高巡店频次、效率。

依托农牧产业数智化服务平台，实施单位实现了产业链各环节的数智化，节省饲料消耗量3%~5%，人工成本减少10%，母猪生产效率提升5%~15%，采购成本节省2%~5%，整体效益提升5%~15%，企业竞争力显著提高。

案例十七 城水相融·一网相知——基于时空大数据的智慧水务应用实践

城市水务是支持经济和社会发展、保障居民生产生活的基础性行业。近年来，我国就推动城市水务发展和建设出台了一系列政策。2022年2月，国家发展改革委办公厅、住房和城乡建设部办公厅组织开展公共供水管网漏损治理试点建设，要求到2025年，试点城市（县城）建成区的供水管网基本健全，供水管网分区计量全覆盖，管网压力调控水平达到国内先进水平，基本建立较为完善的公共供水管网运行维护管理制度和约束激励机制，实现供水管网网格化、精细化管理，形成一批漏损治理先进模式和典型案例，公共供水管网漏损率不高于8%。2022年4月，住房和城乡建设部、生态环境部、国家发展改革委、水利部联合印发深入打好城市黑臭水体治理攻坚战实施方案的通知，要求到2025年，县级城市建成区黑臭水体消除比例达到90%。同月，住房和城乡建设部办公厅、国家发展改革委办公厅发布关于做好2022年城市排水防涝工作的通知，旨在打造"碧水蓝天"的目标。

水利工作总体包括供水、水资源管理、防汛防涝、水环境及水生态、水土保持、水文预测、水质管理、水利工程、山洪灾害、农村水利、城镇排水等。其中的水务数据，具备4V的特征：体量大（Volume）、类型丰富（Variety）、价值密度低（Value）和实时在线（Velocity），对于大数据处理技术应用有着迫切需求。同时由于水务基础设施大部分在地下，在监测预警、问题发现、应急处置上有一定困难，也因此对水务企业在大数据领域的创新发展提出了新的更高要求。

利用时空大数据城市大脑实现智慧水务应用，即通过计算模型和分析功能进行动态分析和模拟，及时发现水务领域的管网漏损、管网混接、入流入渗等问题；同时，关于规划管理、运行维护、升级改造和迁移重建等问题，为住建、水司、水厂、市政排水等管理部门提供可靠的分析依据和指导方案，助力智慧水务产业上下游联动。

1. 应用需求

（1）智慧水务应用需求。随着城市人口增加、城区供排水管网铺设长度增加、老旧小区地下管网缺乏更新，导致城镇生活污水处理量逐渐增加、雨污管网混接现象频出，同时造成城市内涝频发，阻碍城市正常运转。因此，为提高城镇生活用水生产能力和污水处理能力，需要实现源、网、站、厂、口管理模式的智慧化转型，对水务行业的运行数据、资产数据、管理数据进行信息化处理、可视化展示，进一步提升水务运行管理效率。

（2）时空大数据城市大脑需求。近年来，城市数字化转型升级，对于建设新型智慧城市提出了多元化融合、长效化运营、精细化服务的发展需求。时空大数据城市大脑不仅能够提高城市综合治理能力，也能够通过与城市水务数据的融合，快速推动水务信息化发展，发挥水务行业巨量异构数据的潜在能力，提升数据价值。

2. 架构与功能

图 3-5 是时空大数据城市大脑平台架构。

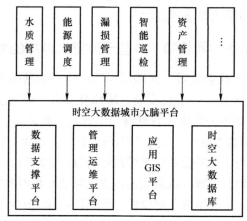

图 3-5 时空大数据城市大脑平台架构

（1）应用架构。基于时空大数据城市大脑平台的智慧水务应用架构分为数据支撑平台、管理运维平台、应用 GIS 平台和时空大数据库共 4 个部分。

1）数据支撑平台，是时空大数据城市大脑平台数据资源获取的来源，由物理服务器集群、网络设备、存储设备等硬件设施支持，利用实时数据计算存储、数据整合共享、分布式计算等关键技术，实现海量异构传感器数据接入。平台支持接入动态数据和静态数据，其中，动态数据包括：各类源、网、站、厂、口、河等的流量、液位、水质、雨量、视频等物联网数据；静态数据包括：管网数据、遥感数据、地形数据、模型数据、业务数据等。

2）管理运维平台，是时空大数据城市大脑平台高效稳定运行的保障，利用通用日志采集、业务驱动引擎、统一权限管理以及资源管控等关键技术，提供管理信息的一体化、可视化维护及展示，直观展现平台内各组件的实时运行态势，为平台运行决策提供数据依据，并对系统的访问权限进行统一的配置管理，确保平台的安全运行。

3）应用 GIS 平台，是地理信息数据可视化展示应用平台，利用统一的时空基准、时空数据一体化、二维三维一体化、地上地下一体化等关键技术，实现对多源异构、多尺度空间数据资源与主题服务的整合，为用户提供地理信息数据可视化展示及扩展开发 API。

4）时空大数据库，由基础地理信息、空间信息、智能感知、公共信息四大数据库组成，通过数据库结构设计及存储优化，实现基础地理信息、公共信息、智能感知、空间信息等数据的一体化管理，保证时空大数据城市大脑平台数据的准确存储和调用。

（2）应用模块。基于时空大数据城市大脑平台的智慧水务应用具备水质管理、能源调度、漏损管理、智能巡检、资产管理以及其他水务模块。

1）水质管理模块，利用大数据模型模拟水质特性，通过区域式监测和集中式监管方式，实现对水厂水质 7×24 小时连续监测和安全监管。

2）能源调度模块，根据管网关键点水质情况，优化调配各加压站出水比例，有效保障水质；实现"合理用水，按需分配，减少浪费"、用水压力整体联调、动态水平衡，实时监控水量消耗走向，防止跑、冒、滴、漏等不必要的损失，实现调度节能。

3）漏损管理模块，通过对管网漏点的主动检测，对流量和压力节点实施远程实时监测，利用监测数据与管网精细模型有机结合的数据分析对比，快速定位漏损点，大幅提高漏损点检出率，实现节水降耗。

4）智能巡检模块，结合 GPS、GIS 等技术应用，统一管理巡检数据，实时共享数据信息，实现全过程精细化管理，减少人员的重复性劳动，提高资源的利用率和工作效率。

5）资产管理模块，以基础地理图库和管线资源设施图库为背景，以供水管理资源属性数据为依据，实现各类供水资源的查询分析、统计预测、维护调度，为企业的经营决策提供翔实、准确、可靠的科学依据。

6）其他水务模块，包括管网淤堵分析、入流入渗分析、雨水管网模型治理、泵站联排调度、窨井安全、河道及闸站监测等功能模块。

3. 关键技术

（1）基于多源异构数据的清洗整合技术。智慧水务应用在处理大量多源异构数据时，需要利用高效、灵活、统一的清洗整合技术进行处理，以提升后续任务计算效率。该项关键技术通过预先设置数据源适配，匹配所有异构的数据源，通过处理函数及清洗规则的前置化，达到便于数据清洗整合的目的；通过分阶段运算将处理任务分解降级，提升数据清洗效率，进一步为后续数据计算形成统一规范。

（2）基于实时数据的流计算技术。智慧水务应用在处理源源不断的流式数据时，为满足实时运算、低等待、低延时等要求，需要利用一种快速、同步的实时数据流计算技术，处理核心运算任务，如流量、液位、位置坐标定位等。该项关键技术通过对时间和状态的准确控制，动态调整数据流大小和时间片，将数据计算方法和数据结构在内部进行处理，提高了计算速度，降低了计算延时。

（3）管网数据快速空间水力建模技术。由于城市时空信息数据具有海量、异构、复杂的特性，导致数字孪生形式的排水管网空间水力模型的构建效率低，同时，模型内置的数据结构复杂、冗余，对于模型的精度要求较高。为解决上述问题，采用了模型数据多维简化处理及构建保真模型简化算法，形成贴合本地化"点-线-面"多维水力时空数据城市信息模型（City Information Modeling，CIM），将建模效率缩短至一个月以内，建模后水力模拟的连续性误差在 1% 以内。

4. 场景应用效果

（1）供水方面。成果自 2022 年 6 月 1 日在某供排水公司正式部署以来，已经对 2 座水厂、30 个泵站、700km 供水管网进行了动态数据监测和分析预警。全面降低了该市供水漏失率和供水产销差，经测算，供水产销差已经由 2019 年的 43% 降至 12.9%，水费营收增加了近 400 万元，水网维修率降低了 75%，成本降低了 300 万元左右。同时，由于建立了多区域无人值守泵站，人员成本逐步降低，企业负担逐步减轻，每年可减少市政府直接拨款 500 万元以上。

（2）排水方面。成果自 2020 年 10 月在三亚应用以来，已经对 1531km 范围内的雨污水管网运行状态进行连续两年的实时监测和分析。通过智慧水务应用分析，共发现管网破损 70 余处，并根据管网图对管网修补工作提供清晰明确的指导，便捷查找破损管网所在路段，及时发现高危管网所在路段的隐患问题，为城市管网治理年节省经费百万余元，有效提升城市排水管网治理效率，辅助提升城市水环境水平。

（3）水系与水利方面。成果自 2020 年 4 月在吉林市正式投入使用以来，系统经过 3 个完整汛期的使用和水雨情模型率定，系统预报精准度达 90% 以上，为决策者指挥吉林市 8 座中小型水库泄流提供科学数据支撑，全面掌握区域内的降水量、来水量、泄水量，及其影响范围，并提供相应有效的应对措施，初步解决了灾后救助向灾前预防转变等关键问题。

5. 实施流程及关键节点

一般落地实施周期为 9 个月左右，包括方案设计、需求分析、软件设计、软件实现、测试验证、集成调试、运行验证，共 7 个阶段。图 3-6 是实施流程及关键节点示意图。

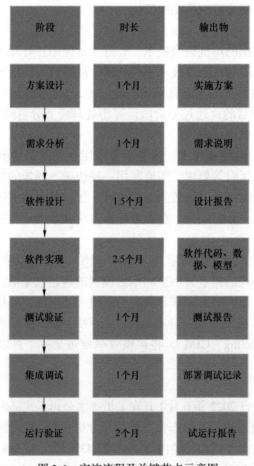

图 3-6　实施流程及关键节点示意图

（1）方案设计阶段。主要进行项目的整体分析、技术论证、实施过程的设计。

（2）需求分析阶段。结合项目的区域特点、水务政策特点、已有信息化程度，对整体水务业务流程进行软件需求梳理与分解。

（3）软件设计阶段。根据需求分析成果进一步设计，形成软件实现的设计输入。

（4）软件实现阶段。根据设计实现软件各个分、子系统的编码；根据软件功能准备项目所需的管线数据、水务物联网数据；建立水务管线模型。

（5）测试验证阶段。使用准备完成的数据，结合完成编码的软件和模型，进行功能、性能、精度等指标的验证，并进行问题修复。

（6）集成调试阶段。将软件、模型、数据等部署至项目运行环境中，进行集成、配置与调试。

（7）运行验证阶段。待全部开发与集成工作完成后，在项目实际运行环境中进行系统试运行，验证整个项目的准确性、稳定性等。

6. 实施过程遇到的典型问题及解决方案

数据质量是实现智慧水务的关键因素之一。智慧水务应用的数据包含供排水设施的空间、属性以及运行维护管理等方面的数据，存在数据种类繁杂、结构不统一、数据缺失等问题，且数据收集过程耗时长、难度大，难以保证数据质量，在项目前期，会对实施进度和系统建设造成较大影响。为提升数据质量，项目实施过程中，根据项目建设需求，明确建立数据标准，按结构分类处理，制定不同结构数据的统一转化和检查流程，采用"人工＋软件工具"的半自动化处理方式进行深度融合处理，既提高了处理效率又保证了数据质量。

第二节　工业数字化转型与智能制造工程

截至 2020 年，中国拥有世界 500 强制造企业中的 61 个，排名世界第一，但平均利润率远远低于美国、英国、瑞士等国家，反映出我国制造业虽具有规模优势，但并未拥有高溢价能力，核心竞争力仍需提高。在全球企业数字化转型的浪潮中，制造业作为大国经济的支柱性产业，其数字化转型的战略和路线成为关注重点，美国、欧盟、日本相继发布工业数字化指导文件。中国制造业企业必须加速探索数字化转型之路，以提升平均利润率。

工业企业通过数字化转型，在产品研发、品牌传播、渠道建设、售后服务等环节打造营销创收闭环，可从原先的"卖产品"转型至"卖产品加服务"。但由于工业企业、制造业企业在行业发展、自身建设水平、资金状况等方面存在差异，以及组织、业务、产品和价值链的复杂性，为其数字化转型带来诸多挑战，在数字化转型进程中，该如何起步推进深化，成为企业面临的问题。

本节选取涉及新材料、消费品、装备制造、电子信息行业的生产、制造、管理环节的实践案例。

案例十八　基于工业大数据的玻璃新材料生产创新应用实践

当前，以大数据为代表的新一代信息技术持续深度融入经济社会，推进工业等实体经济数字化转型。2020年，工业和信息化部发布《建材工业智能制造数字转型行动计划（2021-2023年）》（工信厅原〔2020〕39号），要求加速促进建材工业与新一代信息技术在更广范围、更深程度、更高水平上实现融合发展，促进建材工业转方式、调结构、增动力，加快迈向高质量发展。

玻璃新材料是一种新型材料，应用场景非常广泛。在大数据与工业深度融合的背景下，玻璃新材料企业建设大数据平台，运用大数据、人工智能、物联网等新一代信息技术分析数据，有利于解决当前行业内存在的多源异构数据采集难、工业机理模型沉淀能力弱等难题，有利于推动玻璃生产走向标准化、规范化、精细化，有利于开展数据驱动的研发、采购、制造、生产、销售和服务等全过程管理，助力企业数字化、网络化、智能化转型，推动整个玻璃行业实现质量、效率、利润提升。

1. 玻璃新材料大数据平台

玻璃新材料大数据平台可应用于显示玻璃、优质浮法玻璃、新能源玻璃三大类产品，提供数据归集、存储、分析、可视化功能，助力实现智能制造、产品优化、行业高质量发展。

（1）智能制造。平台可对生产设备、生产过程等数据进行采集，并实现持久化存储数据。通过对生产设备的运行状况等数据加工、分析，并与机器数据对接，平台可提前预测、快速诊断故障，从而大幅提高生产设备运行效率，帮助企业实现生产柔性化、排产智能化。

（2）产品优化。平台可连接已出售的玻璃产品，采集实时数据、存储历史数据，并通过数据计算、对比和分析，一方面，确认产品的安全性、可靠性、使用状况，提前预测故障，优化售后服务；另一方面，挖掘数据价值，发现产品最优参数，从而改进产品设计，优化生产工艺，提高产品质量。

（3）行业高质量发展。平台可采集和分析玻璃产品的全生命周期数据，并提供便捷、易用的资源管理界面，助力整合行业数据资源，构建行业主数据系统，完善行业产品标准，推动玻璃行业研发、生产、售后的智能化、透明化。

2. 平台方案架构

玻璃新材料大数据平台包含四层架构，分别为边缘计算层、IaaS层、PaaS层和SaaS层。其中，边缘计算层提供生产设备、物联设备的泛在连接，具备秒级接入能力；IaaS层提供主机、网络等弹性支撑，能够支持计算、存储、网络等基础管理；PaaS层提供业务和应用弹性扩容，向上层应用提供二次开发工具、大数据深度集成和演化算法组件，通过数据治理和分析并叠加机器学习实现智慧工厂全生命周期的智能联动；SaaS层提供云部署的管理类、研发类、工程类、生产类等一系列工业APP，满足玻璃新材料行业的研发设计、工程服务、生产管控、经营管理等应用的快速集成和高效管理要求。图3-7是玻璃新材料大数据应用平台的总体架构。

3. 场景应用效果

（1）应用案例一："二代浮法"玻璃智能生产线。某玻璃企业搭建的"二代浮法"玻璃智能生产线大数据平台，对玻璃产品全生命周期数据进行分析，实现了生产运营可视化、集成化、协同化、自动化、数字化，有效提高了企业效率，降低了成本。图3-8是河南中联玻璃有限公司数据平台示意图。

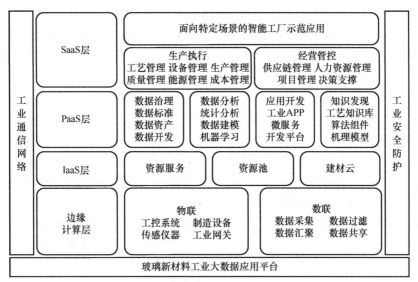

图 3-7　玻璃新材料大数据应用平台的总体架构

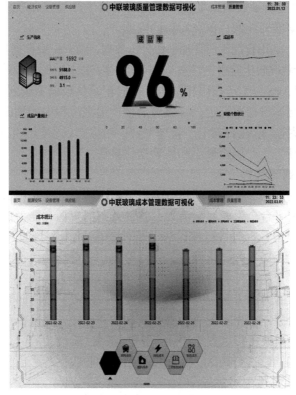

图 3-8　河南中联玻璃有限公司数据平台示意图

1）数据采集与存储。建立数据中心，采集原料、熔窑、热端、公用工程等全域数据，打破各分布式控制系统的数据孤岛，解决数据不出车间的问题。

2）产品质量优化。运用大数据及人工智能算法，将产品质量实时数据进行清洗，分析产品缺陷并与历史生产数据关联，自动形成产品缺陷分析报告，为产品质量优化提供数据分析和决策辅助。

3）生产过程优化。聚焦智能设备群、生产线、车间等制造现场，通过建立数据诊断系统，实现提前故障预警、故障原因历史追溯、生产报表自动生成，进而优化了整个生产过程，比如，很好地解决了人工手抄报表出错率高及人工报警滞后等问题，提升了生产效率。

4）运营优化。运用大数据平台打通设计、管理、供应链等企业运营各环节的数据，开展大数据挖掘分析，为管理层提供精准的分析决策数据，为执行层落实公司决策、优化运营流程和环节，提供高效的数据依据。

（2）应用案例二：新能源玻璃材料流程型智能制造。某新能源材料公司的智能工厂通过对车间总体设计、工艺流程及布局进行数字化建模，运用基于工业现场感知的数据集成技术，搭建集车间制造执行系统（Manufacturing Execution System，MES）、高级计划与排程（Advanced Planning and Scheduling，APS）数据采集和监控系统（即智能调度中心）为一体的智能工厂管理平台，实现了流程型智能制造新模式应用。

1）采集数据。通过质量数据采集接口，自动采集生产过程和产品的质量数据，解决手工台账工作量大、数据准确性低、信息滞后的问题。

2）生产计划控制。运用智能工厂管理平台分析数据，结合模型数据与APS生产计划进行数据集成展示，实现生产状况同步监测，解决人工排产与生产线信息滞后导致的订单误差问题。

3）生产追溯。将APS与生产扫码相结合，扫码记录从玻璃下线到出库环节的流程明细，同时将玻璃生产信息与客户订单绑定，解决玻璃生产追溯过程中的溯源问题。

4）全过程集成管控。依托智能工厂管理平台，对生产设备的全生命周期进行数据分析，以保障设备利用率最佳、生产风险最小和体验迭代最快。

4. 实施流程及关键节点

本项目总体建设周期为2年。本项目分为以下六个阶段。一是项目准备阶段，充分发挥安徽省玻璃工业互联网平台全要素、全流程、软硬兼备的资源和能力优势，对项目需求、总体架构、组织管理、风险管理等进行探讨和分析；二是方案设计阶段，根据用户需求不同，设定不同的用户角色，并提供差异化服务，设计形成切实可行的执行方案；三是平台搭建阶段，初步完成大数据平台的设计和搭建，吸引外部资源和能力上线运行，实现资源的云端共享、供需的云端对接、能力的云端协同；四是开发测试阶段，按时间要求完成平台的开发和测试。五是系统接入阶段，首先对行业内生产线系统开展接入测试，再开展应用试点，对生产线过程管理的各功能模块进行试点应用；六是总结调试阶段，测试二次开发功能，形成测试工业APP，对发现的问题进行调试，完成项目结项和验收。

5. 典型问题和解决方法

（1）数据采集难及解决方法。玻璃行业存在设备品牌类型繁多、产品数据接口及支持协议各异、工业生产系统数据采集形式不一等问题。

解决方案：一是直接联网采集，高端工控系统利用自带的用于数据通信的以太网口，通过不同的数据传输协议，实现对工控设备运行状态的实时监测；二是工业网关采集，对于没有以太网通信接口，或不支持以太网通信的数控系统，借助工业以太网关的方式连接工控设备的 PLC 控制器，可实现对设备数据的采集；三是远程 IO 采集，对于不能直接进行以太网通信，又没有 PLC 控制单元的设备，可通过部署远程 IO 实现设备运行数据的采集。

（2）数据上云难及解决方法。生产过程数据属于严格保密数据，在无授权基础上无法上传到云端进行计算。

解决方案：建立基于私有云和公有云混合架构的资源整合和全流程数据采集监控平台，如图 3-9 所示，有效解决上述问题。一方面，边缘智能网关产品保证了端到端的一体化解决方案，形成了端与云的无缝衔接；另一方面，整个企业网依靠边界路由器和中心防火墙与外网隔离。中心防火墙同时分隔了企业资源层的不同区域：安全域 1 为 DMZ 区域，对外网提供公共的 Web 服务、Email 服务等；安全域 2 为企业运营资源区域，主要包括财务、供应链等业务；安全域 3 为生产管理层，主要负责业务生产的安排调度等，依靠防火墙和企业资源层、过程监控层隔离；安全域 4 为过程监控层的集中过程监控部分，依靠安全交换机和现场控制层及现场设备层的安全域分隔。不同的厂区或车间可以独立划分安全域，类似图 3-9 中的安全域 5、安全域 6 和安全域 n 等。

（3）数据类型少及解决方法。由于设备老旧，现有的 DCS 中采集的设备参数及工艺数据不能满足设备监测及工艺指导的要求。

解决方案：一是对部分设备进行智能化改造，针对不同设备的问题，加装对应传感器，读取压力、电流、温度、振动、油温、流量等相应设备参数；二是引入新型 5G 工业模组，在 5G 工业模组基础上融合 PLC/SCADA、TSN、IPv6、物联网、边缘计算和 AI 等技术，开发新型工控网关，将原来 PLC、DCS、FCS 收集的底层的生产装备、传感器、模拟量、开关量等参数，汇总到车间的现场总线，推动工业互联网扁平化、IP 化、无线化，实现 IT/OT 的无缝融合。

（4）离线检测数据采集难及解决方法。离线检测的数据无法实时采集，手工录入工作费时耗力且不够精准，数据严重滞后。

解决方案：依托玻璃新材料行业标识解析二级节点，建设产品全生命周期品质管理平台，为解决这一难题提供了可能。产品全生命周期品质管理平台将数字化手段覆盖供应链、产业链全过程，实现订单、原材料、生产、质量、物流的数据融通，帮助管理者跟踪掌握产品从原材料到半成品、成品、出货、安装的全过程数据，实现产品全生命周期数据管理。

6. 实施效果

本项目建设知识与设备仪器资源库，通过将行业内积累的工业知识、业务经验进行固化，形成可复用的资源池，实现数联知识经验实时共享和玻璃新材料行业工业资源共享，提升传统玻璃材料的产品附加值，实现提效降耗。多家试点示范企业的数据显示，产品制造周期缩短 5%，运维成本降低 2%，资源综合效率提高 3%。

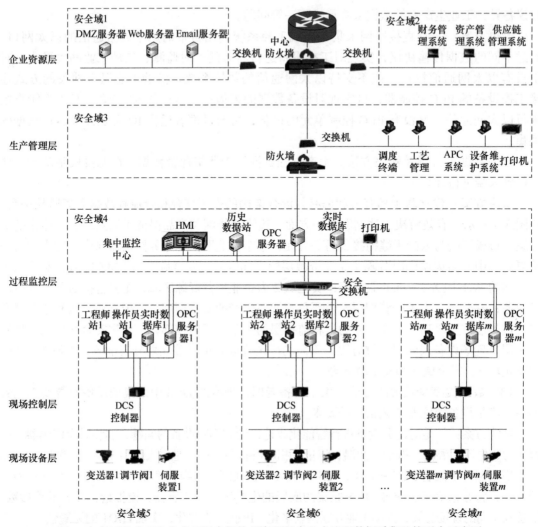

图 3-9　基于私有云和公有云混合架构的资源整合和全流程数据采集监控平台示意图

案例十九　汽车制造工业物联网平台设计与实践

汽车产业是国民经济的重要支柱产业，工业物联网贯穿汽车制造全生命周期各环节，是实现操作技术与信息技术深度融合，实现设备、控制、工厂、企业互联互通的核心基础。当前，汽车制造工业物联网技术长期被国外工业软件巨头垄断，国内自主工业软件严重缺失。汽车制造工业物联网技术过度依赖国外软件，意味着产业活动只能沿着国外的知识体系、技术路线、设计思想和管理经验进行，不利于我国汽车工业技术的创新和积累，高端化转型路径受阻，对我国汽车制造业发展造成严重影响，亟需突破工业物联网技术，寻求可持续发展的最佳技术方式。

1. 应用需求

虽然汽车制造业自动化和信息化程度显著高于其他制造业,但在传统汽车制造生产过程中,由于各类设备生产厂家不同,通信协议多样化,相互兼容程度低,制造系统各类数据异构情况显著,难以实现设备数据的互联互通与融合应用,造成不同应用主体之间的数据孤岛现象突出、实时交互水平低,难以做到统一的数据管理、数据应用和决策分析,继而难以提升数字化、智能化的生产运营管控能力,阻碍汽车制造产业数字化转型发展。

通过搭建跨异构平台与网络数据交互的汽车制造工业物联网平台,攻克汽车制造装备多种协议兼容解析、多源异构数据融合、多系统主体数据实时交互等共性技术难题,以标准协议兼容机制和智能网关协议转换方法,形成了汽车制造产线关键设备的数据融合中间件技术,应用于汽车制造企业的工业数据采集、数据分析、数据服务等物联场景,为MES、ERP等生产制造业务系统提供了工业物联服务,为汽车和其他离散制造企业的生产数字化和运营管理智能化提供工业物联网技术保障。

2. 落地场景方案架构

汽车制造工业物联网平台采用微服务架构,针对汽车工业物联网设备和数据采集的自身特点,搭建虚拟化容器部署、大数据存储和集群管理的底层基础,支撑数据治理、建模和计算分析,提供数据实时采集、批量采集、作业调度、代理组件和集成接口,可采集的数据类型包括设备数据、服务数据、试验数据、能耗数据、材料数据、生产数据等,支持汽车四大工艺生产场景,可提供数据查询、数据可视化大屏展示等服务,形成数据交换、数据生命周期管理、实时数据仓库、数据规则引擎、算法支持等能力。图3-10是汽车制造工业物联网平台架构。

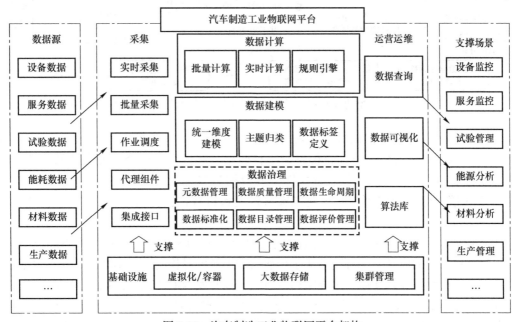

图3-10 汽车制造工业物联网平台架构

3. 关键技术

（1）汽车工业标准协议解析机制。汽车制造行业具有工艺复杂度高、设备种类繁多、生产节奏快等特点，在原有生产线、设备、系统上进行不断的改造升级是常态，因而导致了生产过程中通信协议多样、数据采集实时性差等问题，随着汽车智能制造、数字化运营的要求越来越高，这一问题已经成为汽车工厂数字化转型的瓶颈障碍。

通过研究近 20 种主流通信协议机理及特点，提出了汽车工业标准协议兼容解析机制和智能网关协议转换技术，如图 3-11 所示，将通信协议的特点虚拟化，按需配置，实现了不同场景下处理资源的最优配置，提高了部分关键事件响应的时效性。研发了专用组态软件，实现通信解析，兼容解析 GMSL/HDMI/CAN/CAN-FD/ 千兆以太网等汽车主流通信协议，能够覆盖汽车制造领域的数据采集需求。图 3-12 是线体组态页面 1 示意图，图 3-13 是线体组态页面 2 示意图。

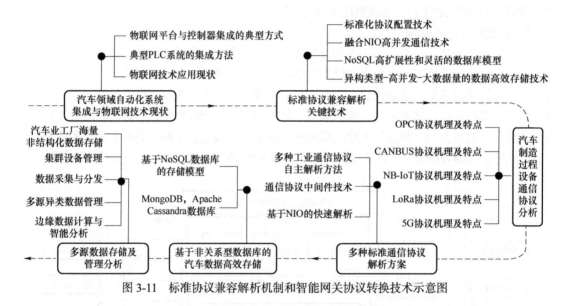

图 3-11　标准协议兼容解析机制和智能网关协议转换技术示意图

提出兼容多数主流协议的标准化配置方法，将协议拆分为模组协议和设备协议，由相应的模组协议和设备协议分别解析终端上行数据，解析结果再合成为完整的终端数据。设定协议配置规则，以 XML 节点方式拆分各数据类型字段，针对设备数据长度不固定、协议小众的情况保留相应接口，实现二次自定义解析数据，提高通信协议的兼容性和扩展性。

（2）数据融合中间件技术。随着数字化业务下沉到边缘层，工业数据采集的能力将直接影响数字化转型的成果。为解决集成平台底层数据源的异构问题，实现底层异构数据的融合和真正意义的数据互联互通、集成应用，研究了高并发 NIO（Non-blocking I/O，NIO，在 Java 领域，也称为 New I/O）、数据解析、数据融合存储等技术，提出基于语义模型的数据映射方法，形成面向多源异构数据的数据融合中间件技术，通过设备驱动程序将真实的设备映射为逻辑上统一的标准化设备，包括数据转换、协议转换和安全认证，以屏蔽不同设备厂家或遵循不同标准形成的同类设备异构，在靠近设备或数据源头的网络边缘侧进行数据预处理、存储以及智能分析等，形成物联网数据融合中间件解决方案。图3-14是面向多源异构数据的数据融合中间件示意图。

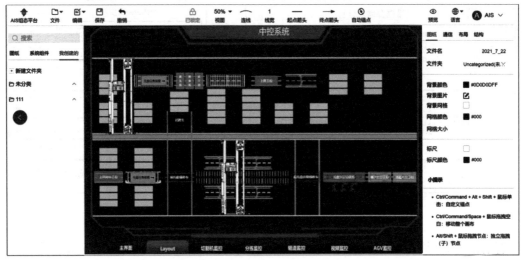

图 3-12　线体组态页面 1 示意图

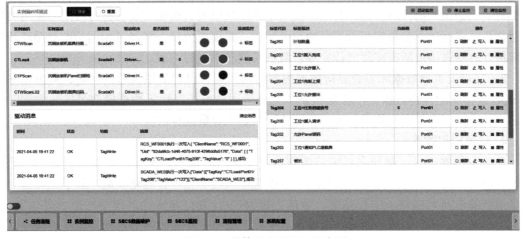

图 3-13　线体组态页面 2 示意图

1）针对汽车制造环境中数据海量、高并发的特点，提出了高并发 NIO 处理方法，面向结构化数据、非结构化数据、实时数据等，向下协调整合各类型数据库，向上为数据应用层提供统一的数据模式和接口。平台提供必要的数据转换功能，进行数据与 XML 格式的相互转换，将数据存储到XML数据空间中，维持XML数据空间与各异构数据源之间的映射关系。

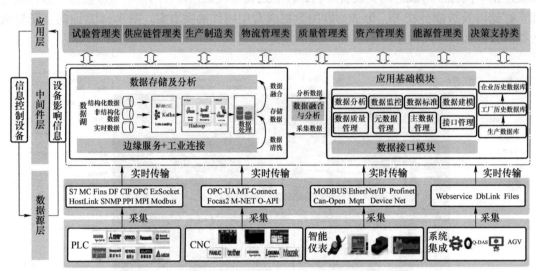

图3-14 面向多源异构数据的数据融合中间件示意图

2）针对汽车制造装备数据的强实时性要求，提出了数据快速解析进程方法。在数据解析进程开始前，所有正确配置的协议会以协议对象的形式加载到内存里，模组/设备管理器在解析数据时先找到相应的协议对象，进而使用该协议对象对数据进行解析；终端上行数据首先经过模组协议，循环读取和解析，直到该协议所有字段已读完；如果数据长度不足，退出循环并且记录当前读取步骤，为下一次数据长度足够时解析做准备；经过模组协议所有的步骤之后，将设备部分数据交给设备协议去解析，跟模组协议一样经过相同的流程循环读取和解析，直到该协议所有字段已读完或者数据长度已不足时结束。

3）针对关系型数据库多源异构数据类型结构固定、自动扩展性差的问题，提出了基于NoSQL数据库的异构数据灵活存储机制，充分运用高可扩展性、数据模型灵活的数据库特点，满足异构、高并发、数据量大、读写速度快的工业数据存储需求。

4. 场景应用效果

（1）应用案例一。某知名机械装备制造企业是国内领先的工程机械制造企业，小挖产品是其拳头产品，小挖产品生产线利用平台推进生产数字化和智能化改造。基于大数据分析为小挖产品生产线提供了中控系统，承接上游MES计划订单来指导现场按指令进行生产、反馈生产进度、提高生产透明化。小挖产品中控系统与生产线体内的自动物流设备调度系统集成，实现生产业务流和物料流融合，推进数据驱动的业务分析。小挖产品中控系统与生产线的小中控系统或设备集成，在自动化基础上打通生产业务流和数据流，作为一套承上启下的系统，为上位MES集成提供数据。图3-15是应用案例一的业务流程图。图3-16是应用案例一的平台应用图。

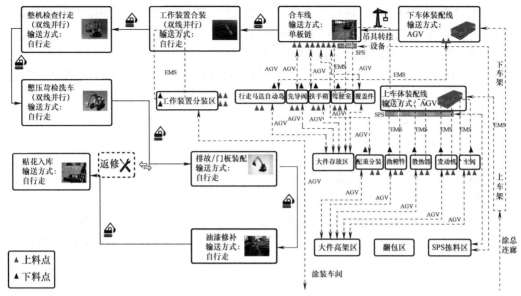

图 3-15 应用案例一的业务流程图

图 3-16 应用案例一的平台应用图

小挖产品组装车间已配备有智能立体货架、自动拧紧机、有轨制导车辆（Rail Guided Vehicle，RGV）自动流水线、MES、自动导引运输车（Automated Guided Vehicle，AGV）物料输送系统、射频识别（Radio Frequency Identification，RFID）自动报工系统等生产设备及系统，通过汽车制造工业物联网平台提供数据采集、串联、分析、应用、集组装、调试、整机修补等功能为一体，实现了数据的集成应用和工艺流程合理完善。目前，小挖产品组装车间生产线已跻身亚洲最先进的挖机组装车间之一。

（2）应用案例二。某商用车制造企业新建轻型系列载货汽车及部分中型载货汽车制造基地（以下简称"基地"），具备年产十万辆的生产能力，基于工业物联网技术搭建了企业的总装中控系统，主体建设内容包括：

1）数据集成：总装车间产品数据、工艺数据、设备数据、检测数据、生产数据的数据采集服务。

2）数据融合：跨车间、跨系统数据的融合利用。

3）数据透明化管理：产品全生命周期信息管理。

4）与基地现有制造运营管理（Manufacturing Operation Management，MOM）系统深度集成应用。图3-17是应用案例二的业务架构图，图3-18是应用案例二的数据功能图。

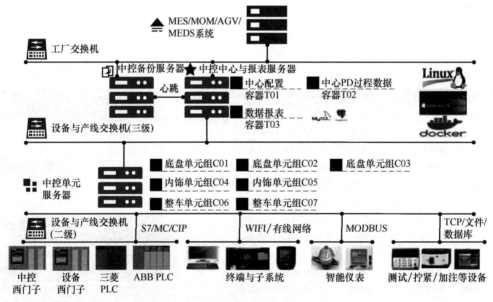

图3-17　应用案例二的业务架构图

该基地总装车间已实现多种设备互连、可视化展示监控、全局追踪、容器化部署、单元式控制、自有驱动对接的功能，对总装生产过程和设备运行状态实现全流程记录、图形化展现、设备实时监控，实现全工厂关键生产装备的数据连接，满足高并发、强实时、多源异构的生产数据集成要求。设备互连已涵盖总装车间加注、轮胎拧紧、主控PLC等11个科目、51种交互、1931行通信规则，中控系统可有效提升总装车间运营管控能力，有效提升了该基地数字化车间整体运营水平。

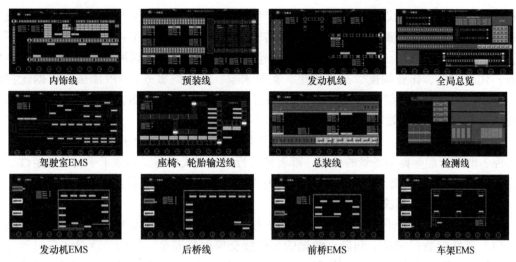

图 3-18　应用案例二的数据功能图

5. 实施流程及关键节点

汽车制造工业物联网平台的实施流程主要按照"技术架构设计、技术体系建设、平台搭建过程、场景验证方式"的逻辑路线，开展平台研究与开发，平台总体实施流程如图 3-19 所示。

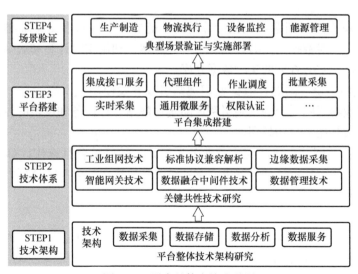

图 3-19　平台总体实施流程图

（1）技术架构设计。面向汽车生产制造环节的生产装备、传感器、关联系统等，面向高并发、海量数据的未来需求，构建数据采集、数据存储、数据分析、数据服务共四层体系的整体技术架构。

（2）技术体系建设。主要突破汽车制造工业物联网关键共性技术体系，包括标准协议兼容机制和智能网关协议转换、汽车制造生产线关键设备的数据融合中间件技术等，通过边缘侧设备的实时连接和感知，实现实时数据传输与网络资源自适应分配。

（3）平台搭建过程。采用微服务架构搭建统一集成的工业物联网平台，建立集成接口服务、代理组件、作业调度、批量采集、实时采集、通用微服务、API 服务、数据迁移服务、协议配置、对象存储、权限认证等平台通用服务工具，为 MES、ERP、EMS 等生产制造独立业务系统提供高效数据支撑能力。

（4）场景验证方式。通过对汽车及其他机械制造类型企业的生产制造、物流执行、设备监控、能源管理等典型场景的验证，部署试运行以及正式运行，验证了平台的稳定性、有效性、适用性。后续不断打磨平台，更好的为用户提供工业物联网服务。

6. 面临的问题及解决方案

本案例在研发和验证过程中面临了一定的技术问题，在不断尝试中寻求问题解决方案。

（1）高性能数据交换。问题：数据的高性能交换面临安全、异构、巨量和高时效等问题，这是工业物联首先要突破的关键瓶颈。解决方案：依托大数据技术提供海量、异构、高时效采集交换的数据处理能力。

（2）数据生命周期管理。问题：数据链路长、数据不统一，难以提升数据质量、数据治理是数据处理平台建设的主要限制因素。解决方案：通过数据治理、主数据管理、数据质量管理以及数据抽取、转换和加载（Extraction-Transformation-Loading，ETL）等工具的研发实现数据全生命周期管理。

（3）实时数据仓库。问题：数据计算的高性能要求存在众多交叉难题，传统数仓已无法满足现今工业应用对数据的高时效响应。解决方案：利用实时计算和规则引擎实现数据实时计算、实时归档、实时查询的实时数据仓库。

（4）数据规则引擎。问题：数据处理规则引擎开发使用成本高、有一定技术门槛。方法：通过适配工业物联网平台的规则引擎产品实现数据计算任务和逻辑的界面化、参数化等简易操作来提升大数据平台的易用性。

（5）算法支持。问题：算法与实际业务场景无法较好结合且迭代计算效率低，算法结合数据技术与业务需要紧密结合。解决方案：经典算法集成、分布式计算引擎助力、提升算法与业务集合紧密性。

7. 实施效果

汽车制造工业物联网平台自 2021 年 10 月研发并逐步在制造企业全面推广以来，已为 10 余家制造型企业提供工业物联网整体解决方案，完成了 TB 数量级的数据采集与应用，平台管控车辆达到 100 万辆级。经平台实施前后效果对比，生产效率较之前提高了约 5%，物流及仓储成本降低了约 10%，全面提升了汽车制造装备的工业物联能力，实现在该领域工业软件国产化率，加速了汽车产业的数字化和智能化转型升级。

案例二十　面向电力装备制造业的大数据平台关键技术研究与应用

电力装备制造行业作为国家基础设施建设中的重要一环，是国家推进数字化转型、发展和提升智能制造能力、推动能源数据统一汇聚与共享应用的重点。

本案例以国内电力装备制造骨干企业平高集团的数字化转型实践为线索,梳理了电力装备制造行业大数据平台建设关键技术研究,展现了大数据平台对于该企业数据资产管理、各专业领域业务处理和分析的支撑作用。

为抓牢数字化转型机遇,该企业高度重视数字化系统建设,先后建成企业资源计划管理、产品全生命周期管理等企业级信息系统,以及协同办公、财务管控、客户关系管理、供应链管理、安全质量管理等数字化系统,在支撑业务开展同时积累了大量的数据。随着企业精益化管理需求不断增加,企业数字化建设也面临了新的挑战。企业内部缺少业务运营体系,指标监控系统难以实现自动化调整优化;缺少数据质量评估机制,业务数据在数据质量的完整性、唯一性等方面存在问题。企业作为电力行业重要供应商,与电网公司等外部企业交换海量的生产制造数据及设备运行数据,用以支撑质量追溯、设备管理、远程运维、缺陷预测等工作,对数据共享需求迫切。

1. 平台总体架构

大数据平台建设采用数据贴源层、数据模型层和数据集市层的三层架构。其中,数据贴源层是源端业务数据的存储区域,同时也是模型层和集市层的数据源,是未来数据中心的数据存储中心。数据模型层的核心任务是计算数据和为应用场景提供数据服务,通过接收来自数据贴源层的业务数据,经计算处理后,将结果数据提供给数据集市层,同时数据模型层也兼顾数据共享的任务,是未来数据中心的计算中心。数据集市层的核心任务是获取来自数据模型层的结果数据,支撑上层应用场景。为满足小应用需求建设,需要在数据贴源层部署MySQL数据库来满足小应用需求的开发。平台整体架构如图3-20所示。

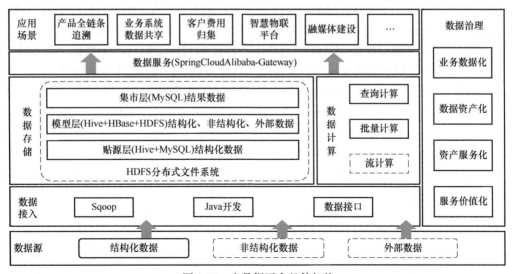

图3-20 大数据平台整体架构

2. 所采用的关键技术

平台建设采用分布式技术架构,主要包括分布式存储组件、分布式计算组件、资源统一调度组件，通过分布式架构将计算分配到多个节点进行处理以提高数据处理的效率和可用性。该架构的可扩展性可以保证随着数据业务增加，只通过添加节点到集群即可完成总体存储和算力的扩容。通过数据的分片和多副本存储，可以减少存储资源占用并保证数据安全。在资源分配上，将计算与存储贴近，减少数据搬运，提高计算效率，降低能耗。具体涉及的技术如下。

（1）分布式文件存储技术。HDFS 是一种高可靠性、高可扩展性和高性能的分布式文件存储技术，适用于存储和处理大规模数据集。HDFS 通过将文件分成多个块并将这些块分布在多台计算机节点上来实现分布式存储。每个块的默认大小是 128MB，但可以根据需要进行调整。

1）为了实现高可靠性，每个块都有多个副本存储在不同的节点上。这样，即使某些节点发生故障，系统仍然可以从其他节点恢复丢失的块。

2）HDFS 还具有高可扩展性，因为它可以轻松地添加更多的节点来扩展存储容量和吞吐量。这种高扩展性使得 HDFS 非常适合存储大规模数据集，例如日志文件、传感器数据、图像和音视频文件等。

3）为了实现高性能，HDFS 采用了一种流式数据访问模式，即在一次读或写操作中处理整个块而不是逐个字节或逐个文件访问。此外，HDFS 还使用了数据本地性原则，即尽可能将计算任务分配给存储块所在的节点，以避免网络传输带来的延迟和瓶颈。

（2）异构数据交换技术。异构数据交换是一种将不同类型、结构、存储位置的数据在不同数据库之间进行同步的技术。平台所采用的 ETL 工具及运行环境支持连接多种数据库、多种格式文件、流数据等，为数据平台扩展性提供保障。它支持数据管道式处理，从源数据库获取数据后，可以进行数据流检测、过滤、去重、替换、拆分、排序、行列转换等各种数据清洗、计算操作；支持将结果集输出到数据库、大数据平台、文件等；支持可视化编排，便于开发人员将数据处理流程中的各个步骤按照处理逻辑构建为数据处理流程，支持串行、并行、流程判断等高级特性；支持批处理作业调度，可设置作业的重复模式、时间间隔等，任务执行过程提供可视化图形界面，方便查看作业执行记录和结果。该工具也与 Hadoop 大数据平台深度集成，支持直接读取和写入 Hive、HBase、HDFS 等。其运行环境支持集群部署，不仅保证了大量数据抽取处理过程的效率，同时也提高了系统整体的可用性。

3. 场景应用效果

（1）应用案例一：客服业务运行监控平台。通过大数据平台，由数据平台采集 CRM、移动 APP、ERP、财务管控等业务系统的相关数据，按照需求构建数据模型，建设统计分析功能，涵盖现场费用申请明细、委拖外用工申请记录、现场人员轨迹等功能，同时可以关联工单来展示实际差旅费用、物料费用、小额费用等各项费用指标数据。依靠数据支撑，改变了客服中心难以掌控售后服务成本、无法精准管理现场人员的困境，提升了售后服务管理工作的效率。通过该场景贯通客服业务链的最后"一公里"，实现安装维修单个事件与其他费用精准挂钩，费用归集效率提升 700%，充分发挥了数据中心"显示器"作用，为客服管理决策提供科学依据。图 3-21 是客服业务运行监控平台示意图。

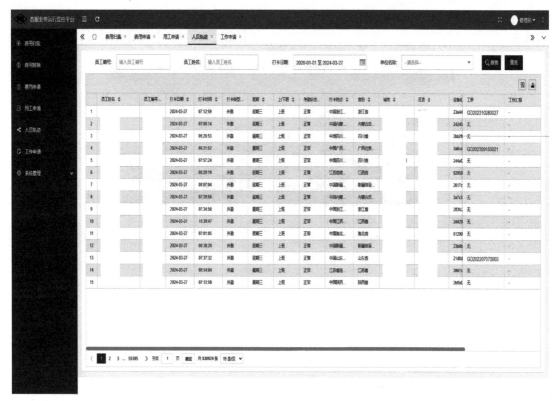

图 3-21 客服业务运行监控平台示意图

（2）应用案例二：新产品样机试制管理系统。依托大数据平台开发新产品样机试制管理系统，开发数据模型 2 个，节约系统接口 2 个，实现新产品样机试制管理和生产成本标准化评价、测算等功能。通过大数据平台支撑新产品样机试制业务，解决了信息传递不畅的问题，综合提升管理效率 100%；信息收集平均时间从每次 1h 降低至 40min；统计费用及物料数量所需平均时间由每次 2h 降低至 0.5h；物料信息查询平均时间从原有每条 3min 降低至 20s。图 3-22 是新产品样机试制管理系统示意图。

（3）应用案例三：科技共享管理平台。平高集团科技管理平台，共开发数据模型 8 个，节约系统接口 2 个，实现了对电力行业动态、内外部专家团队、科技成果、科技信息制度等约 500 条信息的发布共享，同源数据自动导入，实现研发进度可视、情报搜集、科技成果共享共用、标准化信息共享等功能。系统一键登录，记录科技项目全生命周期信息，可做到关键节点监控、精准管控、一键查询，具备数据统计、分析及报表生成功能，满足集团各级管理主体重点监控、计划可控、可视化查阅需求。图 3-23 所示为平

图 3-22 新产品样机试制管理系统示意图

高集团科技共享管理平台示意图。

图 3-23　平高集团科技共享管理平台示意图

4. 实施流程及关键节点

（1）数据平台技术选型。数据平台选型因素要考虑业务需求、功能与性能表现，以及产品的成熟度、扩展性、成本评估等方面。

1）业务需求方面。考虑企业现有源业务系统的数据库类型、数据量，以及对现有数据库系统的兼容性，其次是业务融合、业务场景应用、计算分析能力等需求。

2）功能和性能表现方面。要考虑数据平台对于结构化、非结构、文本类型等各类数据的存储支持，并确保在高并发压力的环境下各项指标仍保持正常。

3）产品成熟度方面。要考虑数据库的市场占有率与技术生态。

4）扩展性方面。要考虑随着未来业务的扩展，系统在内存、硬盘以及集群扩展等方面应该具有良好的伸缩性，支持灵活配置。

5）成本评估方面。要考虑商业版和开源版数据库的投入对比，以及考虑后续运维成本包括平台监控、备份恢复、升级和迁移、开发等方面的持续投入。

（2）数据模型的建设。数据模型建设是大数据平台建设的关键节点，包含划分业务主题域、定义主题域业务主体、数据模型设计共三个步骤。

1）划分业务主题域，将某一领域数据模型进行集合分组，便于模型设计、理解和查看。该企业围绕集团生产和内部管理两大板块将数据域划分为"人员、设备、质量、财务、物资、技术、项目、生产、市场"九个主题域。

2）定义主题域业务主体，通过深入开展业务和信息系统调研，详细了解销售、生产、质量、物资等业务，同时通过查阅核心信息系统设计方案以及系统业务数据，形成各个系统C/U矩阵，结合系统功能点确定核心业务实体。

3）数据模型设计，以产生业务数据的原始业务对象为基础，开展数据模型的设计，确定数据唯一来源；梳理原始业务对象包含的公共编码，统一公共编码的定义，并确定模型属性的命名规范；依据公共编码规范与属性命名规范，开展模型手册的编制工作；依据模型手册，将物理模型落地至数据中心模型层中，一般采用实体表的形式。

（3）数据治理/数据资产管理。按照数据治理/数据资产管理建设的最新理念和思路，整体上要实现"业务数据化、数据资产化、资产服务化、服务价值化"的"四化"建设，并建立相关制度，实现长效保障机制。

5. 实施过程遇到的典型问题和解决方法

（1）多种结构的数据接入问题。平台数据接入需要解决通过多种接入方式全量接入前端业务系统的数据，包括结构化数据、非结构化数据等。

解决方法：结构化数据采用数据库表方式，通过数据交换组件按照"N+1"的方式将数据库文件转储为文本格式，并经过HDFS传输到大数据存储平台进行数据加载；半结构化数据通过定义消息传输体，存储到Kafka消息中间系统，减少系统质检耦合，由消息消费者将数据存储到大数据平台；非结构化数据采用文件交换方式，按照资源目录系统组织文件，并遵循Hadoop限制要求。

（2）数据安全问题。平台接入企业所有核心业务系统全量数据，涉及企业资源管理、人力管理、生产数据、质量、财务、客户等核心数据，深刻影响集团的经营、决策，其安全问题对客户隐私、社会稳定和国家安全存在巨大的潜在威胁与挑战。

解决方法：建立体系化的安全策略措施，通过多种手段全方位确保数据资产在"存、管、用"等各个环节的安全管控，建立和执行"事前可管、事中可控、事后可查"的安全机制。

6. 实施效果

平高集团已完成大数据平台建设，数据存储容量达80TB，完成了内部ERP、PLM、MES等业务数据的全量接入，资源、系统和数据上升为"企业级"，数据共享能力更强，业务支撑能力更强，服务效率更高，管理能力进一步提升。应用场景中的科技管理平台，实现了科技项目的全过程管理，促进科技资源内部利用率提升50%；样机试制管理系统实现样机制造过程数字化管理，新产品样机成本估算效率提升100%；智慧数字物流实现产品发运在途实时监控，提升集团物流发运效率50%；客户监控平台实现客服现场业务数字化管理，实现服务工单、费用、人员现场管控，工单处理效率提升40%。

案例二十一　电子信息制造企业生产经营管理数字化转型方案与应用实践

1. 案例背景

工业互联网已成为推动企业数字化转型的重要工具。当前，电子信息制造业企业主要面临设备管理精度不够、不同产品间的生产排产切换慢、生产管理效率低、产品质量管控不够、产业链协同能力弱等问题，迫切需要一套行之有效的数字化转型解决方案，辅助解决相关问题。

本案例提出的"电子信息制造企业生产经营管理数字化转型方案"，以电子信息行业龙头企业为基础，打造电子信息行业级工业互联网平台，面向企业研发、生产、管理等应用场景，构建集IoT+云边协同、大中台、数据处理与分析、工业微服务和模型等服务能力为一体的行业级工业互联网平台服务体系；打造对电子信息行业设备、行业服务和产品的感知与物联、共享与协同、学习与决策、控制与调度的整体解决方案，为电子信息制造企业提供一套标准、开放、统一的集成和协同环境，实现企业服务、设备和产品的集成共享、资源优化配置和业务协同。对内服务龙头企业内部设备精细化管理、产线智能排产、精准品控，对外聚拢行业产业链，带动行业中小企业上云集聚，提升企业生产制造全流程、全产业链、产品全生命周期的数字化、网络化、智能化水平，赋能行业数字化转型升级。案例涉及的技术成果可通过裁剪和调整，实现同行业、跨行业复用，市场应用前景较好。

2. 平台架构

本案例打造电子信息行业级工业互联网平台，针对电子信息行业现状研发设计，具有开放性、可靠性、可扩展性、安全性特点的分层云-微核心架构，即分层架构、云架构、事件驱动、微内核融合的架构，具备数据采集层、工业PaaS层和工业APP层、标准体系和安全体系等。平台架构支持海量资源灵活高效接入，支持工业模型和微服务开发部署，支持工业知识快速固化、封装、复用，支持工业应用快速开发和部署运行能力，并支持5G网络、数字孪生、人工智能、边缘计算、区块链、标识解析等新一代信息技术应用，支持容器化编排和平台间调用服务，能够满足电子信息产业企业转型升级、协同发展的需求。图3-24是电子信息行业级工业互联网平台总体架构。

3. 关键技术

本案例主要涉及的核心技术包括：智能网关与边缘计算技术、工业大数据共享开放技术、工业微服务技术、数据分析与处理技术等。

（1）智能网关与边缘计算技术。通过工业通信协议适配、协议转换组件、网络通信接口适配模块，实现工业现场资源与平台的互联。

（2）工业大数据共享开放技术。突破服务器新型架构和绿色节能技术、海量多源异构数据的存储和管理技术、可信数据分析技术、面向大数据处理的多种计算模型及其编程框架等关键技术壁垒，实现设备数据离线分析计算、实时分析计算、内存分析计算能力，为组态建模、大数据算法建模提供数据类API、服务类API等技术积累，形成工业应用的开发与建模数据服务能力。

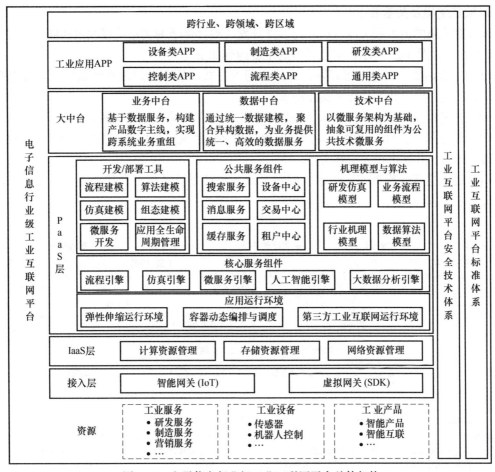

图 3-24 电子信息行业级工业互联网平台总体架构

（3）工业微服务技术。基于主流开放 Cloud Foundry、Docker、Kubernetes 技术提供容器化应用运行环境，提供弹性伸缩，通过集成机理模型与算法实现工业微服务开发，同时为微服务提供路由服务、用户认证授权、日志监控、服务代理等整套功能体系。向上为应用全生命周期管理（Application Lifecycle Management，ALM）提供环境 API，实现开发者一站式应用部署、监控与运维；利用微服务引擎（Micro Services Engine，MSE），实现工业微服务的一站式注册、治理、动态配置、分布式调用链跟踪与事务管理等功能，通过容器动态编排与调度组件，实现微服务引擎以容器化的方式多维部署、自动伸缩、负载均衡及数据服务的按需分配。

（4）数据分析与处理技术。结合统计学、机器学习、数据库、数据可视化等技术，面向历史数据、实时数据、时序数据进行聚类、关联和预测分析，实现对数据挖掘的能力，完成基于海量数据的数据分类和回归；提供 BI 工业数据分析，实现各类工业数据的知识转化。

4. 实施流程及关键节点

该方案实施的流程和关键节点，与软件开发、硬件部署的实施流程大致相同，一般工期 160 天左右，如图 3-25 所示，重点环节的主要内容如下。

（1）**需求调研**。经过内部评审、客户沟通等方式，梳理客户现有的数字化转型基础条件与发展规划，确定数字化转型实际需求。

（2）**方案设计**。结合实际需求，输出数字化转型方案及工业互联网平台建设方案。

（3）**实施部署**。根据建设方案，开展相关数字化系统的软件适配开发、硬件设备部署、系统集成调试，并输出相关实施文档。

（4）**运维迭代**。根据实际需求，制定系统运维计划及系统平台功能迭代计划，并落实计划实施进度。

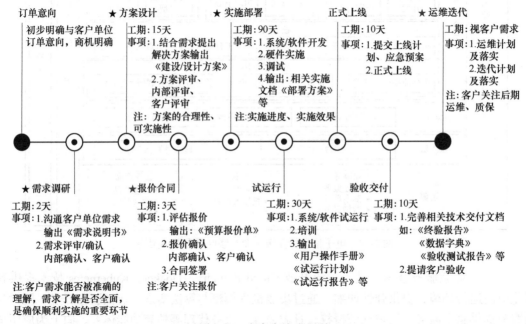

图 3-25 方案实施流程图

5. 实施过程遇到的典型问题及解决方法

项目实施过程中遇到的问题，一是项目需求变更与调整，导致项目建设周期拉长，投入变大，影响项目整体进度和质量，针对此问题，在保留原有基础情况下，重新组织、充分开展分析与调研，进行需求分析评审，进一步推进完成总体设计和功能设计。二是在推进数据采集和应用上难度较大，因项目牵涉企业内部原有信息系统的整合、数据采集和处理分析，需要采取直接和间接的方式去收集和采集数据，工作和难度均比较大，与客户单位充分沟通并达成一致意见后推进实施。

6. 应用成效及案例分析

电子信息制造企业生产经营管理数字化转型方案自 2020 年建成以来，面向贵州省电子信息行业推广，累计服务 30 余家电子信息企业，帮助企业在研发、生产、销售、服务、管理等各环节优化升级，实现更多增值服务。综合帮助企业实现设备利用率提升 20%，产品质量提升 7%，生产成本综合降低 12%，同时提高了生产过程的数据完整性，助力企业实现转型升级，典型案例如下。

（1）案例一：某集团型企业级工业互联网平台。针对电子信息行业某集团型企业数字化转型的业务需求，包括集团内部各生产部门对生产运行过程远程监控、设备预防性维护以及运营预测等各类实际业务需求，搭建某集团工业互联网基础平台，包括云端应用开发支撑服务、云端应用运行支撑服务、云平台基础支撑服务和物联网接入服务等四大类服务，提升集团内部各生产部门的生产整体运行效率、产线设备的利用率运行优化实时调整，降低集团内部各工厂的实际运营成本，提升生产效率，实现全集团的经济效益提升。图 3-26 是某集团工业互联网基础平台总体架构。

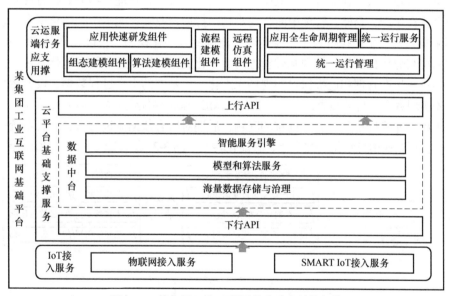

图 3-26　某集团工业互联网基础平台总体架构

在云端应用开发方面，实现了同时开发桌面、应用中心等 18 个技术功能，更好地将解决方案融入平台中，通过不断的二次开发和应用迭代，提高某电子信息行业集团解决方案和应用的技术能力。在云端应用运行方面，实现应用全生命周期管理、统一运行和运营管理，通过某集团工业互联网基础平台提供的云端应用支撑服务，即：云端应用研发服务和云端应用运行服务；整体上可实现对某集团从云端应用 APP 的快速开发、企业各类应用软件云化部署及移迁和多用户多应用高效并发运行的全生命周期管理。图 3-27 是某集团云端应用全生命周期管理服务示意图。

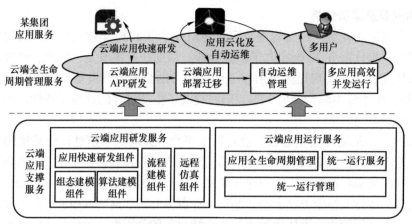

图 3-27　某集团云端应用全生命周期管理服务示意图

（2）案例二：某电子信息制造企业智能生产一体化平台。针对某电子信息制造企业因企业规模及市场需求量扩大，在原有生产效率、产品质量、人工、管理及物流等各方面发展遇到瓶颈，以及企业在生产、仓储、管理中面临的难题，打造企业级智能生产一体化平台，包括设备联网数据采集系统、生产执行系统、企业生产流程的数字化模型、智能化产品在线检测系统、数据实时采集与分析预测等，实现基础管理的数字化支撑、制造过程的智能化管控、工厂生产的透明化运行、生产管理和运维保养的现场无人化。从基本的生产过程数据、设备运行数据采集入手，先实现数据的自动归集；再进一步通过 MES 来指导优化工艺、减轻工人工作量，通过仓储来解决出入库管理难和产品查询难的问题；后期对所有数据流进行整合，打造统一的综合管控平台，实现企业由自动化向数字化、智能化转型。图 3-28 是智能生产一体化示意图。

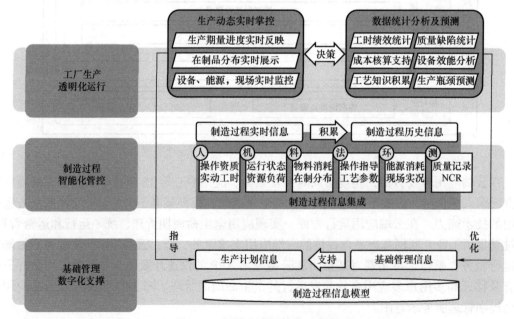

图 3-28　智能生产一体化示意图

通过项目实施，实现企业生产效率、设备完整率、人员管理、排产管理、质量提升等。一是生产效率方面：管理人员可实时掌握工单进度状况，对异常工单进行及时干预，工单交付效率提升了20%；系统实现了工艺流程卡的自动流转，避免了工序流转中的人为操作和工作积压，工人生产效率提升了25%。二是设备完整率方面：通过设备连网数据采集，对设备备品备件的更换进行提醒，通知相关设备管理人员及时更换；通过对经常出现问题的设备进行分析，指导设备管理人员对设备进行维护和保养，设备利用率提升了30%。三是人员管理方面：通过系统对各个员工情况进行管理，建立了员工在企业的个人档案，对员工的技能进行了评测，通过系统也优化了员工的绩效管理，人工管理效率提升了50%。四是排产管理方面：系统中建立了员工画像和设备画像，班组长在进行生产排班时，系统可根据订单的优先级自动匹配人员和设备，班组长只需进行微调即可，排产效率和准确性提升了40%。五是质量提升方面：系统中实现了人员技能排名和设备问题分析，通过培训使得人员技能提升，设备问题也可以得到及时处理；产品测试质量过程能力指数（Complex Process Capability index，CPK）值能够实时查看，产品质量提升幅度为6%~9%。

案例二十二　智能质检创新终端消费品生产制造实践

1. 工业智能化对高效质检需求迫切

在汽车、电视等终端消费品生产制造过程中，外观检测是其质量检测的重要环节。目前终端消费品的外观检测主要依赖人工目检，存在检测效率低、耗时长、成本高等问题。随着智能制造理论与技术的不断发展，机器视觉技术越来越多地应用于产品缺陷检测与分类。终端消费品生产线上现有的人工目检方法已经不能满足产业升级的要求，如何将机器视觉智能质检系统的建设应用深度融合行业场景实现人工代替，已成为终端消费品制造企业在外观检测环节的共性需求，市场应用前景广阔。根据IDC报告，中国工业智能质检市场规模一直保持增长，2021年市场规模达3.52亿美元（约合人民币23亿元），同比增长48.52%。预计到2025年，中国工业智能质检市场整体规模将达到9.58亿美元（约合人民币62亿元），2021~2025年，复合年均增长率为28.5%。

质量检测的智能化发展是实现智能制造的重要组成部分，机器视觉智能质检系统的研发已经成为工业智能化发展的迫切需求。汽车、电视等终端消费品制造依靠人工目检产生的误判或漏判情况时有发生，需要依靠技术手段建设智能质检系统。

（1）汽车总装的错漏装质检需求。汽车总装车间的生产线多采用混流生产，装配时需要区分不同车型不同配置的多种部件，错漏装风险很高。在整车下线前，会在明亮区域对汽车外观进行质检，其内容之一就是检查汽车部件是否有错装、漏装情况，检查的部件点有数十种，检查的项目包含型号、颜色、材质、车身标内容等。目前车间通过人工目视方式检测，容易发生漏检情况。通过在报交线灯廊中加装工业相机，用于在汽车装配检查时拍摄汽车整车各部位的图像，利用机器视觉智能质检系统分析拍摄的图像，实现实时智能检测。图3-29是汽车外观错漏装检测需求场景示意图。

（2）电视机组装的错漏装质检需求。电视机组装环节的工艺流程复杂，易出现三合一主板,以及主板、电源板分离的情况,电视机内检和外观检测如 FFC 接插件、遮光片漏孔、端子板夹等,检测项目多、负工况差异细微,电子元器件众多,目前的人工目检方式容易发生错装和漏装,从而引起电视机功能性不良。图 3-30 是电视机内检测需求场景示意图。

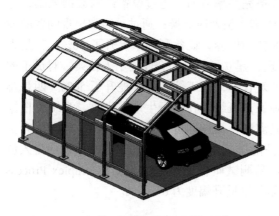 

图 3-29　汽车外观错漏装检测需求场景示意图　　图 3-30　电视机内检测需求场景示意图

2. 机器视觉智能质检系统方案架构

融合多年工业智能质检创新实践,构建自主的机器视觉智能质检系统,通过机器视觉设备采集检测对象的外观图像,利用内嵌深度学习神经网络算法模型服务的检测软件,对图像进行分析和处理,融合人工智能深度学习算法模型实现外观错漏装、缺陷分类等检测。

机器视觉智能质检系统架构如图 3-31 所示,机器视觉智能质检系统主要包含光学照明、成像采集、图像处理系统等关键部分。光学照明包含光源和光源控制器,主要作用

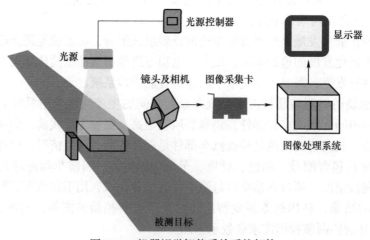

图 3-31　机器视觉智能质检系统架构

是通过将外部光照射到被检测目标,以突出特定的特征并抑制外部干扰。成像采集包含镜头、工业相机、图像采集卡。图像处理系统利用检测算法和检测软件对接收到的图像进行处理和分析,以达到检测目的,具体到终端消费品外观检测场景中,即实现部件错漏装、缺陷分类等,图像处理系统采用的检测算法是整个机器视觉智能质检系统的关键。

机器视觉智能质检系统主要针对被测目标的外观表面进行检测,需结合被测目标的物理尺寸进行计算以获取成像采集系统中镜头和相机的选型,并得知拍摄一组被测目标需要的图像张数;一组被测目标的图像拍摄好后,会发送至图像处理系统中运用正在启用中的模型服务进行推理,推理后的数据结果和图像结果可在前端显示器上供用户查看,同时也会按照用户要求进行存储以便追溯。

智能检测系统软件功能主要包括生产监控、统计看板、生产管理和系统管理,如图3-32所示。

(1) 生产监控模块提供整个系统实时运行状态的监控。

1) 数据展示采用"WPF+MVVM"模式,提供丰富的UI交互效果,以字节流形式提供图像展示,以减少硬盘资源占用,自研的图像展示控件可以展示超大尺寸图像并提供丰富的交互功能。

2) 提供检测过程中被检测对象图像的实时展示,包含检测和判定结果,可根据用户需求自定义分组分类结果。

图 3-32 智能检测系统软件功能示意图

3) 提供检测过程中各检测工位实时检测状态和简单统计数据(本次生产)展示,便于直观观测生产的整体情况,快速定位生产问题。

4) 提供系统各项资源的监控功能,实时查看硬件资源的负载情况,便于把控整体生产节奏,预防硬件资源不足造成的生产停滞。

5) 通过数据库与统计看报模块交互,通过内存数据与生产管理和系统管理模块交互。

(2) 统计看板模块提供整体系统历史生产数据的查看和分析。

1) 数据库采用 SQLSugar ORM 框架,支持 CodeFirst 模式自动生成数据库,降低软件部署复杂度。支持自动分区、分表,解决实际生产中海量数据造成的数据库效率降低问题。

2) 提供基于批次、产品或检测工位等多维度的统计数据,便于直观回顾不同维度下的生产情况。

3) 提供多种图形化控件展示相应的统计数据,更加直观地展示生产情况,在固有的统计维度之外提供可根据用户需求自定义统计维度的图形化控件。

4) 提供统计数据下载和一键取图功能,方便用户分析生产问题。

5) 统计展示数据均由生产监控模块实时产生并完成持久化。

(3) 生产管理模块提供整个检测流程的配置和管理。

1) 以加密的配置文件形式保存生产配置文件,包含检测流程、算法配置等生产信息。

2)提供各个检测工位的流程和相应模型配置，支持灵活配置检测内容和图像来源（相机），生产流程可编辑。

3)提供算法模型的管理，支持模型独立离线验证。

4)提供系统中各种检测项的开关、配置。

5)通过将生产配置加载在内存中实时控制生产流程，并在生产监控模块中展示。

（4）系统管理模块提供整个软件的配置、用户管理和日志功能。

1)提供IP、端口等基础系统配置。

2)提供图片存储路径、图片分类保存设置等存储策略配置。

3)提供MES、PLC等多种第三方系统扩展对接接口设置。

4)提供相机等硬件配置和调试。

5)提供可基于功能或模块的用户角色权限管理。

6)提供系统日志系统，可按日志等级分类显示。

7)配置的信息实时加载在内存中，对其他模块即时生效。

3. 机器视觉智能质检关键技术

电视机、汽车等终端消费品制造企业的生产场景复杂，产品质量检测技术面临着复杂工况难检测、关键缺陷难识别、智能模型时延高等问题和挑战，人工智能技术应用具有特殊适应要求。需解决智能质检在复杂工况下的缺陷检测、不均衡样本与小样本条件下的目标识别、模型轻量化等技术瓶颈。

（1）复杂背景条件下的智能质检技术。在产品质量检测过程中，通常存在产品种类多、背景复杂、检测对象尺寸小、目标成像特征不明显等复杂问题，极大影响模型的检测效果，如在外观缺陷检测中细微缺陷难检测、在错漏装检测中部件区别轻微易错判等问题。

复杂背景条件下的智能质检技术将对称注意力机制、多尺度特征融合等引入检测网络，并采用对称数据增强、局部区域建模与局部特征辅助学习等方法，以解决细微、遮挡、尺寸小、不清晰等产品检测目标的漏检和误检难题，提升整体检测准确率。其中，对称数据增强，针对容易混淆的类别样本通过Mosaic数据增强方式拼接易混淆样本，使得模型可以有效学习易混淆样本的细微区别特征；针对车身雷达等部分识别对象尺寸小等问题，截取待识别区域并进行双线性插值上采样，通过局部区域的检测模型学习，有效提升小目标的识别能力；针对常规目标类别间区分特征差异小的问题，采用融合全局特征和局部区分特征的方式实现不同类别的有效判别。

（2）不均衡样本与小样本条件下目标识别技术。在产品外观缺陷检测中，缺陷的发生通常服从长尾分布，即头部缺陷样本数量较多、尾部缺陷样本数量较少。实际生产中关键的严重缺陷往往发生率较低、关键样本量少，导致模型难以准确识别这类关键缺陷。

针对样本不平衡、训练困难等问题，通过动态类别加权、标签混淆抑制、截断交叉熵损失等，提升样本量少类别的模型检出能力；通过构建质检领域大模型并融合迁移学习解决小样本问题，有效提升模型针对关键缺陷的检出能力。其中，动态类别加权主要考虑不同类别的发生率不同，为了有效提升模型针对小样本的学习能力，在模型损失函数中倾向于增加低发生率样本的权重,使得模型更加关注小样本的学习;混淆标签抑制主要针对类别容易混淆的样本或者分割任务中的边界轮廓样本,通过抑制其在损失函数的权重,解决这些样本带来的训练不稳定问题;采用分区截断损失函数,能有效解决不同预测误差样本的损失不均衡问题。

(3)模型轻量化技术。工业质检场景通常对检测的时效性要求非常高,而智能模型的参数量大、计算复杂度高,导致模型实际运行所需时间和计算资源无法有效满足生产线实时性和经济性要求。

工业制造中外观缺陷检测模型轻量化技术,结合知识蒸馏、通道剪枝和网络层融合重构,采用知识与模型联合驱动的方式,解决缺陷检测时延高的难题,在保障准确率的前提下,有效提升检测实时性,同时减少资源消耗。其中,利用知识蒸馏技术首先基于样本训练一个学习能力强的复杂教师网络,然后将教师模型中的知识迁移到一个简单的学生模型中,从而实现模型的压缩;另外,在模型训练过程中,针对每个通道引入缩放因子,联合训练网络权重和缩放因子,删除缩放因子较小的通道,基于剪枝后的网络权重,重新微调训练网络,得到最终的网络模型;采用 TensorRT 加速实现网络层和算子的融合,如将 Conv、BN、ReLu 三个层融合为一个 CBR 层。

4. 机器视觉智能质检应用场景及效果

相比于人工目检,机器视觉智能质检系统适应能力更强、检测速度更快、检测效果更好、稳定性更高,且检测的图像及结果可用于追溯和分析,助力终端消费品制造企业降本增效。具体以汽车行业和电视机行业为例说明应用效果。

(1)汽车行业。在总装车间下线前,通过在防错漏装检测工位加装机器视觉智能检测系统,如图 3-33 所示,将整车外观需要检测的若干部件进行实时拍出和检测,当检出有错漏装时,系统会报警提示现场人员操作。

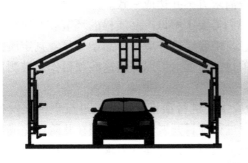

图 3-33 汽车外观防错漏装检测方案示意图

单台车辆采用人工目视的方式进行错漏装检测的时间约为 80s,加装机器视觉智能质检系统之后,系统支持全覆盖工厂所有生产车型、数十个细分配置、上千个零件选装件搭配,实现准确的自动判断及报警,确保不出现零件的错装、漏装。在检测指标、检测效率等方面均有大幅提升,具体如下。

1）减少人工查询对比确认过程，单车检测时间缩短至 40s 以内。

2）实现整车 95% 以上关键部件检测，检测准确率达 100%，人员仅观察确认 1~2 个重点部件。

3）极大减少人员培训的直接成本和时间成本。

4）极大降低人员监控维护难度、工作疲劳度对作业效率、准确度的影响。

（2）电视机行业。在电视机的机内组装段，现场人员需要进行电视机内检，单台电视机内检采用人工目视方法的检测时间约 15s，且漏判情况频发。通过机器视觉智能质检设备，在灯箱环境中从顶部和侧部对于电视机内检的区域进行取图，完成 19 个项目大类、38 个项目小类的实时检测，判断产品合格情况，质检设备如图 3-34 所示。

在采用机器视觉智能质检系统后，在检测指标、效率等方面的提升如下。

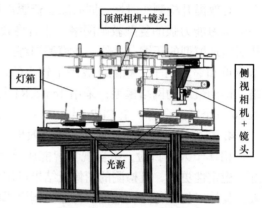

图 3-34 电视机内检测机器视觉智能质检设备示意图

1）单台机内检检测时间缩短至 10s 以内。

2）检出率达 99.5% 以上。

5. 系统实施关键节点

机器视觉智能质检系统实施包括前期需求评估、项目启动立项、规划执行、项目执行、过程监控、收尾阶段。

（1）前期需求评估。需求评估阶段主要对用户需求进行整体调研，并进行项目可行性分析。解决方案人员会对具体的项目需求进行详细调研，收集用户所有相关需求，对应形成需求解决方案。解决方案定义需求背景、关键指标、整体软硬件系统方案、案例介绍等，同时对项目整体成本做初步预估，最终确认用户需求方案并达成一致。

在进行终端消费品质检需求评估时，我们需要了解该产品质检的环节和对应环境，还有产品的型号、尺寸以及需检测的项目等信息。结合质检环境和产品型号尺寸判定质检方案是提供整机设备还是灵活改造；通过对检测项目的掌握，可以评估这些项目作为被测目标图像被准确检出的可行性。

（2）项目启动立项。项目启动立项阶段主要进行项目立项，经过流程批准发布后，正式启动项目，授权项目经理开始用项目资源进行项目开展。项目经理在此阶段完成项目启动会资料准备，并经发起人批准。项目资料包括项目建设的详细需求、关键指标、项目范围定义及交付成果、项目成本预估、整体里程碑计划、项目风险评估、项目团队组建与相关方识别等。

（3）规划执行。规划执行阶段主要进行需求的可实施性调研，达成项目软硬件方案流程与技术需求详细分析，规划项目详细计划和外采计划。项目硬件方案需要需求方最终确认达成一致后发布。一般情况下，在得到需求方确认后，项目规划执行会与项目启动同步进行。

（4）项目执行。项目执行阶段分为厂内执行与现场执行两个阶段。厂内执行主要进行硬件方案详细设计、采购执行、软算开发、硬件组装与测试、系统测试、发货；现场执行主要进行现场安装、调试、系统上线、指标优化、项目验收。厂内测试执行情况会决定现场执行持续时间，所以需要尽可能在厂内完成组装后进行各项验证与测试。

（5）过程监控。过程监控阶段主要进行项目整体监控，需要进行项目范围监控、进度监控、质量监控、成本控制、资源控制、风险控制、相关方沟通监督等。监控过程需实时进行项目跟踪，管理项目各项进度、质量、风险、沟通，及时与用户沟通解决项目中出现的各项问题，以可控制的资源使用达成项目的最终交付目标。

（6）收尾阶段。收尾阶段标志正式完成项目，一般为用户终验收完成后，需要转移项目整体过程中的各项资料进行归档，完成结项流程。同时进行项目复盘，分析项目执行中各项问题进行经验和技术积累。一般情况下终验收完成后，还存在部分项目维护内容，需要规划售后服务，保证项目后续维护需要。

6. 实施过程遇到的典型问题及解决方法

在实施过程中特别需要重视的内容包括硬件方案规划、系统流程设计和算法指标提升。

（1）硬件方案规划。硬件方案决定了硬件整体框架、各项结构和视觉方案，在规格书签核后，硬件设计需满足规格书中的各项关键指标，包括设备稳定性需求、最大产能需求、视觉安装调试等各项需求。实施过程中经常遇到的问题有产品型号兼容情况、机构设计问题和视觉机构。机构设计需要综合考虑用户所有产品型号需求，获取所有产品各项数据，完成型号切换设计与稳定性设计，所更换机构需进行便捷、快速、稳定的切换工作。视觉机构设计需在视觉系统综合需求设计完成后，满足各类视觉调试需求，需要满足视野、物距、水平、对焦、干涉等各项视觉需求，模拟达到视觉获取图像最好的结构。

（2）系统流程设计。系统流程设计决定系统架构与流程方案，软件开发人员根据系统流程进行详细开发。系统流程需进行各项流程分析，设计各工位流程，流程需详细考量硬件与系统的融合，以最合理和最清晰的步骤进行后续设计与开发。

（3）算法指标提升。算法指标一般为机器视觉智能质检系统的核心关键指标，相关指标的提升通常需要融合各种方法逐步优化，包括选用特征提取能力更强的网络模型、对样本少的图像数据进行样本增强、通过特征金字塔网络实现多尺度特征的提取识别、通过模型级联优化提升模型精细化识别能力等。

第三节　工业互联网与工业数据互联互通

《工业互联网体系架构（版本1.0）》对工业互联网的内涵做出了定义：工业互联网是互联网和新一代信息技术与工业系统全方位深度融合所形成的产业和应用生态，是工业智能化发展的关键综合信息基础设施。其本质是以机器、原材料、控制系统、信息系统、产品以及人之间的网络互联为基础，通过对工业数据的全面深度感知、实时传输交换、快速计算处理和高级建模分析，实现智能控制、运营优化和生产组织方式变革。

国务院《关于深化"互联网+先进制造业"发展工业互联网的指导意见》指出，我国工业互联网与发达国家基本同步启动，但总体发展水平及现实基础仍然不高，产业支撑能力不足，核心技术和高端产品对外依存度较高，关键平台综合能力不强，标准体系不完善，企业数字化、网络化水平有待提升，缺乏龙头企业引领，人才支撑和安全保障能力不足，与建设制造强国和网络强国的需求仍有较大差距。

工业互联网，一方面，是"新工业革命"的关键基础设施；另一方面，有利于促进网络基础设施演进升级，推动网络应用从虚拟到实体、从生活到生产的跨越，极大拓展网络经济空间，为推进网络强国建设提供新机遇。

当前，全球工业互联网正处在产业格局未定的关键期和规模化扩张的窗口期，需要发挥我国体制优势和市场优势，加强顶层设计、统筹部署，扬长避短、分步实施，努力开创我国工业互联网发展新局面。

本节选取三个实践案例，涉及工业标识解析体系、多源数据融合5G智慧化工业互联网，以及以工业互联网为基础的高端中重卡智能工厂大数据融合创新。

案例二十三　标识解析体系与制造业智能供应链

1. 供应链能力成为企业发展核心驱动力

近几年，供应链呈现出若干新的发展趋势。

1）由产品竞争转向供应链整体成员企业的竞争。

2）企业管理进入了以客户及客户满意度为中心的管理，"推式"的供应链管理转变为"以客户需求为导向"的"拉式"供应链管理。

3）供应链各成员企业的关系从竞争转为合作。

4）各企业基本上都建立起多元化的竞争格局，进行"集采分购"式的供应链管理模式。

以信息化为手段，计划协同管理为基础，实现供应链整体高效运作，提供产品、服务最快的上市速度、最好的质量、最低的成本、最优的服务，摆脱产品的同质化竞争，建立长期的竞争优势，在激烈的竞争中抢夺更大的市场份额，这些都成为供应链管理的内在需求。

2. 标识解析技术在智能供应链体系中的作用

标识解析体系是工业互联网的关键神经系统，由标识和解析体系组成。类似于互联网中的域名，标识是识别和管理工业互联网中物品、信息、机器的关键基础资源。类似互联网中的域名解析系统，工业互联网整个网络实现互联互通，是由工业互联网的解析系统完成的。因此，标识解析体系解决了信息的所有权和流转问题，是实现异地、异构、异主信息的互通关键，也是工业互联网得以施行的重要支撑。

目前国内外存在多种标识编码及标识解析方案。标识编码标准尚未统一，中小型企业内部大量使用自定义的私有标识，而涉及流通环节的供应链管理、产品溯源等应用模式正在逐步尝试跨企业的公有标识。目前标识技术在资产管理、物流管理等领域得到推广和应用，并正在向生产环节渗透。随着面向产品全生命周期管理及跨企业产品信息交互需求的增加，将推动企业标识系统与公共标识解析的对接。标识对象也将随着自动化标识技术的应用逐步扩展，初期可能侧重产品标识，逐步覆盖各种管理对象和要素的标识。

3. 国内外标识解析体系

目前，国内外已存在多种标识解析体系，根据其演进方式可分为两类。一类是基于 DNS 的改良路径，该路径通过对现有 DNS 架构进行扩充，提供工业互联网标识解析服务，如美国麻省理工学院提出的产品电子代码（EPC）技术、国际标准化组织 ISO/IEC 和国际电信联盟 ITU-T 联合制订的对象标识符（Object Identifier，OID）技术，我国自主研发的物联网统一标识（Ecode）技术与国家物联网标识管理公共服务平台（NIoT）等。

另一类是与 DNS 无关的革新路径，即针对工业互联网场景提出一套全新的标识解析体系，如 DONA 基金会维护的句柄（Handle）标识解析技术、东京大学提出的泛在识别技术（Ubiquitous ID，UID）及一系列其他学术研究。现有标识解析体系如图 3-35 所示。

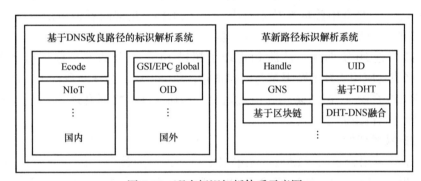

图 3-35　现有标识解析体系示意图

改良路径便于实现，仅需在现有的 DNS 架构上进行扩展便可提供解析服务，设计简单且部署较快，但不能完全匹配工业要求，且解析服务十分臃肿。革新路径则针对工业互联网特殊需求提出新型架构，弥补现有 DNS 缺陷，更契合工业互联网场景。然而，革新路径难以利用现有基础设施，需要重新部署，成本较高，周期较长。

4. Handle 标识解析体系背景

Handle 系统由互联网奠基人、图灵奖获得者、TCP/IP 协议联合发明人罗伯特·卡恩（Robert Kahn）博士（以下简称"卡恩博士"）发明，是一套起源于互联网、以实现信息系统的互联互通为目标的标识注册、解析、管理技术体系。Handle 系统定义了一套成熟兼容的编码规则、拥有一套稳定的后台解析系统和一个自主可控的全球分布式管理架构。

该系统于 20 世纪 90 年代初由卡恩博士领导下的 CNRI（美国国家创新研究所：非营利研究机构，从事互联网基础架构研究）正式创建，至今已成功运营 20 余年，是一项成熟的技术。

Handle 系统以一定的方式赋予网络上的各种对象（文档、图像、多媒体等）一个唯一、合法、安全和永久的标识，通过这个标识和解析可以实现对被标识对象的解读、定位、追踪、查询、应用等功能。

Handle系统的成熟性（拥有全球分布式系统，在近70个国家应用）、唯一性（保证标识在全球范围内唯一）、安全性（可保证标识注册、解析、管理操作安全）、兼容性（兼容现有各种标识）、可扩展性（拥有足够容量）、实用性（形态简单，易于存储、读取和处理，经济性较好）等特点，可与二维码、RFID、数据库、信息系统等有机融合，低成本实现与原有系统的无缝对接，以及不同应用系统间低成本的相互操作，有效合理地解决信息孤岛的现象，为工业互联网上下游企业提供符合国际标准的、全球统一的标识服务和信息管理服务，是工业互联网的重要底层共性技术。

Handle系统的全球管理机构是数字对象编码规范机构（Digital Object Numbering Authority，DONA），目前在全球范围内共有五个多级最高授权管理者（Multi-Primary Administrator，MPA），分别为美国、中国、德国、英国、沙特阿拉伯。其中，中国的MPA由工业和信息化部电子科学技术情报研究所（ETIRI）（2017年更名为国家工业信息安全发展研究中心）、北京中数创新技术有限公司（CDI）、北京西恩多纳信息技术有限公司（CHC）组成的"ETIRI-CDI-CHC联合体"负责运营。

Handle部署近20年期间，注册和管理了超过10亿个全球唯一标识符。在国际上，Handle系统已成功应用于数字图书馆与内容仓储、数字出版［数字对象标识（Digital Object Identifier，DOI）系统］、产品防伪和质量追溯、科研（科学数据管理等）、数字权益管理、信息安全管理与隐私保护等领域。

5. Handle技术架构

Handle系统采用分层服务模型，无单根节点。顶层为数个平行的全局Handle注册表（Global Handle Registry，GHR），各个GHR之间的数据实时同步、平等互通；下层为本地Handle服务（Local Handle Service，LHS），GHR与LHS同构，均由一个或多个平行的服务站点组成，每个站点都是该服务中其他站点的复制品，每个服务站点又由多个Handle服务器组成。虽然每个站点都是平行的，但它们可以由不同数目的Handle服务器组成，所有Handle请求最终被均匀定向到Handle服务器上。GHR与LHS的区别在于提供的服务不同。GHR负责全局管理服务、分配前缀、授权命名空间。LHS负责管理本地命名空间、定义本地命名空间的编码方式，其前缀和地址必须在GHR中注册。

Handle体系从一开始就被设计为通用命名服务，可容纳大量实体，允许通过公共网络进行分布式管理，顶层节点平等互通，支持用户自定义编码，适用于工业互联网场景。此外，Handle还具备唯一性、永久性、多个实例、多个属性、可扩展性强以及兼容其他标识等优点，Handle体系技术架构如图3-36所示。

（1）标识方案。Handle采用层次标识方案，每个Handle均由前缀和后缀两部分组成，前缀为其命名机构，后缀为命名机构下的唯一本地名称，两者由"/"分隔，如下所示。

<Handle>∷= <Handle Naming Authority>"/"<Handle Local Name>

第三章 重点产业的数字化转型

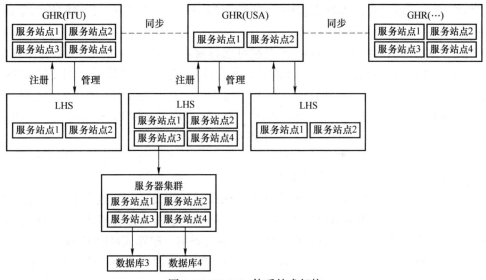

图 3-36 Handle 体系技术架构

命名机构为 Handle 标识的创建和管理者,由多个非空的子命名机构组成,子命名机构间由"."分隔,共同形成树状分层结构;后缀由命名机构自行定义,只需保证在其本地命名空间内唯一,便可确保其在系统中是全局唯一的。例如,Handle "20.500.12357/BUPT_FNL"的命名机构是"20.500.12357",本地名称是"BUPT_FNL"。Handle 全局命名空间可以认为是多个本地命名空间的超集,每个本地命名空间具有唯一的前缀,任何本地命名空间都可通过申请前缀加入全局命名空间,并且其本地标识及值的绑定关系在加入 Handle 系统后仍保持不变,只需将本地名称与前缀的组合作为全局标识,就可进行全局引用,有助于打破信息孤岛、便于企业加入各自的信息系统、兼容其他标识方案。

(2)解析机制。Handle 体系提供标识到值的绑定服务,每个 Handle 可解析为一组值的集合,每个值可以是物品简介、信息摘要、URL 或其他自定义信息。Handle 体系采用迭代解析方式、层次解析架构,共分为 GHR 与 LHS 两层,其完整解析架构由 Handle 客户端、GHR 与 LHS 这三个部分组成,解析机制架构如图 3-37 所示。

1) Handle 客户端。该组件负责向 GHR 发送标识前缀,以获取前缀所属 LHS 服务站点信息;向 LHS 服务站点发送完整标识,以获取解析结果。

2) GHR。该组件负责接收和响应 Handle 客户端发送的前缀解析请求,通过查询注册信息,检索到该前缀相应的 LHS 服务站点,并将服务站点信息返回给 Handle 客户端。

3) LHS。该组件负责接收和响应 Handle 客户端发送

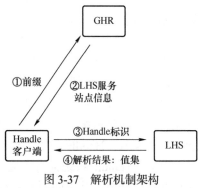

图 3-37 解析机制架构

175

的标识解析请求，通过查询本地数据库，检索到该标识对应的值集，并将解析结果返回给 Handle 客户端。

首先，为提升解析性能，Handle 客户端可选择缓存 GHR 返回的 LHS 服务站点信息，并将其用于后续查询。根据缓存的服务信息，客户端可直接将请求发送至相应的 LHS 服务站点上，不需要询问 GHR。其次，Handle 对顶层进行了平行化改进，不再为单根架构，可部分缓解 DNS 集中式管理带来的问题。再次，Handle 允许已注册 LHS 自定义命名空间和解析机制，支持无缝添加其他协议子域，便于兼容其他标识解析体系。

（3）安全机制。Handle 体系不依托 DNS 服务，设计了一套全新的应用层解析系统与原生安全防护方案，其主要工作包含以下 3 个部分。

1）管理员与权限设计。Handle 体系为每个 Handle 标识设置一个或多个管理员，任何管理操作只能由拥有权限的 Handle 管理员执行，在响应任何 Handle 管理请求之前都需要对管理员进行身份验证与权限认证。Handle 管理员可拥有添加、删除或修改 Handle 值等权限。

2）客户端身份安全与操作合法。客户端可发起解析和管理两类请求，均需进行客户端身份验证。若客户端发起解析请求，Handle 服务器则根据权限对客户端进行差异化解析；若客户端发起管理请求，Handle 系统则根据质询响应协议对客户端进行身份验证。质询响应协议流程如图 3-38 所示。

首先，客户端向 Handle 服务器发送一个管理请求；其次，服务器向客户端发送质询请求来对客户端进行身份验证；然后，客户端应答质询响应，并用其管理员私钥进行签名；最后，服务器验证其签名，保证客户端身份合法。若验证失败，则通知客户端；否则，服务器将进一步检查该管理员是否具有相应管理权限，若有相应管理权限，服务器执行该管理操作并向客户端报告成功，否则，返回拒绝信息。

3）服务器身份安全。客户机可以要求 Handle 服务器使用私钥对其响应进行签名，从而对服务器

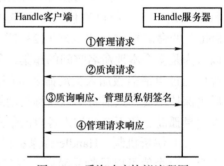

图 3-38　质询响应协议流程图

进行身份验证。此外，Handle 系统提供分布式数据管理能力，兼容分布式、集中式、云存储等不同存储方式，保证用户数据主权，具备比 DNS 更强的内容保护机制和抗攻击能力。Handle 系统定义权限认证机制，支持数据、访问权限、用户身份等自主管理，保证身份安全、数据安全与行为安全，具备较高的安全性与可靠性。

6. Handle 标识解析体系在供应链领域的应用

基于 Handle 系统的供应链解决方案可应用于消费品工业、装备制造、原材料、医药等行业，并可向物流配送、商贸流通、农业生产、城市管理、集团企业管理等领域扩展。在智能供应链领域，Handle 系统主要在以下三方面起到重要作用。

首先，Handle 系统拥有一套独立的全球解析体系，在解决异地、异主、异构系统间的信息交换、开放、共享问题上具有得天独厚的优势。

其次，Handle 系统有一套全面兼容现有编码技术的编码规则，可以在不改变已有信息系统的基础上，快速、低成本地对接供应链上下游企业的信息系统。

最后，Handle 系统分布式存储的架构可以有效避免数据集中上传模式带来的数据归属权不清、企业信息系统过于臃肿等问题。

7. 基于 Handle 标识解析供应链平台架构

面向全球采购、仓配一体、整机物流、零部件物流、国际物流、后市场服务等核心业务范围，如图 3-39 所示，聚焦供应链全价值链信息交互与业务协同能力塑造，通过大数据、云计算、物联网、移动互联网、标识解析等先进技术的应用，实现全球化、专业化、协同化、智能化供应链管理新模式，助力制造业服务化转型升级，如图 3-40 所示。

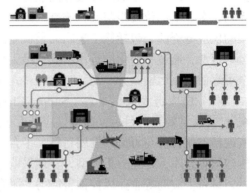

图 3-39　供应链示意图

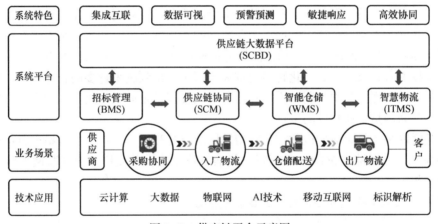

图 3-40　供应链平台示意图

（1）供应链协同平台（Supply Chain Management，SCM）。SCM 是公司面向供应链前端的核心业务协同平台，包括采购寻源、订单协同、交货管理、供应商管理、索赔管理、库存共享、仓储配送协同等功能模块，支持供应链业务移动化、无纸化操作。同时基于 Handle 标识解析技术的研究与深入应用，可低成本实现异主、异地、异构系统间的数据共享，提高业务协同效率。

（2）智能仓储管理系统（Warehouse Management System，WMS）。WMS 是基于"两级式"仓储配送体系定制化开发建设，支持与 ERP、MES、手持智能终端（Personal Digital Assistant，PDA）、智能微库等集成应用，实现入库、拣货、拆货、发车配送等仓储业务的无纸化、移动化、条码化作业，大大降低纸质单据量，大幅提高工作效率，降低人力成本。

（3）智慧物流信息平台（Intelligent Transport Management System，ITMS）。ITMS 是基于无车承运模式打造，融合物联网、移动互联网、AI 等技术。平台具备采购物流、整机物流、国际备件物流全面闭环服务的能力，支持货源车源管理、智能派车、询报价、智能线路规划、全程车辆位置跟踪及轨迹查询回放、电子回单、财务结算等功能。平台整合了徐工集团的供应链资源，包括徐工集团的整机制造商、供应商、承运商、经销商甚至包括社会个体运力资源，通过平台化的运作模式，最大化降低物流成本，为客户提供透明化、智能化、安全可靠的物流运输服务。

（4）供应链大数据平台（Supply Chain Big Data Platform，SCBD）。SCBD 以"数据可视""提质增效"为目标，通过供应链大数据采集、分析、应用，用数据指导公司经营决策，实现精益化管理与可持续发展目标。平台集成公司核心业务应用系统数据及行业数据，通过构建数据仓库，建立分析模型，实现采购、仓储、物流等供应链全场景经营数据的分析与展示，具备供应商等企业风控预警能力。平台基于大数据和云计算技术打造，可实现海量数据的秒级分析与计算。

案例二十四　基于多源数据融合的 5G 智慧化工业互联网应用

近年来，我国先后出台了《国务院关于深化制造业与互联网融合发展的指导意见》《关于深化"互联网＋先进制造业"发展工业互联网的指导意见》等相关政策文件。移动互联网深入应用与 5G 商用使得计算能力和存储能力迅速提升，新一代信息技术不断发展，数字化转型的支撑技术日趋成熟。数字化转型的重大价值正在得到越来越多的企业认同，内生动能增强，投资热情渐涨。其中，制造模式和运营模式转型是企业数字化转型的主攻方向，智能工厂和工业互联网是企业建设的重点。

工业互联网平台是企业推进数字化转型发展的路径和工具，本案例以星火有机硅公司数字化转型为例，为拟结合 5G 和 AI 等新一代信息技术建设并使用工业互联网平台的企业提供参考和借鉴。

1. 数字化转型下构建新型治理模式面临的挑战

数字化转型意味着要构建一整套新型治理模式，在实践中往往会面临以下几个方面的挑战。

（1）数字化转型准备不充分。缺少转型战略，无法决定优先采用哪项数字技术，无法证明技术投入的合理性。此外，企业内部责任不明确，企业应该对谁负责、推动数字愿景及战略的制定都没有达成明确共识。

（2）业务部门与技术部门难以有效融合。在传统模式中，技术部门的主要职责偏向于被动完成业务部门提出的需求，业务部门和技术部门的边界泾渭分明。在数字化转型的新模式下，业务数据化、数据业务化成为新常态，技术部门不仅要完成业务部门的需求，同时也会与业务部门一道，重塑新的业务需求，推动业务创新发展。因此，搭建业务部门和技术部门之间的桥梁至关重要。数字化转型不仅仅只是技术部门单方面的职责，也要让业务部门同步考虑业务实现的技术手段和数据支撑。长期以来，业务部门往往把技术部门当作后台和服务部门，没有意识到数字化转型是全新价值的创造过程。有些业务部门甚至没有意识到数据的重要性，认为其业务边界不应该涉及数据工作。为了适应数字化转型，业务部门需要转变观念，从管人管事转变为同步管理数据，从向传统业务要效益转变为同时向数据要价值。

（3）基础数据难以形成有价值的数据资产。经过多年的信息化发展，许多企业的业务流程已经实现线上运转，系统在各个环节产生的数据日积月累。但大量数据彼此孤立，由此产生了"系统烟囱"和"数据孤岛"。这使得数据之间的关联价值无法显现，数据分析仅仅停留在简单的统计层面，难以开展深度的价值挖掘，数据驱动业务的精准性和穿透性更无从谈起。面对数字化转型的要求，只有将基础数据聚合再造，强化数据资产全生命周期管理，才能打破"数据孤岛"，实现数据的多方赋能，才可能转变为具有高价值的数据资产。

（4）数据治理工作难以持续推进。数据治理是组织治理的重要组成部分，需要企业自上而下全盘考虑、统筹推进，业务和技术条线深度参与、协同作业。一方面，业务部门要培养科技思维和数据思维，明确数据的业务含义，统一业务定义和标准，并配合技术部门开展业务流程的梳理和架构建模，确定业务模型和数据模型；另一方面，技术部门也要加深对业务数字化的理解，设计出能够有效承载业务模型和数据模型的技术架构。

2. 工业互联网平台通用架构

星火有机硅公司在信息化改造基础上打造数字化平台，将新一代信息技术贯穿到设计、工艺、生产、物流等各个环节。在数字化平台搭建和后续转型过程中，针对生产过程中人、机、料、法、环的管理问题，做出了工业互联网平台架构的顶层规划，并基于此，总结出工业互联网平台通用架构，如图3-41所示。

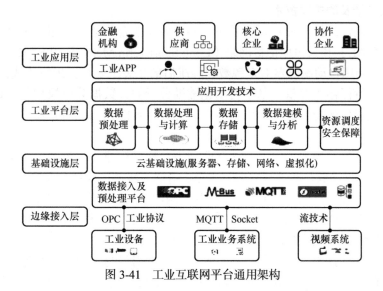

图 3-41　工业互联网平台通用架构

从系统架构的角度分析，工业互联网平台可从下到上划分为四个层次，即边缘接入层、基础设施层、工业平台层和工业应用层。

（1）边缘接入层。以数据采集与接入为基础和根本，其本质是利用泛在网络和感知技术对工业设备、信息系统、运营平台、岗位管理等要素实施高速收集和中心汇聚。

（2）基础设施层。即传统的 IaaS 硬件层，其核心为虚拟化技术。同时，利用分布式存储、并发式计算、高负载调度等新技术，实现计算机资源的动态管理，可根据客户需求进行定制化的弹性分配与扩展，并确保系统资源利用的安全与隔离，为客户提供可靠、稳定的云设施服务。

（3）工业平台层。即 PaaS 层，属于工业互联网的核心层，其根本在于，在 IaaS 平台上构建一个可扩展的应用支持系统，为工业应用和服务软件的开发提供一个良好的基础平台。

（4）工业应用层。工业应用层的目的是对企业制造的各个活动环节进行高度抽象，其主要功能是，为面向特定的工业应用场景，利用冶炼、化工、能源、机械、电子等领域专业知识，结合工艺理论和生产实践，将制造技术、经验、知识和最佳实践进行模块化、再封装。同时，运用数理统计、深度学习、视觉分析、语音识别及人工智能算法等技术，最终推动社会资源构建基础的、共性的工业信息化应用模块。因此，工业应用层可以将新一代信息技术与领域知识、算法分析深度融合，用户通过对工业应用层接口的云端调用，可实现工业 APP 的定制化快速开发、测试与部署，支持企业面向历史数据、实时数据、时序数据的分析与挖掘，从而服务于采购透明化、库存合理化、操控智能化、运维智能化、管理精细化、产品模块化、销售上线化等具体应用群，实现科学调配供应链资源，重构产业组织与制造模式，重塑企业与用户关系，形成跨领域融合的工业生态，提升企业和产业链的运行效率和服务质量，实现制造业的智能化生产模式。

3. 平台实施涉及的关键技术

（1）设备预测性维护。针对设备采集的多源数据融合问题，采用一种基于自动编码器（Auto Encoder，AE）和长短期记忆网络（Long Short Term Memory，LSTM）的动设备剩余寿命预测方法。利用自动编码器对多源数据降维后的相关重要特征进行非线性特征的提取，并且重构为新的特征输入变量，基于自动化辅助分析的大数据分析模型的动设备剩余寿命预测方法，有效减少现场巡检人力成本 40%，提高了智能预判能力，设备使用寿命提升了 20%。

（2）异源数据的采集和汇聚。工业互联网平台通过构建统一的数据采集模块，实现企业异源数据的采集与抽取，并进行数据的盘点、清洗、转换。针对企业特点，数据采集和交换平台集成了时序数据采集接口软件。支持基于国内标准电力规约（如 IEC60870 系列）、工控规约（MODBUS、OPC）的时序数据采集。平台支持 10 多种数据源类型，实现结构化、半结构化以及非结构化数据的采集，满足异构数据采集的需求。

（3）可视化计算技术。可视化计算技术基于数据引擎与工业网关的通信来实现，它能同时适应本地和云端的技术环境。可视化计算技术的应用使得通用平台主要具备两个特点：一是可追溯算法计算全过程，将可视化技术与工业数据处理算法结合，除了能够展示数据外，还能呈现连接对象的所有过程数据；二是可洞察和预防各类风险，由于图形化组态工具的驱动和结果都是数据，因此，只需要对数据进行监测便能诊断系统的所有性能（如控制品质、安全特性等），能够有效洞察系统的潜在风险。

4. 实施流程及关键节点

在 2012 年前，该案例企业（星火有机硅公司）走过了信息化集成发展阶段，共实施了企业资源管理系统 SAP-ERP、OA 办公系统、PI 实施数据库等多项方案，为企业业务管理的全面信息化做好坚实铺垫。

截至 2016 年，企业进入了全场景、全要素数字化工具使用阶段。通过 5 年时间的持续改进，企业不仅实现了最底层硬件设备数据的基本连通，同时在 ERP、MES 及新兴通信技术的加持下，加快了企业各个环节数据的传递速度，进一步提升企业管理和运营的能力。

截至 2019 年 12 月，在企业研发设计、生产制造、经营管理、运维服务等数字化实践应用上，围绕数据这一核心，从采集、汇聚、分析到沉淀，将数据的价值融入到企业关键环节活动中，从流程驱动转向数据驱动，打造了高频率、低成本、大收益且相对独立的全自动包装生产线、智能巡检机器人、无人机巡检等七大应用场景，分步实施机器替代人工，使企业节约了大量人力成本，提高运营效率，极大降低工作中可能出现的安全风险。

2020 年 7 月，该企业上线了工业互联网平台，通过平台汇集各要素资源，形成支撑能力，可实现生产、管理、运营可视化，维护作业人员根据视图可快速、准确地定位出存在问题的装置；同时，通过健康趋势研判，提高装置/设备的预测性维护率，保证化工装置安全稳定地运行；管理决策集中化，足不出户就掌握相关设施设备的运行状态，实时查看生产运营情况，真正做到了降本增效。

综上，企业数字化转型的关键节点可提取如图 3-42 所示。

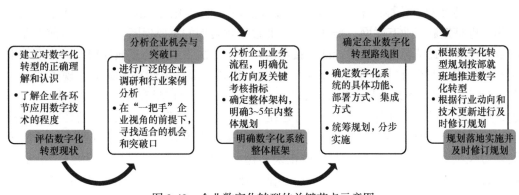

图 3-42　企业数字化转型的关键节点示意图

第一，评估数字化转型的现状。企业推进数字化转型的实施步骤需要从建立正确的理解和认知开始，全面评估企业数字化转型的现状，了解价值链各个环节应用数字技术的深度、广度和应用效果，明确企业数字化转型基础。

第二，分析企业机会与突破口。通过广泛的企业调研和行业案例分析，在企业战略发展规划的前提下，寻找适合企业的数字化转型机会。

第三，明确数字化系统的整体框架。通过分析企业业务流程，明确优化方向，同时确定企业数字化转型的关键考核指标、数字化系统的整体框架，明确未来3~5年的整体规划。

第四，确定企业数字化转型的路线图。结合实际的业务现状，明确各个数字化系统的具体功能、部署方式、集成方式，确定数据采集、设备联网、IT和OT集成方案等，制定完整的数字化转型路线图。数字化转型不是一蹴而就的，需要统筹规划，分步实施。

第五，规划落地实施并及时修订规划。根据数字化转型规划实施推进，并定期诊断，对规划进行修订。

5. 实施过程遇到的典型问题及解决办法

（1）中小企业存在"上不了的云平台"和"转不起的数字化"。一方面，数字化、信息化对企业管理水平的要求较高，许多中小企业尚未构建现代企业制度，信息化建设"历史欠账"较多，业务数据积累少，基于本地的信息化建设尚未完成，"上云上平台"和数字化转型就更难实现。另一方面，制造企业数字化、智能化、网络化转型的前期成本投入和技术门槛较高，而中小企业经营压力较大，没有足够的资金支持通过构建专属云、私有云的方式开展数字化、网络化转型。此外，基于云端的第三方SaaS（软件即服务）公共服务平台供给相对不足，无法满足中小企业的需求。解决办法——"分类施策，支持中小企业数字化转型"：对于尚处在"工业2.0"甚至"工业1.0"阶段、信息化建设极为薄弱的小微企业，首先支持其部署本地化的信息管理系统，加快累积数据资产，不应过快要求其"上云联网"；对于已经接近或达到"工业3.0"阶段、具有较高的信息管理水平和丰富的生产经营数据的中小企业，则尽快推动其接入工业互联网平台，依托云端的工业应用软件改造生产业务流程和机械设备，提高自动化、智能化、安全化、绿色化水平。

（2）制造业数字化标准不统一导致"接口壁垒"。标准化是保障现代化工业生产的基础性工作，也是发展工业互联网、推动制造企业数字化转型的重要保障。然而，目前工业互联网的数据标准、通信标准、技术标准、接口协议等，层次不统一，互通性较差，标准的推广应用相对缓慢，导致上下游企业的设备、人员、物料、部件虽然在形式上实现了"上云互联"，但难以实现业务互动和数据联通，"连而不互"的现象广泛存在。解决办法——"阶段推进，形成统一的数字化标准"：对于尚处在"工业2.0"甚至"工业1.0"阶段、数据种类繁多且数据集成难的中小微企业，通过整合集通信接口服务器、工控机、工控软件功能于一体的多协议工业网关，确保复杂数据被正确传递和解析；对于已经接近或达到"工业3.0"阶段、具有一定的多源数据处理基础的中小微企业，尽快推动自定义标准和协议的制定，以满足特定行业或场景的数据传输需求，实现各个系统之间数据和通信的互联互通。

6. 部署工业互联网后的实施效果

数字化转型对专注传统产品生产与交付的制造企业来说，生产运营的优化效果主要集中在降本、提质、增效三个核心方面。星火有机硅公司自从引入数字化新技术后，通过建立数据流程中心，对工厂运营进行从客户订单、技术设计、零件准备、生产排单、生产管理、产品检验到交付售后的全流程化管控，细化了企业生产运营的颗粒度，将原来的人工操作流程转换为机器接管，企业总生产效率至少提高了50%，减少了7%的能源用量，降低了8%的运营成本，产品年均研发周期也缩短 15 天。

案例二十五　基于工业互联网的高端中重卡智能工厂大数据融合创新

商用车制造行业属于多品种、小批量、定制化的订单生产模式，订单配置的多样性与不确定性很大程度上限制了生产自动化的程度，需要通过人工手段进行补充。但是，近年来，随着人工成本的逐年升高，以及市场对产品要求的进一步严苛，如何有效地实现智能制造，提升企业生产效率，降低制造成本，成为商用车制造企业必须要解决的问题。

1. "1344"架构的智能制造管理体系

一汽解放汽车有限公司在商用车智能制造方面进行了大胆的探索和应用，采用"1344"架构打造了智能制造管理体系，构建"一张网、三个流、四平台、四融合"的智能化工厂整体解决方案。"一张网"为工业互联网；"三个流"为产品数据流、订单数据流、制造数据流；"四平台"为智能装备平台、数字化工艺平台、制造运营平台、制造大数据智能决策平台；"四融合"为研发与工艺融合、工艺与制造融合、订单与制造融合、IT 与 OT 融合。"1344"架构聚焦制造运营的高质量、高效率和高体验，围绕工艺、计划、质量、设备、物流、能源等核心业务，搭建以 DPS、MOM、LES 为核心的智能制造运营体系，打通订单、产品、制造三大数据流，实现智能工厂多种数据深度融合。图 3-43 是智能制造管理体系架构。

该架构具有如下特点。

（1）可优化、可扩展、可移植。支持多工厂、多产线架构，可以自定义从公司到工厂、车间、工位等多级架构。通过参数配置、自定义脚本等方式，在最大程度减少二次投入的基础上，适应业务变化要求。

（2）数据纵向集成。通过数据采集技术，实时汇集生产执行过程数据，可视化监控和调度企业各生产组织协同运作，获取和分析生产绩效，支撑持续改善。

（3）数据水平打通。连通信息化断点和业务流程断点，使异常处理、质量问题、设备故障等业务流程水平搭接，并能直接延伸到生产一线，形成完整的控制闭环。

2. 智能制造管理系统涉及的关键技术

（1）结构化工艺技术。结构化工艺是智能工厂的数据基础，将整车设计数据转换为工艺数据后，通过建立结构化的工艺树，将零件、工具、参数等工艺数据与最小工艺单元结合。在制造过程中，可随时依据工位、零件等调取数据，为下游生产制造提供精准数据源头。

（2）高级排程技术。通过考虑多种有限能力资源的约束，按业务需要设定优化目标并分解成子目标，依据各种预设规则建立多种线性规划排程模型，按照模型将订单分解为月订单、日订单、各生产线订单、各生产组订单，同时收集模型数据，嵌入 ILOG 优化引擎对模型求解，反复模拟、试探、优化、计算，最终给出相对最优的详细计划。

（3）预测性维修技术。针对关键设备搭建预测性维修诊断平台，采集电压、电流、振动等核心状态参数，结合模型算法对设备状态实施健康监测及故障预警，内嵌维修专家知识库，具备诊断意见、维修方法的智能推送功能。

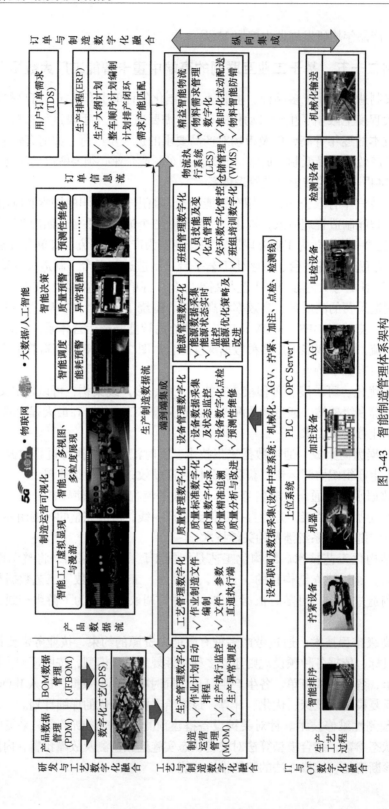

图 3-43 智能制造管理体系架构

(4) 数字孪生技术。通过数字孪生技术搭建数字孪生模型，实现工厂运营全过程可视化。充分利用工厂物理模型、传感器更新及运行历史等数据，集成多学科、多物理量、多尺度、多概率的仿真过程，在虚拟空间中完成映射，从而反映相对应的实体装备的全生命周期过程，满足智能工厂的信息化、数字化要求。

3. 实施流程及关键节点

表 3-2 是实施流程及关键节点。

表 3-2　实施流程及关键节点

序号	时间	内容	输出物
1	1 个月	需求与现状分析	现状分析报告
2	2 个月	调研、访谈，了解业务功能需求	调研报告
3	1 个月	业务蓝图及实施方案编制	详细方案
4	5 个月	智能化 IT 系统集成开发调试	调试报告及功能说明
5	1 个月	底层设备集成及接口连通	接口清单
6	2 个月	人员培训及能力提升	培训资料
7	2 个月	标准制定与业务流程固化	标准、流程文件
8	4 个月	结合实际运行进行系统优化与迭代	优化记录

4. 实施过程遇到的典型问题及解决方法

（1）使用二维图进行工厂规划，过度依赖经验，效率低下。解决方案：搭建车间外围、立柱、钢结构及生产线的三维模型，建立结构化生产线工艺／操作树、设备资源树，对生产线上的关键设备，进行机构定义，精准模拟控制逻辑，建立工艺流程计划评审技术（Program Evaluation and Review Technique，PERT）图，基于 Process Simulate 软件，实现在三维虚拟环境下开展工艺布局规划设计以及工艺过程仿真验证。

（2）产品 - 工艺 - 生产数据不贯通，上下游系统缺乏良好协同。解决方案：开发 DPS 数字化工艺平台，接收产品数据，进行工艺规划设计，将工艺数据发布到制造端支持制造执行。其中，工艺参数指导设备执行，工艺文件指导操作者作业。打通工艺、产品、生产等数据流，实现上下游系统良好协同。

（3）人工手动排程，合理性欠缺、效率低、及时性不强。解决方案：通过考虑多种有限能力资源的约束，依据各种预设规则建立多种线性规划排程模型，按照模型将订单分解为月订单、日订单、各生产线订单、各生产组订单，收集模型数据，并通过优化引擎对模型求解，反复模拟、试探、优化、计算，高效及时地给出相对最优的详细计划。

（4）提升智能化程度，管理要素增多后，现场复杂程度升级。解决方案：充分利用数据采集平台获取的现场智能终端分布化事件与数据，设计设备接口，根据数据源及实时性要求不同，设置不同的采集频率，数据类别涵盖车辆位置、设备起停、拉入拉出、现场 Andon

等，五级生产可视化模块（工位、班组、产线、车间、工厂运营），助力数据实时驱动业务闭环的整体策略调整，以适应复杂的现场事态，高效发挥智能设备能力。

（5）物流过程监管信息不透明、不可控，供货及时性、精准性不佳，各环节物料存量高。解决方案：建立以生产计划及生产实际为依据的物料三级拉动模型，与仓储、厂内缓存、生产线边库区的物料库存逐级协同，生成供货指示及缺件提醒，实现物料需求信息的统筹管理，基于上述模型建立供货端到制造端的全物流过程可视化管理，实时监控分拣、发货、入厂、排队、收货、上线、返空等物流过程。

（6）整车质量信息纸质记录，难以追溯。解决方案：质量缺陷使用 PAD 采集，支持拍照涂鸦、模糊查询及 TOP 项自动带出，同时集成工位信息，实现质量缺陷与生产过程深度绑定，并基于质量缺陷数据，自动生成整车质量档案及多维度、数据可穿透的质量统计报表。

（7）设备状态、报警及故障信息缺少目视，无维修指导，维修人员等资源投入效率低。解决方案：基于现场总线网络，全面采集设备运行状态信息，建立故障知识库。当故障发生时，系统基于故障数据发起维修工单，自动匹配维修人员，并通过人、机、设备绑定，实现可支配维修资源的系统化提醒。

（8）生产进度、设备状态等数据不透明，异常情况响应准确度和效率低，过程追溯困难；缺乏仿真分析工具，不能及时发现生产瓶颈点。解决方案：工厂数字孪生模型按照真实场景 1∶1 搭建，通过网络，全面采集在制品、生产线、设备、物料等多种模型数据和运行数据，以三维虚拟工厂为场景进行真实数据驱动仿真，实时可视化地掌握生产进度和异常信息，输出实时的可视化报表，实现"工厂级 - 产线级 - 设备级"模型的穿透式访问和透明化分析。

5. 实施效果

通过智能制造管理体系打造智能工厂，一汽解放汽车有限公司探索出一条高端中重卡制造数字化转型及智能制造的发展路径，将智能制造能力成熟度提升至 3~4 级。具体场景实施效果如下：

（1）三维环境下的工厂规划与方案优化。通过规划阶段工艺仿真，找出弊端并改进方案，实现了在虚拟环境下，机器人和附属设备运动轨迹的模拟和优化，实现节拍提升，大幅提高了工艺规划和工艺设计效率。图 3-44 是全三维工厂规划示意图。

图 3-44　全三维工厂规划示意图

（2）基于结构化数据的工艺设计（含工艺参数下发等）。将产品、工装、设备、物流有机结合，形成工艺单一数据源，保证工艺数据唯一性、准确性和可追溯性。通过结构化数据线传递工艺参数及装配信息，消除了人为传递和设置的误差，杜绝了在现场设备上设置的重复工作。图3-45是结构化工艺设计示意图。

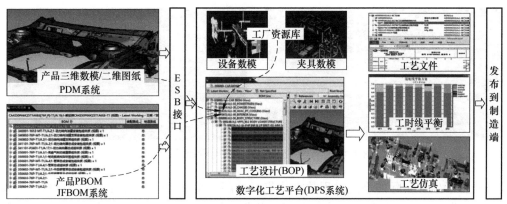

图3-45　结构化工艺设计示意图

（3）基于销量数据与生产模型的多策略高级计划排程。根据有限产能的高级计划排程算法，为作业计划选择合理的执行生产线，自动生成各作业计划（包括备品、样件、散发、外委作业计划）的执行顺序。若计划员对自动排程的结果不满意，可以手工修改作业内容，包括执行顺序、执行资源等，计划排程准确率和效率明显提升。图3-46是数据驱动的高级排程示意图。

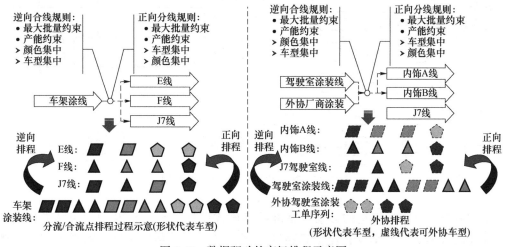

图3-46　数据驱动的高级排程示意图

（4）可视、柔性可控的实时数据驱动的多级穿透式生产调度与管控。从冲压到整车入库前的生产过程管控，运用 RFID 等识别技术，全工艺过程获取在制品位置信息，基于在制品的在线识别，精细化管控生产状态，实现异常精确到点、运营管理快速响应、自动单据打印、设备参数下发等功能，并根据实时生产队列完成物料配送、工艺执行的防错校验，有效实现生产防错。图 3-47 所示为多级穿透式生产调度与管控显示界面。

图 3-47　多级穿透式生产调度与管控显示界面

（5）基于生产实际的物流过程数字化集成控制。通过生产车辆的实时信息拉动物料配送与返空，借助 LES、MOM、ERP、WMS 集成，实现基于生产实际的物流数字化，将物流配送准时率提升至 100%。图 3-48 是物流数字化集成控制流程图。

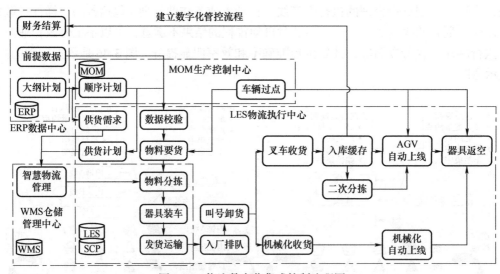

图 3-48　物流数字化集成控制流程图

（6）基于物料需求模型的多层级精准拉动模式设计。通过 LES 的三级精准拉动，实现物流过程数据实时共享及物流信息精准可视，降低物料存量 57%，物料筹措人员精简 63%，使库存数据更新周期由原来的 1 天降低至 2h。图 3-49 是多层级精准拉动信息流示意图。

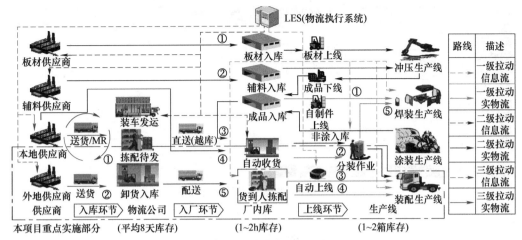

图 3-49 多层级精准拉动信息流示意图

（7）质量大数据应用与分析（采集、分析、监控、预警）。智能工厂通过数字化手段，实现过程质量业务全程线上化。积累质量缺陷结构化数据近 4000 条，整车质量数据实现 100% 可追溯、可自动统计分析，整体效率提升 23%，超期车比例降低 12.2%。图 3-50 所示为质量大数据分析结果界面。

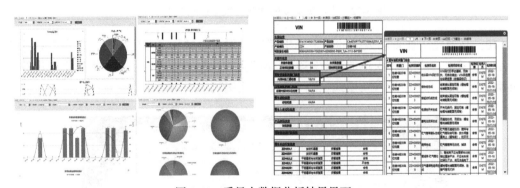

图 3-50 质量大数据分析结果界面

（8）多工艺设备在线运行监控与故障快速诊断。开创了设备管理新模式，在实时设备采集及监控数据的同时，借助沉淀的知识及经验库，实现维修资源快速投入和维修效率提升。图 3-51 所示为设备在线监控及诊断管理界面。

（9）基于数据建模的预测性维修。通过多种传感器组成的数据模型及专家知识库的应用，实现设备状态自动实时在线监测。以冲压车间为例，在线监测涉及固定资产 7000 余万元，实施当年预测振动异常 6 次，减少设备异常停产工时 48h，年节省总金额 272.6 万元，平均保障产量 1000 辆。图 3-52 所示为大数据驱动的预测性维修诊断报告截图。

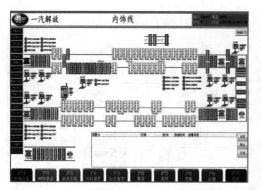 

图 3-51 设备在线监控及诊断管理界面

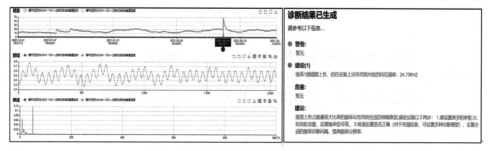

图 3-52 大数据驱动的预测性维修诊断报告截图

（10）高通量工业现场数据的数字孪生模型应用。通过数字孪生模型，真实直观地仿真生产运营状态，生产运控人员通过数字孪生模型实时掌握工厂运行状态，提升生产运营决策的准确性，开创了生产运营新模式。图 3-53 是数字孪生工厂示意图。

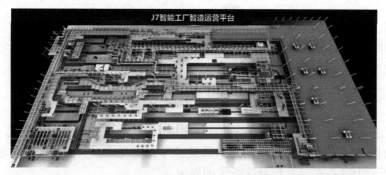

图 3-53 数字孪生工厂示意图

（11）能源监测与能效优化。根据实时数据监控，自动调节设备控制策略，精准实现工厂能源智能化管理，年节约用电 40 万 kW·h，碳排放减排 230t。图 3-54 所示为能源监测与能效优化监控界面。

第三章 重点产业的数字化转型

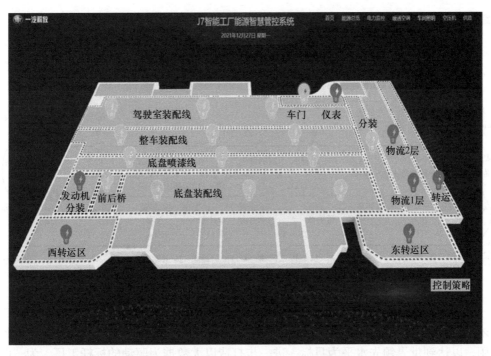

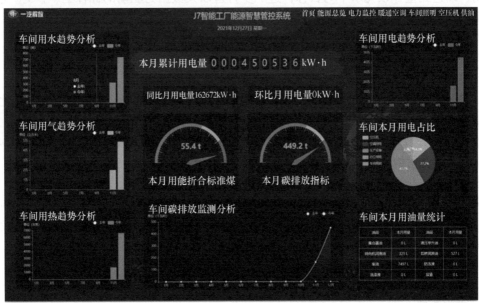

图 3-54 能源监测与能效优化监控界面

（12）基于产销协同的订单车辆跟踪（生产进程与销售联动）。通过 OTD 系统整合订单、计划、生产执行、整车发运等数据，统一信息入口，实现全流程业务线上化，各环节指标自动计算，各阶段业务数据自动分析和展示，业务效率和规范性显著提升。图 3-55 是订单车辆跟踪流程图。

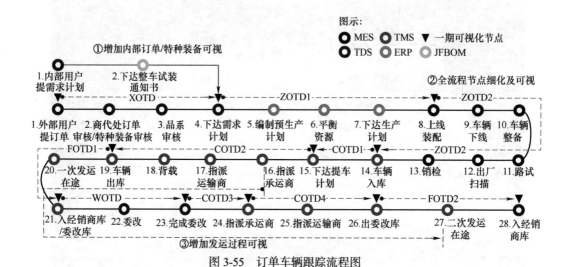

图 3-55　订单车辆跟踪流程图

未来，在当前智能工厂建设的基础上，计划再通过 1~2 年的智能化建设，深化工业大数据应用，以达到世界领先水平为目标，进一步打造以大数据为驱动的标杆工厂，为"解放"品牌实现"中国第一，世界一流"的战略目标全力冲刺。

第四节　数字商务

我国在提升商务领域数字化水平方面，提出打造大数据支撑、网络化共享、智能化协作的智慧供应链体系。要求健全电子商务公共服务体系，支持商务领域中小微企业数字化转型升级。引导批发零售、住宿餐饮、租赁和商务服务等传统业态积极开展线上线下、全渠道、定制化、精准化营销创新，提升商务贸易的数字化水平。

数字商务具有培育消费新模式新业态、促进品牌消费、促进双边商贸和区域合作，将数据的价值应用到商业中的功用。数字商务起着最前沿、最活跃、最重要组成部分的创新引领作用，需充分释放数字技术和数据资源对商务领域的赋能效应，切实推动商务高质量发展。

本节选取涉及能源企业物资供应、跨境冷链两个场景数字商务应用的实践案例。

案例二十六　能源行业物资供应链大数据智能协同应用实践

1. 案例背景

中国是世界上最大的能源生产国和能源消费国，能源的高效生产、稳定供应、低碳利用关乎国民经济命脉。然而能源传统供应链痛点明显，一是链条长、环节多，供应链协同能力弱、动态监测预警不及时；二是煤电绿色化水平低，产业供应链集约化不足；三是供应链网络化、智能化水平不高，数据孤岛多、数据价值待挖掘。在此背景下，国家能源集团（以下简称集团）集中力量，打造了针对能源行业的物资供应链大数据智能协同应用平台，平台应用涵盖煤炭、火电、新能源、水电、运输、化工、科技环保等能源产业板块供应链各环节企业，构建起能源行业全产业供应链协同生态。

2. 应用建设思路

协同应用平台以供应链协同管控为核心，实现集团总部与各子企业或分公司之间、集团与社会供应链上下游之间采购需求、物流调度、库存监控的全面协同，实现与供应商、客户、银行资信、工商税务、仓储物流之间信息的实时流转、无缝对接。通过建设事前预测预判、事中风险管控、事后监督追溯三大应用场景，形成供应链各环节相互支撑、协同运作、互联发展的协同创新模式，实现物资交易智能化、价格监控动态化、供应商管理精细化、多方协同一体化，重点解决能源行业供应链的保供、低碳、智能化三方面难题，推动我国能源产业向全球产业价值链的中高端攀升。

3. 产品架构

协同应用平台，在内部衔接集团一体化管控体系，在外部打造数智化供应链协同生态，聚焦能源行业全链条协同、全过程风险管控和智慧化物资链管控目标。以供应链作为互联互通主线，供应链上的企业之间以数据作为纽带，上游供应商的库存、商品、价格数据通过协同平台与供应链下游节点企业打通，通过协议、订单、物流、对账、发票、资金等数据协同实现业务协作与信息共享。平台业务协同关系如图3-56所示。

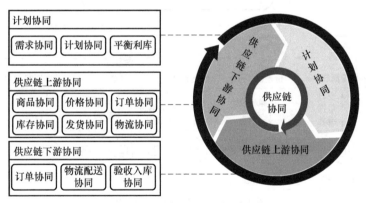

图3-56 平台业务协同关系图

平台基于资源整合、系统统筹和集约管控的建设理念，构建全链条协同的智慧生态体系。平台遵循标准化管理规则，如统一的产品分类标准、物资编码标准、商家分类标准、平台交易规则等，聚合全链条供应商、采购商、运营商、物流商、金融机构、资信机构、政府机关等诸多参与方，明确规范交易环节与交易标准，确保交易合规、过程透明，有效防止交易过程中的标准模糊、暗箱操作等违规行为。平台包含协议、商品、订单、支付、结算、计划、询价、竞价、拍卖等功能模块，搭建电力、煤炭、运输、化工等19个专业频道，涵盖需求感知、计划管理、采购寻源、框架协议管理、销售管理、成交通知、异常管理、澄清管理、订单管理、结算管理、物流管理和供应商评价体系等供应链业务全流程管理,集成财务、税务、法院、银行、物流、信用等内外部和社会化协作体系,汇聚产业链上下游27万家企业。

平台实现供应链智能协同结算,打造一体化、智能化的对账、票据、资金协同管理与应用,供应链结算协同应用如图3-57所示。制定统一的结算标准和税收分类编码库,上下游结算企业基于统一的标准开具发票、税额抵扣和税务上报,实现业务、财务、税务、银证、票据的一体化协同管理,为客户提供全方位、一站式交易服务。以专业化交易拉动设备制造、物资运输、仓储供应、生产运营、联储联备、循环利用等领域供应链协同服务,提升能源行业供应链的整体效能,促进行业可持续发展。

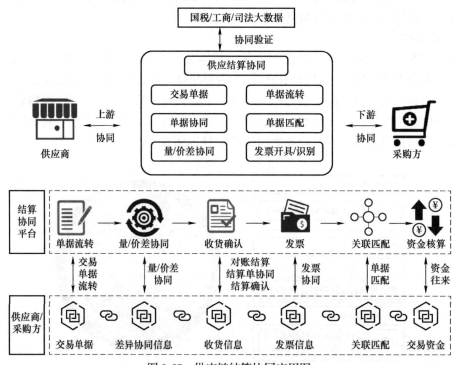

图3-57 供应链结算协同应用图

4. 关键技术

(1) 采用云化技术架构赋能高并发业务处理。平台基于云化三层架构模式设计,采用混合云应用架构,采用大容量、高并发的社会化协同业务基于资源可弹性伸缩的公有云部署,采用内部规范化管理与运营业务基于内部私有云部署。建设高性能、高扩展、高安全、易管理的基础应用层(IaaS)+平台应用层(PaaS)基础云化底座,并将PaaS层进一步分层细化,在应用层(A-PaaS)采用共享中心式服务设计,根据业务特点划分业务中心,在每个共享中心内将细颗粒度的业务功能经过服务化切片封装,以微服务形式部署并形成通用服务调用架构，提升了平台功能的灵活性和适应性。每个共享中心均采用分布式应用架构，适应多样化、大容量、高并发的协同平台业务和性能要求。平台前端应用的设计集中在输入输出与功能交互方面，主要业务逻辑在中台的各共享中心实现，最大限度实现业务灵活性、功能稳定性的均衡与统一。图 3-58 所示为云化高性能技术架构。

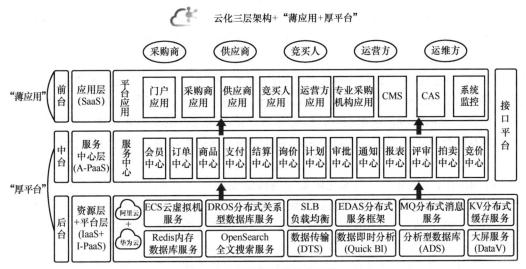

图 3-58　云化高性能技术架构

（2）基于数据湖技术构建多源异构数据统一体系。利用数据湖的大规模、分布式、松耦合、动态扩展能力，以及高并发、低时延的处理能力，实现多业务板块、多技术架构、异构数据源的业务数据和管理数据的采集。以数据湖为基础，对数据定义转换标准，分层加工处理，按照各业务版块需要，构建数据模型，建设相关分析主题。进一步推进数据治理、数据开发、数据分析和数据共享，统一数据标准，统一数据模型，融合贯通业务，打破专业壁垒，实现以数据应用打通业务应用，以数据服务协同跨产业服务。结合机器学习与人工智能技术，丰富数据处理算法库，实现了评标业务"智脑"代替专家"人脑"的评标自动化等场景应用。持续挖掘数据深度价值，实现更精准的预测分析和模型推荐，提供供应链上的横向跨业务间、纵向跨层级间的数据分析应用，推动企业多产业板块数据深度运用，赋能企业持续发展。

（3）大数据技术实现物资数据高效治理。自主研发轻量级大数据计算框架，在数据存储上，设计块状链表数据结构，植入到分析框架底层，应用在物资相似性描述分析等应用场景，极大提升海量数据的处理效率。在数据处理上，设计和开发"数据清洗、数据分组、数据比较"三阶段分布式处理算法，对非结构化的物资长描述进行分阶段加工、多维度分解，在无特征项说明的条件下，智能识别品牌、规格型号、计量单位等信息，建设关键字顺序无关匹配、规格型号和图号近似匹配等功能，大大提高物资编码查新效率，降低编码重复度。将 AI 智能处理技术运用到数据分析全过程，综合应用文字识别、图片识别、OCR 扫描等大数据及人工智能算法，实现物资信息的快速识别、智能匹配、相似推荐与智能分类，实现字符智能识别、实物智能识别、参数智能带入、智能校验审核、历史数据交叉对比分析，降低人员参与度，提升各环节自动化程度，将人从重复的工作中解放出来，降低人力成本，提升物资业务和管理效率。

（4）自然语言处理技术实现采购文件智能分析。在采购过程中，智能识别出围标、串标疑似点，是行业长期以来的痛点。很多围标、串标情况是同一批应标人撰写多套投标文件，或者在标书编制和投标过程中以及投标文件中常会伴生某些相似特征的现象，如投标与标书编辑机器特征、网络特征、文件属性特征、联系方式特征等相同，以及投标技术文件中具有高度重复的内容等。针对投标文件相似的特点，利用自然语言处理技术将文本进行拆解识别，融合 Word2Vec、编辑距离、Rabin-Karp、余弦相似性等多种算法，将多份投标文件分段、分句、分词解析，从粗到细，综合分析比较不同文件的文本相似度，经综合研判后，对相似度高的标书进行预警，为打击采购项目中的不良行为、净化社会环境做出较大贡献。

5. 场景应用效果

（1）集团内应用案例。国家能源集团内部全面推广。国家能源集团作为特大型中央企业和能源行业的核心骨干，业务涵盖煤炭、火电、新能源、水电、运输、化工、科技环保、金融等八大板块，通过在集团内部全价值链开展数据资源的采集、存储、计算、分析、智能应用，提供完整的数据资源共享服务及价值应用，打造了能源行业领先的智能协同运作模式。项目将用户需求作为供应链运营的目标，促进了供应链物流、商流、信息流、资金流间的有效协同，融合"产、供、需"，推动了从生产到采购等各环节的有效对接，实现了供需精准匹配，形成物资、物流、服务协同运作的供应链体系。

当前，平台系统服务于集团所属1800余家企业单位，实现年交易量超过80万单、交易金额超过950亿元，促进集团采购业务全面智能化提升。

（2）集团外市场化应用案例。在内蒙古能源集团的典型应用。内蒙古能源集团（以下简称蒙能集团）是内蒙古自治区直属综合性能源骨干企业，资产总额631亿元，拥有火电装机543万 kW、新能源装机181万 kW，煤炭资源储量57亿 t、煤炭产能600万 t/年。蒙能集团通过接入能源行业物资供应链大数据智能协同应用平台，在6个月时间内，供应链交易金额超过7亿元，节约交易成本超过7000万元，并在企业管理提升、降本增效方面取得丰硕成果，极大提升了企业发展潜力和社会竞争力。

协同平台的市场化推广，促进了能源领域采购供应链的规范化发展，减少了信息化平台重复建设成本，解决了采购交易各方信任缺失的问题，节约了大量社会资源，对我国营造诚实守信的电子商务发展环境，促进经济持续健康发展提供了重要支撑。

6. 实施关键节点

平台建设主要分为两个大的实施周期：平台构建期和生态拓展期。两个实施周期先后历时4年，基本形成了能源行业多产业协同生态。下面以第一实施周期为例，介绍项目实施过程与关键内容。

平台建设始于2017年初，项目组对有关企业和单位进行集中调研，调研内容包括类似企业的先进做法、平台技术与提供商、平台建设提供商，综合对比各项技术架构、应用场景和运营模式。2017 年 4 月，完成立项材料编写，先后组织内外部多次立项评审，请业界专家、技术专家、关联企业、集团公司等献计献策，把关把脉，最终确定了项目建设方向和建设范围。2017 年 6 月初，通过公开招标的方式选定合作供应商，与自有业务和技术人员一起，共 30 余人共同组成项目建设团队，开展业务功能设计、技术架构设计，并经过紧张的开发和测试工作，商城交易板块于 2017 年 11 月正式上线，此后到 2018 年 9 月，非招标业务板块建成并上线运行。项目于 2018 年年底完成整体验收。

首期项目建成后，截至 2020 年，陆续建成范围覆盖煤炭、电力、运输、化工、新能源、环保、科技、金融等多产业板块，集电商交易、询比价交易、竞价交易、拍卖、联储共备、闲置调剂、个人服务等多业务形态于一体，融合社交化、移动化、社会化的供应链服务体系，服务于 27 万余家供应链上下游企业，已逐渐演化为能源行业物资供应链协同生态的核心平台。

7. 实施过程遇到的典型问题及解决方法

典型问题：平台交易类型涵盖大量的工程建设项目、生产运营项目以及种类繁多的物资品类，与交易规模相对应的是庞大的供应商群体，平台服务的供应商超过 27 万家。供应商业务规模、技术水平、资源实力等各不相同，如何准确、高效地挖掘、识别出优质的供应商群体，成为决定平台交易质量和服务水平的关键。

解决方法：运用知识图谱和深度学习技术，建立供应商精准画像，实现供应商之间的血缘关系穿透，应用于供应链交易全过程，全面提升寻源、交易和履约质量。对供应商开展动态评价，根据供应商历年评价数据，分析判断供应商成长趋势、供应商分布、供应商成交金额排名、供应商综合排名等因素。基于区块链平台，将供应商的企业信息、信用信息、品类业绩、履约信息等数据上链，确保数据上链后的公正、透明和不可篡改。在供应商准入阶段，通过供应商自主注册信息和第三方机构／平台的抽取数据，收集供应商基本信息、社会信用信息、资质信息、业绩信息等数据，并进行综合研判和分类，为供应商的准入审核和评价评级提供直接判别依据。在供应商评审阶段，实时监控供应商信用信息，对列入集团发布的供应商重点关注名单等信息进行预警；建立供应商关系拓扑图，有效识别供应商组织关系和关联关系；通过预警历史画像，显示供应商历史智能预警记录，发现并识别出报价人的疑似串标行为，进一步锁定惯犯，对报价人的不良行为进行警示。在交易审定阶段，对首选、备选供应商信用信息、履约信息、历史成交信息、该供应商在同类型供应商中的综合排名情况等进行综合比较和综合分析，对潜在的履约风险和质量风险进行预警，辅助采购人进行决策。

8. 实施效果

本案例充分利用大数据、云计算、人工智能等先进技术，将供应链管理与服务一体化融合，建立起标准统一、资源共享、产业协同、深度合作的运营模式，是全国首家业务范围覆盖煤炭、火电、新能源、水电、运输、化工等产业板块的综合性协同生态平台，服务于供应链 27 万余家企业，年交易数超过 100 万笔，交易金额超过 1000 亿元。与传统交易方式相比，商品平均价格降幅超过 10%，交易周期至少缩短 30 天，取得较好的经济效益和社会效益。

案例二十七　跨境冷链产业互联网平台

跨境冷链产业具有链条长、环节多、服务人员多样的特点。在国际贸易中，存在众多虚假信息，导致付款后不能提货的现象层出不穷。由于跨境冷链产业报关报检过程等信息庞杂，因而对涉及跨国交易、物流的业务人员的专业知识要求高，且物流过程中保鲜及制冷控制点较多，产业质量把控问题尤为突出。因此，如何利用大数据智能化建设改变冷链产业，已然成为全行业的重要课题。

本方案通过运用互联网、大数据、人工智能、物联网、区块链等技术，连接国外工厂至国内客户，将进出口、货物跟踪、报关、报检、冷链物流、进销存、财务、物流仓储、供应链金融等业务标准化、数字化、线上化；将商流、物流、资金流、法务流、信息流五流合一；实现跨境冷链产业"跨境智慧商务、全国共享仓储、清关物流微服务、冻品区块联盟链、供应链金融、全球多式联运"的六大目标。

1. 跨境冷链产业面临的问题及应用需求

近年来，中国进口生鲜量逐年提升，市场发展迅速，但也受到各种因素的制约，导致跨境冷链行业整体数字化进程落后，存在产业链不完善的情况，阻碍了行业内整体产业链的发展。具体原因如下：

一是跨境冷链行业信息化程度低，供应链管理不科学，导致冻品进口成本高。冷链行业的业务订单执行周期冗长，业务环节繁多，客户要求多样，信息化实现难度较大。同时，由于行业内企业的自有系统对接船运公司、海关、第三方平台难度高，且存在信息孤岛现象，造成行业信息化滞后。滞后的信息化间接成为行业供应链管理的瓶颈，上中下游企业的供给、加工、销售、物流等信息不能做到信息同步、业务协同，供应管理与行业受到制约。在冷链行业，现今大部分的工作还是采用人工方式，导致很多环节工作重复、出错率高。以上各因素均导致冻品进口成本较高。

二是跨境冷链产业进口环节众多、流程冗长、手续繁琐，导致交易信息追溯难。生鲜产品从国外采购运输到国内加工，是一条很长的产业链，涉及国外供应商、国际贸易端、海关、国内采购商、下级采购商等众多环节，与之相关的服务链包括货物进口、跟踪、报关、报检、冷链物流、进销存、物流仓储、供应链金融等，全环节或全流程的信息追溯困难。

三是跨境冷链供应链业务复杂，导致企业很难获得金融机构授信支持。进口生鲜冻品是一种食品性的动产，其贸易企业的业务环节繁琐难懂，且存在虚假订单等问题，大都资信较低，而金融机构又普遍对冷链行业的了解度低、风险识别滞后、过程监管手段缺失，因此，就出现了"放款难，放款忧"的现状。部分贸易商只能通过其他成本较高的融资渠道进行融资，这些也导致了冻品价格升高。

2. 跨境冷链的落地场景与方案架构

产业互联网的构建思路主要有三点：一是确定产业互联网构建的发起人，发起人可以是产业中的行业龙头、供应链核心企业或者产业集群中的产业园；二是确定一种或多种有价值的服务，由行业经验丰富的产业人士和互联网经验丰富的 IT 人士，共同确定一种或多种客户无法拒绝的服务；三是基于以上两点构建一个通用的产业互联网平台。

跨境冷链产业互联网平台以进口冷链产业中的国际货运代理龙头企业为产业互联网构建的发起人，选择跨境冷链中的进出口服务、物流服务、供应链金融服务等为价值切入点，按照"后台＋中台＋前台"的思路进行平台架构搭建，通过互联网、物联网、大数据等技术手段构建了一个包括进出口、货物跟踪、报关、报检、冷链物流、进销存、财务、物流仓储、供应链金融等服务（也称为微服务）的线上线下综合服务性平台。跨境冷链产业互联网平台架构如图 3-59 所示。

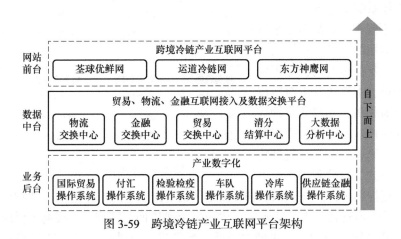

图 3-59 跨境冷链产业互联网平台架构

平台架构的服务模式：

第一步，客户在"网站前台"的服务窗口，如"荃球优鲜网""运道冷链网"等，提交"服务订单"，提出服务需求。

第二步，平台根据服务类型，将"服务订单"交给"数据中台"的"物流交换中心、金融交换中心、贸易交换中心"等数据处理中心，对"服务订单"进行分析，按照平台规则向"业务后台"的业务服务提供方分配任务。

第三步，"业务后台"接受任务后，业务服务提供方通过"国际贸易操作系统、付汇操作系统、检验检疫操作系统"等行业应用系统＋线下服务的方式完成服务订单，并反馈给服务窗口的客户。

3. 跨境冷链平台所采用的关键技术

（1）独立业务元模型。如果按传统的信息化模式建设跨境冷链平台，系统将非常庞大复杂，会出现低复用、高耦合等问题。为解决这个痛点，从业务本身入手，分析业务处理过程中固定不变的业务单元，以模块化、业务元的思维来解决。"元"是不可再分的业务单元、业务元素，是完成某个独立业务的最小单位，也是完成独立业务的最少步骤。当其他场景有相同的业务需要完成时，就可直接使用和请求这个"业务单元"来完成这个业务，不需要重复开发该功能。

用"国际贸易操作系统"举例,该系统由 8 个模块组成,每个模块又由若干个固定的"业务元"组成。在"单证管理"模块中,由"许可证分配、许可证核销、许可证管理"共 3 个"业务元"组成,"许可证分配"业务元可独立完成许可证的分配任务,当其他模块或平台中的其他服务需要"许可证分配"功能时,就是直接向"许可证"业务元输入请求,同时会通知其他业务元"许可证分配业务元"处理的信息,当业务完成后输出给请求方,相同的业务可直接使用相关的"业务元"来实现。图 3-60 是国际贸易操作系统示意图。

(2)形状不规则、特征多变图形的识别算法。常用的图像识别算法对于形状不规则、特征多变的物体识别与定位较为困难。本算法基于对冷库中,多角度高清相机所拍摄的货押标的物(即,货押物)的图像,进行深度学习与特征识别,改变了对货押物的收集和处理方式,充分利用多角度

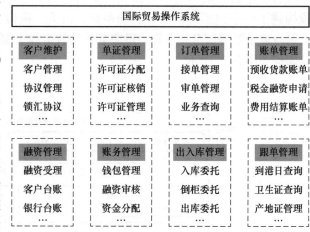

图 3-60 国际贸易操作系统示意图

可视数据,对货押物进行扩充图像识别,使之能更迅速、实时、准确地检测物体,增强图像识别、改进机器学习视角。本算法解决了供应链金融货押监管难题,提高了供应链金融货押仓库中的动产货押物的识别率,可助力降低银行借贷融资风险。图 3-61 是形状不规则、特征多变图形的识别示意图。

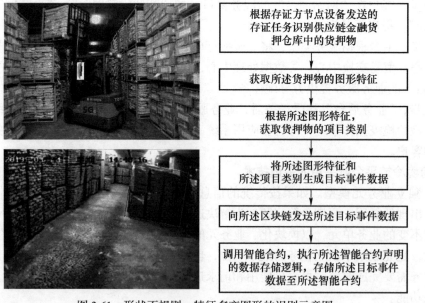

图 3-61 形状不规则、特征多变图形的识别示意图

（3）加密图像的已知明文攻击抵御。常用的图像加密算法中，密钥与明文无关，导致无法抵御已知明文攻击。本图像加密算法采用离散混沌加密算法：首先，编码后将像素信息输入预设的神经网络模型，得到编码后像素信息的特征向量；然后，对编码后像素信息进行矩阵转换，得到转换后的矩阵；然后，根据特征向量，对转换后的矩阵进行置乱，从而得到置乱后像素信息；然后，再对置乱后像素信息进行伽马变换，得到中间密文数据；最后，依据所述特征向量，对所述中间密文数据进行加密计算，得到加密后像素信息。本算法对混沌序列进行优化改进，提高其随机性和分布的均匀性。建立密钥与明文的复杂相关，增强密文对明文和密钥的敏感性，采取并行交错的加密策略，提高加密效率和算法的复杂性。图 3-62 是抵御对加密图像的已知明文攻击示意图。

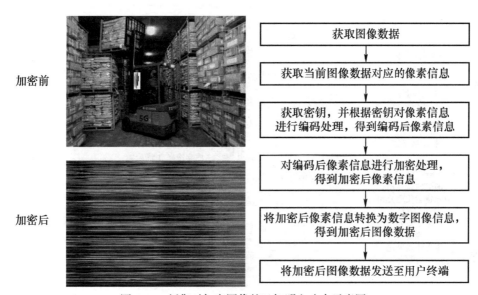

图 3-62　抵御对加密图像的已知明文攻击示意图

4. 场景应用效果

（1）国际贸易一站服务。跨境冷链产业互联网自建成以来，已有全球 54 个国家、600 余个肉类加工厂、近千家国外供应商入驻，平台上全部加工厂及国外供应商均实现了注册地、银行账户、往来邮件地址、工厂产品等信息核验，使每一个交易均真实可信，可通过 20 余家银行向国外提供一键多币种付汇。进口合同、卫生证、原产地证、提单等数据已实现自动审单核验、货票相符。平台可根据订单信息自动申请进口许可证，并可根据通关信息完成许可证核销，而且已与海关单一窗口连接，实现了一键报关、汇总缴税、通关结果查询等。肉类检验检疫可进行在线预约，报关单、检疫证、消杀证明等证件可实现在线结果核查功能，实现了国际贸易一站式服务。

（2）产业数字化生态圈。跨境冷链产业互联网平台现已连接国内外供应商、贸易商、采购商以及物流企业、仓储企业、金融机构等多方端口，充分挖掘各方核心价值，构建了跨境冷链产业全新价值链生态体系。可提供跨境多式联运物流服务，与 50 余家国际船运公司互联，实现了在线订舱，并实时跟踪航运轨迹。与天津、上海、青岛、盐田等 11 个沿海港口开展业务协同，实现了提货预约、船边直提、费用结算等业务。目前打造的物流平台已实现运输全程监管。智慧云仓板块已经与 230 余家冷库达成联营式线上服务，实现货物入库预约、在库监控、自动盘库、自助出库、在线结费、电子发票等功能。已将海外生产加工数据、国际贸易数据、海运数据、报关报检数据、陆运数据、仓储数据实现全程上链确权，形成了产业数字资产，形成了跨境冷链产业数字新生态。图 3-63 是产业数字化生态圈结构图。

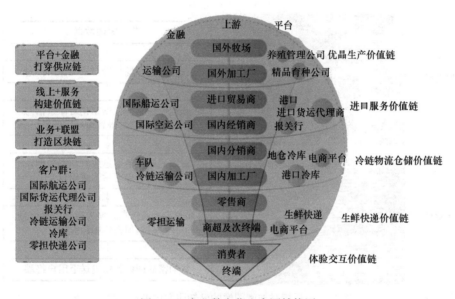

图 3-63 产业数字化生态圈结构图

（3）供应链金融闭环风控。通过对商流、物流、资金流、信息流、法务流的全面监控，形成了五维度风险识别模型。一是通过应用货押物图像识别算法，结合风险管理知识库，形成冷链产业闭环风控体系。根据各企业在平台上的交易数据建立企业评级标准，对接 CFCA 国家认证机构对企业身份的审核；二是通过对合同及协议的在线电子签章，确保交易证据链条的完整性；三是通过平台交易数据对客户及服务商进行精准画像，根据业务需求对接银行，为客户提供全链条的供应链金融服务，实现在线放款；四是通过视频分析、物联网感知、大数据追溯等技术提供对货押物的物流的全程监管，严控货物状态及流向，实现货物的安全存储；五是通过进口报关单价格，利用 PPI[①] 指标体系构建进口肉类价格指数 PPI-

---

[①] PPI，生产价格指数（Producer Price Index，PPI）是衡量工业企业产品出厂价格变动趋势和变动程度的指数，是反映某一时期生产领域价格变动情况的重要经济指标，也是制定有关经济政策和国民经济核算的重要依据。

IMD[①]，准确反映猪牛羊鸡等冻品的价格走势，提前识别货押物市场价格变动风险。图 3-64 是构建闭环风控体系，供应链金融赋能冷链产业示意图。

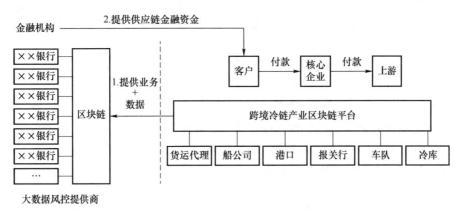

图 3-64　构建闭环风控体系，供应链金融赋能冷链产业示意图

5. 实施流程及关键点

跨境冷链产业互联网的实施，遵循"自下而上"的原则，主要分为三个步骤。

（1）第一步，业务后台建设。先将未实现数字化和信息化的线下业务进行信息化集成，针对产业的各个环节进行信息化建设，为冷链行业产业链上的采购商、贸易商、货贷公司、金融机构、物流企业、仓储企业等开发专用行业软件（操作系统），包括国际贸易操作系统、付汇操作系统、检验检疫操作系统等，提高行业数字化水平，形成强大的产业后台系统。

（2）第二步，数据中台建设。基于互联网、物联网、移动互联网等现有网络进行标准化建设，形成一个可以互联互通的产业物联网数据交换中台。一是建立接入产业互联网平台的标准通信协议和接口；二是建立四大中心——金融服务中心、贸易服务中心、仓储物流服务中心、大数据分析中心；三是形成一个互联互通、融合共享的产业网络。

（3）第三步，网站前台建设。统一对外提供一个一站式服务窗口，也就是产业服务前台网站，产业中的客户可在网站上提出服务订单申请，如"荃球优鲜网""运道冷链网""东方神鹰网"等网站。

整个平台搭建完成后，前台的服务订单都通过产业数据交换中台下沉到产业后台进行操作，多个环节之间通过产业数据交换中台进行信息传递，实现数据交换。产业各环节的处理结果可以通过中台回馈到前台，形成完整的信息闭环。

6. 实施过程遇到的典型问题及解决方法

产业互联网实施当中最难和最关键的地方就是产业的数字化，跨境冷链产业现状是，很多环节缺少信息化支撑，缺乏产业互联的条件。解决思路是，在新一代数字科技的支撑和引

---

① PPI-IMD，进口肉类生产者报关价格指数（Import Meat Producer Declaration Price Index，PPI-IMD）是一定时期内以进口肉类报关单价格为指标，利用链式拉式公式编制的价格变动的相对指数，它反应的是进口肉类价格的变动趋势和变动幅度。

领下，以数据为关键要素，以价值释放为核心，以数据赋能为主线，对产业链上下游的全要素赋能信息化和数字化，进行产业升级、转型和再造。

（1）构建产业数字化的战略体系。分析产业痛点和难点，以加快产业数字化转型为目标，利用新技术和商业模式进行创新，使数字化转型从局部规划和设计向全局规划和顶层设计转变，促进产业走上可持续发展的轨道。

（2）完善数字化基础设施建设。加快提升传统产业信息化、数字化水平，包括物联网、行业专业软件、行业大数据中心、交换中心、计算设施等信息基础设施的建设。

（3）构建开放、协同、融合的数字化生态圈。打造基于行业核心企业的数字化转型平台和面向中小企业的数字化赋能平台，通过核心企业建平台、上下游企业用平台的双轮驱动模式，促进产业链各环节良性互动发展，形成产业链上下游各具优势、竞相创新，以及资源开放、共享、协同、融合的数字化生态圈。

7. 实施效果

（1）经济效益方面。自平台上线以来，业务规模一亿元以上的企业已入驻千余家。

（2）供应链金融方面。为商业银行解决了，进口冻品从境外集装箱装运开始，到海上运输、国内通关、陆路运输、冷藏销售等环节的全程可视化监管。目前，多家银行系统已全面对接，实现在线融资百亿元。

（3）平台赋能冷链物流园区角度。利用一站式数字化服务优势，业务操作效率提升约28%，业务操作准确率提升至100%，货物周转率提升 25%~40%，实现产业最优资源配置与物流路径优化，综合物流成本降低 5%~30%。

（4）平台社会影响角度。一方面，平台全流程追溯可覆盖仓储、运输、供货商、原产地、检验检疫、销售平台等信息，可实现货物质量检验检疫查询。降低了货物从海关检验到送达至客户手中的时间，实现了生鲜产品溯源、食品安全保障及常态化防疫等生鲜供应链各个环节的风控；另一方面，实现生鲜产品的及时供应，及时满足民众对生鲜食材的需求，有利于生鲜食材价格稳定。

冷链平台获得的数据积累、数据挖掘、数据融通能力，为有类似平台需求的产业发展提供了范本。

第五节　智慧物流

2009 年，美国把"智慧的地球"作为国家战略，拟将新一代 IT 技术充分运用在各行各业，形成"物联网"。同年，我国把"加快物联网研发应用"首次写入政府工作报告，在此背景下，我国业界率先提出"智慧物流"概念。

现代物流与人们日常生活密切相关，在网络购物、外卖、文件送达、货物搬运及海外物品寄递等场景，人们正在享受现代物流带来的便利。物流更是工、农业企业获取生产原料和运输产品的重要保障。现代智慧物流涉及物流运输、仓储、包装、装卸搬运、流通加工、配送、信息服务等环节的系统感知、数据分析、自动处理和自我调整等功能。

为促进现代物流业与农业、制造业等产业融合发展，需加快对传统物流设施的数字化改造升级。《"十四五"数字经济发展规划》重点行业数字化转型工程专栏明确提出："加快建设跨行业、跨区域的物流信息服务平台，实现需求、库存和物流信息的实时共享，探索推进电子提单应用。建设智能仓储体系，提升物流仓储的自动化、智能化水平"。

本节选取京东物流转型、药企智能仓储，以及通过物流对经营状况进行监控、诊断和效果归因平台的三个实践案例。

案例二十八　大数据技术助力京东物流智慧化转型

京东物流经过十多年的发展，在数据层面不准确、不标准、不一致等问题逐步凸显，困扰着业务的可持续发展。业务运营管理需要投入大量人力、财力、物力，内外部资源未得到有效整合和充分利用，整体运行效率不高，客户满意度呈现下降态势，迫切需要开展数据治理工作，并基于高质量数据，建立自动化的运营管理、经营分析、数字化供应链管理与服务等能力，支撑物流业务的可持续发展。

1. 对数据的应用需求

（1）在数据管理层面。京东物流借鉴国内外成熟的数据治理和数据资产管理方法论，对大数据管理进行顶层规划设计并推进落地实施。目标是，通过体系化的数据管理，解决数据问题，逐步构建完善的数据资产管理职能与工具，实现物流数据资产对内外部赋能，围绕"平台端""商家端""用户端"三端，打造健康良性的物流数据生态。

（2）在业务运营与优化层面。通过提升数据管理能力，让业务应用可以高效地发现和使用数据；通过挖掘数据，提高资产利用效率，有效支撑物流各部门、分支机构的业务经营与运营，覆盖销售过程、客户营销、运力调度、揽转运派、分析与决策等业务环节，使其从人工管理、半自动化管理向自动化、智能化转型，实现物流供应链全局的统筹管理和数字化。

（3）在应用场景层面。快递揽收场景，通过整合多渠道来源的客户订单，结合地图数据进行智能分析，实时将最优揽收路径提供给快递员，以实现下单后10min内完成客户联系，1h内完成揽收；运力管理优化场景，对不同仓库、不同分拣中心、不同站点、不同路线等各物流运输与处理环节的订单进行综合分析，计算出多站点串联和统一传站的最佳装车组合，提升运输效率；货物装车环节，通过装车扫描分析、识别可用空间与货物体积之间的匹配关系，对车辆空间进行最大化利用，提升装车效率；商家服务环节，通过对仓储、订单等数据进行挖掘，对客户销量、库存、备货、区域调拨等进行预测，为客户提供更高效准确的供应链服务。

京东物流打造以数据和服务为链条的数据生态，为商家提供解决方案级数据服务，为商家的店铺经营和运营提供数据赋能。同时，基于数据管理与服务能力沉淀，将数据管理与服务能力模块化、组件化，根据内外部客户需求定制数据管理、加工和应用服务。

2. 场景落地方案架构

物流大数据技术应用方案架构包含运力自动化调度、数字化经营服务、运营综合分析等平台。

（1）运力自动化调度。物流运力自动化调度依赖面向公、铁、空、水的使用者，以及运载场地、运载线路、运载工具等高质量运力资源的有效管理。运力自动化调度平台分为软硬件基础设施、智能运输运营系统、智能决策系统三个主要部分。通过对运载工具的主数据、元数据、参考数据等进行标准化，规范作业流程，基于算法来测算运力需求和车辆、货物状态，提升车辆、货物匹配的准确率和运营效率。通过基础数据治理，实现对运输作业、承运商、场地等的统一管理和监控，通过综合分析司机、车辆、路线、天气、行为等信息，避免司机疲劳驾驶、超速驾驶，提升运输效率和安全性。图3-65是运力自动化调度平台架构图。

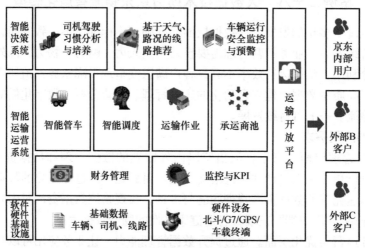

图3-65　运力自动化调度平台架构图

（2）数字化经营服务。数字化经营服务平台聚焦财务、销售、产品、质量、人力资源等管理场景，可为各级管理人员提供数据分析服务，实现管理工作数字化、数据信息线上化、管理语言统一化，提升经营管理效率。图3-66是数字化经营服务平台架构图。平台架构分为通用服务层和业务表现层两大部分。

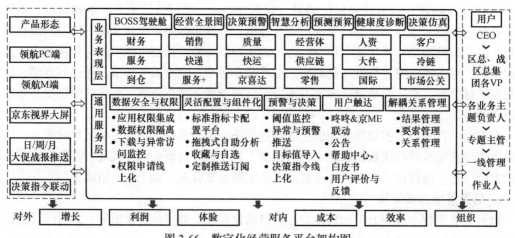

图3-66　数字化经营服务平台架构图

1）通用服务层，主要实现数据集成、安全管理、阈值监控和预警等能力。

2）业务表现层，对使用者提供服务界面，可支撑各类管理分析应用的需求，服务对象包括各层级的管理人员，同时可以赋能合作伙伴。

平台报表已覆盖经营、体验、质量、销售、人资等板块的数据，可以支撑各业务模块分区域、产品、渠道、客户类别等的查看，可展示同比、环比、趋势变化，并对变化原因进行溯源分析，支撑业务决策和经营改善。

例如，新冠疫情期间运输能力变化造成的延迟，平台及时发现不同区域的需求变化，进而对全国运输资源进行统筹调配，对于疫情严重的区域及时提供运输能力支持。对于财务结算环节，平台可以支撑订单地址的准确解析，对于地址描述方式不同但实际属于同一地址的情况，支持订单合并以统一结算，提升结算效率。

（3）运营综合分析。运营综合分析平台，面向京东物流集团总部和各区域、分公司的运营、质量管理人员的数据分析，支持快递、快运、分拣、配送、冷链、逆向物流等各场景的全链路运营管控。智能中台对运单、订单、揽收、分拣、派送等环节进行准确定位和分析，识别出运营瓶颈和拥堵点，基于问题经验库，对运营时效达成、破碎件处理、逆向物流回单、线路负载与运输能力极限、客户理赔情况等输出自动化给出决策建议，供运营人员参考。同时将运营过程数据推回至平台，过程关键指标用以支撑运营复盘和优化。图3-67是

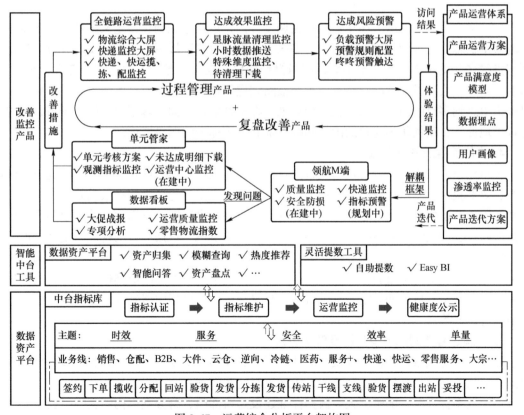

图3-67 运营综合分析平台架构图

运营综合分析平台架构图。

3. 涉及的关键技术

（1）数据管理本地化。京东物流根据集团数据的实际情况，对外部数据治理理论进行了本地化解读工作，着重在数据标准、数据模型、元数据、数据质量、数据架构、数据安全、数据认责等领域，依次进行了细化。

（2）数据认责。基于数据治理理论框架，从数据全生命周期管理的角度，将数据表、字段认责到生成数据的源头，明确到数据录入的操作岗位和开发人员，以实现数据可追溯，对于应用端发现的问题，能够通过数据血缘快速找到负责人并协同改善。

（3）数据安全。通过数据资产管理平台将数据安全控制落实到字段级，支持设置字段层面的安全等级，并对不同级别的数据采取差异化的管控措施，在保障数据安全的同时，避免对业务应用产生负面影响。在生产系统中，通过集中管理平台对表、字段进行敏感级别标注，由开发人员提交敏感级别标识，经由信息安全与法律合规人员共同评估。数据安全管理采用京东自主研发的基于权限管控的加解密服务（Access Control based Encryption Service，ACES）技术，可以安全有效地生成、管理及分发数据加密密钥。经过注册的业务系统通过集成 ACES 客户端 SDK，以透明化的方式获取与业务相对应且唯一的、与其他业务不同的密钥或密钥链，并通过调用 SDK 的 API 对敏感数据进行加密或解密。

（4）运力自动化调度。在车辆自动化调度方面，运输车辆到达预定义区域时，需要解除运输锁定状态，通过构建物流地图，对路区、站点等设置区域围栏，通过实时计算，确定车辆与围栏之间的位置关系，给出车辆解封操作建议。在车辆导航方面，综合考虑货车限高、限重、限号、出发时间等限制条件，对运输路线进行优化，在点对点路线计算的基础上，可以提供单点到多点的路线时间以及路径规划。在地址解析方面，基于地址解析服务，可以根据订单地址，自动优化为完整的国标四级地址和内部标准的四级地址。

4. 实施流程及关键节点

平台建设的实施流程主要包括项目可行性研究、项目立项、项目启动、项目建设、阶段投产、效果验证、复盘评价。在项目可行性研究阶段，主要论证当前在数据管理应用、数字化经营服务、运力自动化调度、运营综合管理、数字化供应链等方面面临的主要问题、解决方案与路径、涉及的业务条线和部门等；在项目立项阶段，根据项目的构成与复杂程度，将项目拆分为数据治理、数字化经营服务、运力自动化调度、运营综合管理等，分别由数据中台部、经营分析部、运营服务部、运力平台部牵头负责，其他部门协同推进；项目实施后的效果评价，基于项目前期设定的基础目标，复盘项目建设过程中遇到的问题、改进效果、降本增效的达成等。

5. 实施过程遇到的典型问题及解决方法

数据质量是大数据价值得以发挥的基础保障，我们在实践过程中遇到了很多数据管理落地执行的相关问题，并采取了合适的方法来应对这些问题。

（1）数据标准统一的难度大。数据标准建设是跨部门、跨分支机构的工作，通常会涉及各个部门与各个系统的核心内容，对齐数据颗粒度、维护时间点、维护规则等，协调工作挑战较大。以车辆数据标准化为例，自营车辆、租赁车辆、司机自带车辆、第三方平台车辆、个体户车辆等分属于不同业务线管理；自营车管理方面，车辆固资管理、车辆运营调拨、车辆保险信息分属于不同的部门管理。各方对车辆基础信息的定义及要求不同，如车型、牌照变更、报废处置等级的要求均不相同。

上述该类难点的解决方案，需要公司高层管理者对于数据标准形成统一认知，转化为影响业务运营环节的量化结果，通过协调多个部门，拉通信息创建的源头，保持车辆信息录入的单一入口。在车辆基础信息标准化方面，我们所遵循的第一项原则是"就早不就晚"，也就是数据建立的标准时间点以可找到的最早创建时间点为第一选择；第二项原则是，数据标准覆盖颗粒度如果是属于通用颗粒度的，采取"就细不就粗"原则，细颗粒度可以通过汇总方式形成粗颗粒度结果，粗颗粒度的数据较难自动拆分，规范统一拆分方式，确保不因颗粒度不一致而导致分歧；第三项原则是转换原则，对于部分存量系统，为确保业务有效运营，短期内无法采用统一数据标准的，如果能够归类映射到数据标准的，采取归类映射的方式统一处理，对于无法直接归类的，采用人工识别的方式逐一清理并明确适用的数据标准。

（2）系统落地实施的难度大。以主数据建设为例，目前主数据建设主要有两种方案。第一种是主数据系统单独部署，与业务系统相互独立，其优点是能保证主数据的严肃性、不受单个业务部门影响，缺点是容易导致主数据录入与维护的及时性及规范性降低，数据质量管理难度大。第二种是主数据系统和业务系统绑定，将业务流和主数据流统一，业务直接驱动主数据的录入、修改及更新，这种方式的缺点也很明显，容易受限于业务系统管理的范围及要求，导致主数据跟随业务系统的需求，无法形成企业级主数据标准。

对于上述问题，我们采取主数据中心与业务系统相互结合的方式，构建统一的数据中台，由数据中台统一管理关键属性，业务系统管理非关键属性。例如，对于新增信息，由信息使用方所在业务系统发起申请，在数据中台的主数据中心创建信息，再返回给业务系统使用；对于存量信息，由主数据中心直接反馈给业务系统使用。对于非关键属性，则由各业务系统各自创建和管理。数据中台架构如图3-68所示，在数据中台的源数据层，采集和整合各生产系统的源数据，形成统一的数据标准，供下游数据模型整合并提供给各业务线应用。

（3）数据审核困难。数据审核的目的是让数据录入人员重视录入准确性，让管理者进行监督以提高数据录入质量，但在实践过程中，存在数据审核困难的问题。例如，同一个业务指标在不同业务部门的看板和场景中，影响程度和统计口径可能是不一样的。以快递业务的理赔成本为例，在财务部门，关注的是现金赔付金额；在快递部门，关注的内容除现金赔付金额外，还包括优惠券赔付金额、积分赔付金额等。

对于上述问题，解决思路是，进行审批归属的分类，让数据审核人员"术业有专攻"，尽量减少因认知偏差导致的数据判断偏差。数据归属分类既考虑单个业务线的需求，也考虑业务线之间的差异，通过精细化管理，降低执行难度。

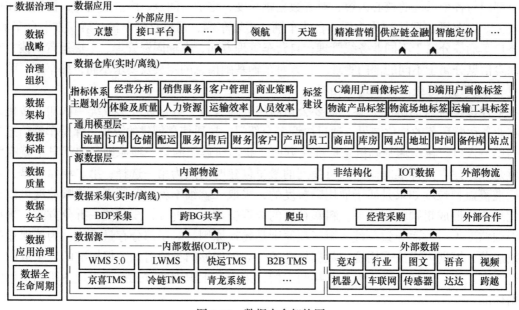

图 3-68　数据中台架构图

6. 应用实施成效

京东物流在运力资源的自动化调度、数字化经营管理、运营综合管理等方面，实现了治理与应用的闭环。通过数据治理，元数据完整率提升至 95% 以上，建立指标术语 5000 多项，培养数据分析师 200 多名。重点解决了传统运输资源依赖人工根据线路繁忙情况、货物量、运输距离等信息来安排资源的情况。通过对运输资源治理，对 90% 的调度场景实现自动化资源调拨和人工复核确认，极大提升了日常吞吐量和资源利用率，客户营销管理效率提升 30% 以上。截至 2022 年底，已累计降低业务管理成本数亿元。

数据管理能力的提升、大数据在业务管理中的应用，有效支撑了京东物流业务经营与运营管理的降本增效，达到了预期效果。

案例二十九　货运物流大数据智能分析及预警应用实践

2021 年，我国物流业总收入 11.9 万亿元，同比增长 15.1%，增势良好，但存在信息不对称、车辆和货物匹配效率低、无法在低成本的基础上实现效能最大化进而影响企业决策和发展的问题。我国倡导物流行业转型升级，在《"十四五"现代物流发展规划》中明确指出，利用现代信息技术推动物流要素在线化、数据化，开发多样化应用场景，实现物流资源线上线下联动，加强物流大数据采集、分析和应用，提升物流数据价值。

1. 货运物流大数据智能分析及预警平台

货运物流大数据智能分析及预警平台（以下简称"平台"）是基于物流行业智能化、数字化、降本增效等需求，深度融合 AI、云计算、大数据等技术，优化从人工运营向智能化运营转变,实现了智能监测、分析,通过对海量货运数据的智能运营分析以辅助科学决策,从而实现数据驱动业务增长。平台通过实时监控、诊断归因、AB 实验⊖、效果复盘、预警中心、策略中心等模块,提供物流行业业务增长的数据洞察、诊断分析和决策支持功能,从而完成数据驱动正向反馈运营机制的建设工作,还可以帮助物流行业企业有效应对市场红利削减、存量用户降低、企业补贴下降等问题。

2. 平台的落地场景

平台通过内外部数据融合联动,连通了线上线下业务,能够自动进行诊断分析、AB 实验科学验证、输出优化策略。可覆盖物流线上线下的多个场景,包括线上的广告投放、定价策略、AI 智能派券、红包分发、运力调度、销售线索转化,以及线下的城市精细化运营、潜客区域分布挖掘、中小企业线索收集等。

平台在拉新、首单、促活、复购、流失召回等整个用户用车场景中,能够实现用户全生命周期自动化智能运营,提升精细化运营效能,辅助业务快速增长。企业可以实时调整运营策略,把握用户体验,深度挖掘用户价值,为用户提供精准的营销服务,并根据策略应用的数据反馈及时调整。图 3-69 所示为在用户全生命周期中智能化决策的架构图。

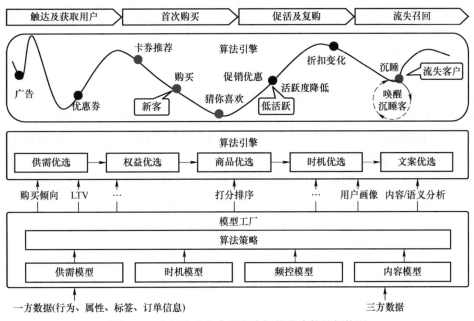

图 3-69 在用户全生命周期中智能化决策的架构图

平台在业务分析、策略验证、全量投放、策略效果复盘等运营场景中,提供了一套逻辑完善的数据诊断、策略输出的标准流程,形成了数据驱动业务增长链路的闭环。从业务现状数据监控、业务问题原因诊断、运营策略推荐、AB 实验验证、数据复盘评估回收,再到重

⊖ AB 实验 /AB 测试:AB 实验是一种验证假设的方法,其核心方法及原理分别是单一变量对照实验和假设检验。

新进入业务数据监控，整体建立了一个闭环正向反馈运营机制。图 3-70 所示为业务全链路正反馈机制流程图。

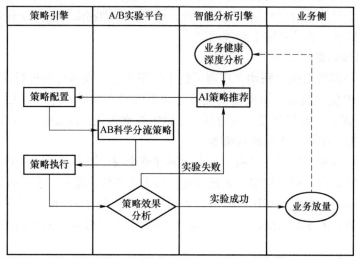

图 3-70　业务全链路正反馈机制流程图

3. 平台方案架构

平台依托大数据可视化、高性能实时多维查询引擎——联机分析处理（On-line Analytical Processing，OLAP）和实时数据仓库能力，通过收集、分析和可视化数据，将数据、诊断模型转换为易于理解的信息，可以帮助企业更快、更准确地分析数据，从而更好地满足企业对数据分析和决策支持的需求。平台由六个分层架构组成，图 3-71 所示为大数据智能分析及预警应用分层架构图。

（1）数据接入层。平台接入 APP 用户埋点、线上投放、线下推广、渠道运营的前后端业务数据，进行实时数据落库、建模处理，为溯源分析提供底层数据支持，包括天气、广告、订单、地图、交易等数据。

（2）数据服务层。通过构建用户和司机转化漏斗、广告投放流程、活动营销链路等数据指标体系，进行业务全链路数据监测。

（3）归因诊断层。平台提供可自定义的指标归因配置和归因算法模型的智能分析引擎，为业务提供更科学、更方便的指标归因策略。

（4）智能推荐层。沉淀运营策略数据和配置数据，打通智能运营能力，形成指标归因算法方案和模型，提供多种归因模型算法供业务选择，并能够进行策略、模型结果比对。

（5）科学决策层。提供具有实验前配置、实验中科学分流及全链路监控、实验后效果回收展示共三方面功能的分流实验引擎，提供一站式的 AB 实验分流服务。

（6）业务应用层。通过策略分发、人群推送等，与营销、定价、广告等业务联动，实现策略应用与调整。

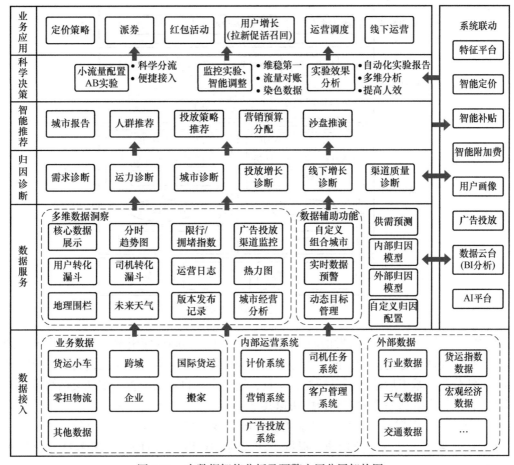

图 3-71　大数据智能分析及预警应用分层架构图

4. 平台涉及的关键技术

（1）智能分析引擎。智能分析引擎是一套涵盖前端、后端、大数据计算引擎、存储引擎的完整解决方案，提供一站式即席查询、数据可视化与诊断分析平台，通过自研配置工具，为用户提供基于不同时间、空间与业务维度进行灵活自定的上卷、下钻分析能力。图 3-72 是智能分析引擎架构图。

1）数据生产。按照订单、用户、司机、财务等业务领域划分，借助大数据实时计算引擎 Flink 与离线分析引擎 Hive，对 Binlog 经营及神策埋点等数据进行清洗、加工与计算，并将实时链路与离线链路计算产出的结果沉淀到数据存储层。

2）数据存储。为了支撑多样的业务分析场景，数据存储层引入了 MySQL、Phoenix、Druid、Doris 等多元存储引擎，用于存储计算引擎产出的聚合指标、预聚合指标或明细数据。并且针对各引擎实际应用中遇到的不足，团队积极进行二次开发，以满足服务对查询速度、数据准确性、引擎稳定性等方面的苛刻要求。

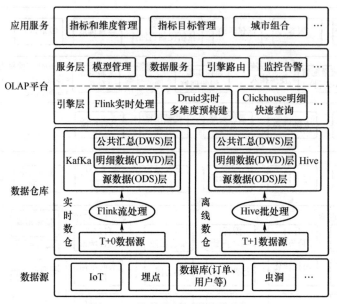

图 3-72 智能分析引擎架构图

3)数据应用。通过自主研发前后端组件,能够兼容不同存储引擎,对外提供统一的分析能力。提供灵活友好的前端页面,支持根据不同时间、空间与业务维度进行灵活自定义的上卷、下钻分析。基于后端自研灵活配置工具,通过个人自定义配置,实现灵活自定义归因诊断能力,并将有效诊断方案在平台中快速共享。

(2)分流实验引擎。分流实验引擎通过打造实验前配置、实验中科学分流及全链路监控、实验后效果回收共三方面功能,提供一站式的 AB 实验分流服务。图 3-73 是分流实验引擎架构图。

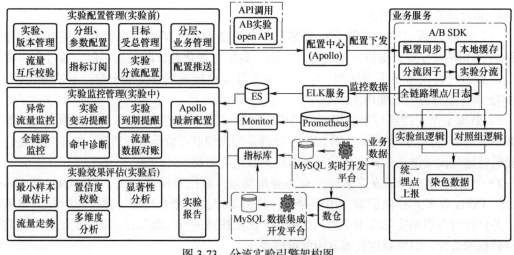

图 3-73 分流实验引擎架构图

1)实验前配置。实验前通过配置实验分层、版本管理、流量配置、实验目标受众等信息,保证实验的科学性、合理性及有效性。实验分层是在页面上通过分层配置,实现流量的多层控制,在实验分流过程中,保证层内实验流量互斥;版本管理是在页面上对实验进行版本控制,可以快速迭代新的实验,并能进行新旧版本实验的对比,提高线上实验效率;流量配置是通过业界常用的最小样本算法,根据实验预期、置信水平等因素,设置合适的样本流量;实验目标受众是通过配置流量所在的城市、区域、围栏、车型、时间等信息,进行流量精细化实验管理。实验前配置由统一的配置中心进行管理,在分流过程中由注册中心注册服务,然后分发配置到各个实验。

2)实验中科学分流及全链路监控。实验中科学分流是通过分流实验引擎提供的分流算法能力,来解决各种分流场景中流量划分不同质(无法保证实验单一变量)、不均衡的问题。其中,在实验分流算法过程中,自主研发了时间片轮播、时空分流等分流算法。时间片轮播是在 AB 实验随机分流的基础上提出了一种对时间进行多次分片轮播的方式,主要包括时间周期划分、时间周期内时间分片、时间分片 shuffle⊖ 分桶三个环节,保证在分布式多节点场景的分流结果一致性、均衡性;时空分流是在空间维度对地理位置按照蜂窝网格进行划分,在时间维度上对时间按照时间片段进行划分,对空间维度和时间维度分别进行分流,实现流量在空间和时间上的实验样本均衡,解决货运场景地域、时间、运力不同及不均衡导致的样本不同质问题。实验全链路监控是通过对实验进行全链路埋点来实现实时监控,是对业务请求发起、请求流转过程、埋点上报过程的实时监控,同时提供对账和回溯的能力,方便用户实时查看 AB 实验请求过程及结果,同时获取的全链路埋点信息可供实验后的实验效果回收。图 3-74 是时间片轮播分流算法原理示意图。图 3-75 是时空分流算法原理示意图。

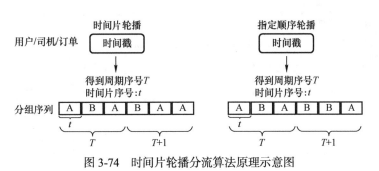

图 3-74 时间片轮播分流算法原理示意图

3)实验后效果回收。实验后效果回收是通过对埋点信息、实验信息进行数据处理,然后进行多维分析、置信报告分析、归因分析等得到实验结论。实验的埋点信息推送到消息队列,通过大数据实时计算引擎 Flink 进行数据清洗及初步流量统计,清洗后的数据写入到 Hive 数仓统一存储,通过离线 Hadoop 计算,埋点数据结合订单、用户及司机数据,生成实验关注的统计结果信息,并持久存储到关系数据库。对于实验效果分析需要的自定义指标,生成统计

⊖ shuffle:shuffle 是一种函数方法,会获取一个序列(如列表)并重新组织各项的顺序。文中即对时间片随机打散,组成时间序列。

信息宽表,并导入到 OLAP 实时多维分析引擎(Druid/Doris 等),以提供多维分析能力。在平台产品界面,通过多维查询,进行置信报告分析和归因分析,最后得到实验结论。

5. 场景应用示例

平台包含三个主要应用场景:业务经营状况实时监控场景、城市经营诊断分析场景、策略效果自动诊断归因场景。

(1)业务经营状况实时监控场景。平台通过对行政区、专业市场、货物类型数据的实时监控,能帮助生鲜、家居家装、建材、机械设备等细分行业订单增长,提供实时的数据支持,掌握业务的实时变化。

图 3-75 时空分流算法原理示意图

(2)城市经营诊断分析场景。运营人员可通过平台诊断,定位城市经营问题所在。首先,通过平台诊断首页提供的城市地图,了解城市订单专业市场的区县分布情况,排查是否存在城市订单交易下降等问题;其次,通过分析历史同比数据,查看各项指标趋势情况,了解历史执行订单量、预付响应率及配对率走势情况;然后,对城市问题进一步诊断,通过指标归因功能,分析关键数据,减少人工运营分析的工作,达成判定思路共识;最后,对高频异常的城市群进行自动监测和智能化预警,进行实时盯盘并快速诊断,能迅速定位问题城市及区域,通知下游运营系统及时调整策略。图 3-76 是城市经营诊断产品界面。

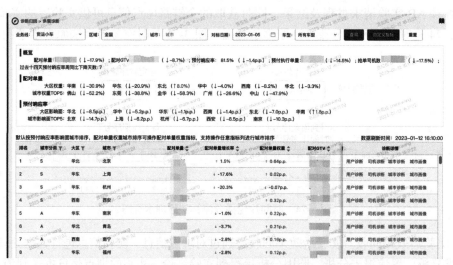

图 3-76 城市经营诊断产品界面

(3)策略效果自动诊断归因场景。对高速增长的城市进行复盘时,如果发现城市订单大幅度下降,能够快速定位,并通过城市诊断报告,发现问题环节及异常客户群,分析订单指标的时段、车型、端口等影响比重,定位到具体问题,输出诊断建议。图 3-77 是策略效果自动诊断产品界面。

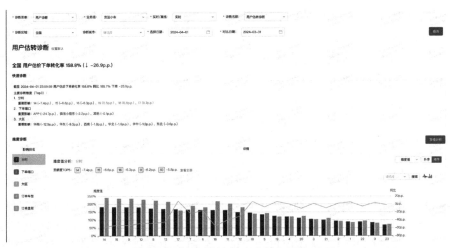

图 3-77 策略效果自动诊断产品界面

6. 实施流程及关键节点

平台在 2021~2022 年，分不同优先级按季度设置关键里程碑，完成实时监测、诊断归因、AB 实验平台搭建、预警中心、人群画像建设、策略推荐等功能，平台实施流程及关键节点示意图如图 3-78 所示。

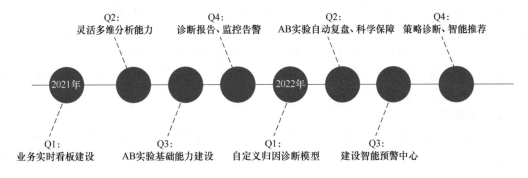

图 3-78 平台实施流程及关键节点示意图

7. 实施过程遇到的典型问题及解决方法

（1）智能分析指标归因算法的精准度不足及解决办法。一个指标的异常往往是由多个维度共同导致的，就拿平台订单量大幅度波动来说，可能是由通用维度（城市、时间段）、业务维度（订单类型、订单车型）交叉导致。因此，研发出能定位此类问题根因的算法模型，就显得尤为重要。我们采用基尼系数模型、时间序列、孤立森林等多种算法，从波动最大的单一维度出发，逐步下钻其他维度，最终确定最大影响因素，输出指标诊断报告，以满足指标异动根因的探查需求。

（2）平台诊断分析复杂、通用性和灵活性要求高及应对方法。平台接入的诊断数据源复杂、自定义查询灵活度高、存储资源压力大以及业务指标迭代频繁，这要求系统具备快速接入并存储数据的能力。因此，我们抽离了数据读取层，通过读取层适配不同的存储数据库，以隔离对查询层的影响；同时，针对指标数据的频繁增加，引入配置化的解决方案，通过指标映射配置表，可以0代码方式快速适应业务诉求；针对自定义查询经常多变的情况，引入通用查询层，可以0代码方式兼容频繁的业务变更，以及时满足业务诉求。此外，我们还引入了异步编排，通过配置化方式灵活组合和堆叠两类单元，从而实现丰富的纵向功能扩展。这样，可以降低程序设计与编码复杂度，并解除功能间依赖带来的不可控风险，保障通用性和灵活性。

（3）部门协作效率不高及应对办法。在平台建设过程中发现存在跨部门的需求频繁变更、无效需求居多、沟通效率低下、开发周期延期等问题。目前，公司通过自上而下建立项目管理、项目沟通、项目保障等机制，进行全程把控，从而解决对应问题。

1）项目管理制度。对于项目的研发，企业会事先进行充分的调研和可行性分析，根据调研情况进行可行性论证，再由技术部门牵头编制项目立项报告，最后由公司组织技术、行政、市场、财务等部门共同确认该项目的立项。公司运用项目工程理论和项目管理方法，在产品研发过程中，制定了标准的组织管理流程，包括项目启动、产品设计、研发实现、系统测试、验收、项目结尾。

2）项目沟通机制。通过明确关键角色职责，建立项目启动会、每日站会、例会、日报、邮件、待办事项每日追踪、复盘会等沟通机制，确保项目全程沟通高效、无信息差，遇到问题能及时反馈、高效协同解决。

3）项目保障机制。建立项目管理保障机制，包含项目阶段评价机制、统一管理和冲突处理机制两方面，其中项目阶段评价机制是为了更好地促进项目快速落地，促进项目范围收敛不发散，同时，基本保障在半年内对项目效果及时评价；统一管理和冲突处理机制是相似目标的项目合并为一个项目或项目集统一管理，不同项目发生优先级冲突时，由项目管理委员会进行项目绝对优先级评估决策。

8. 应用效果

依托平台的智能化、数字化、自动化等特点，能够促进物流行业线上线下订单的交易匹配度，从而促成交易，实现业务增长，目前，基于此技术，相关企业已实现年度营收新增上亿元。平台在支撑企业进行关键战略决策上，发挥了智慧大脑的重要作用，能同时处理超过1200亿条数据，提供超过100个功能服务能力，节省了日常运营工作的查数成本，直接节约了人员用工成本。平台目前已获得三项发明专利，在我国物流行业数字化转型、科技融合、产业创新等方面，起到了较好的示范效果。

案例三十　数据驱动的药企智能仓储物流应用实践

1. 案例背景——质量和效率是药企仓储物流的根本

医药行业是我国的支柱产业之一，药企仓储物流的效率、质量和效能是决定整个医药产业良性发展的关键。《"十四五"冷链物流发展规划》《"十四五"国家药品安全及促进高质量发展规划》等国家政策，对药企及医药流通的仓储数字化、物流绿色化、智慧化等提出了明确要求。

药企仓储物流与医药流通物流及普通商品物流相比，有其特殊性。第一是药品种类规格繁多，相互之间存在互补或干扰关系，对存储条件和运输方式存在特殊要求；第二是药品的保质期、有效期有严格要求，仓储与运输过程中需要进行必要的养护管理；第三是对药品拣选的正确率有严格要求，保证拣选质量和药品质量稳定性；第四是医药时效性要求仓储物流作业效率高，并能够对自动化设备进行高效应用控制。医药物流是物流业务中的高端业务场景，根据相关统计，医药物流市场规模超过 4000 亿元，作为医药物流的核心基础设施部分，医药智能仓储环节的市场规模巨大。应用数据驱动、提供面向医药仓储企业的数字化解决方案，具有巨大的市场前景。

2. 应用需求——数据驱动效率和质量提升成为药企智能仓储物流的必答题

前期企业使用传统的高位货架 + 叉车 + 人工拣选的方式进行手工作业，整体仓储占地面积大、货位利用率低、药品货位规划不合理，拣选路径很长，人工拣选效率低，容易出现错漏，存在极大的隐患。因此，利用数据决策、数字化系统来驱动仓储物流效率和质量提升，成为智能仓储物流的必答题。要实现数据驱动效率和质量提升，就要解决以下核心问题：

（1）构建软硬件一体的数字化集成系统。采用软硬件一体的数字化集成系统满足药企的需求，软件系统对物流作业的入库、出库、库内等全过程进行管控；向上与 ERP 等关联系统集成，向下实现对 AS/RS、穿梭车等自动化设备集成控制。

（2）构建智能化高效存储系统。采用数据算法驱动的 AS/RS、系统能够有效解决托盘重量大且存取能耗高的问题，并且通过智能规划算法，优化货位分配，实现托盘级仓库，将吞吐量和存储密度最大化。通过智能优化算法，实现输送机、穿梭车系统的路径智能规划，能够实现可用空间最大化，同时保持灵活性及超高吞吐量。

（3）构建可拓展的数字化系统平台。软件系统实现了统一底座，以仓储管理 WMS、仓库控制 WCS 作为系统的子应用，根据需求场景按需配置，是一体化、平台化的软件系统。

（4）实现"模型 + 数据"驱动机制。采用业务端可以定义任务模板、标准作业、知识规则的方式，实现业务场景的适配和调整，当场景变化或者流程动态调整时，通过前端进行模板更改，实现新场景的适配。并通过视觉识别等智能感知提高识别效率和防差错率，应用运筹优化和大数据分析的智能优化算法，优化货位分配、路径优化和作业调度，提升效率。实现"规则模型 + 数据驱动"的混合驱动，促进整体效率和质量提升。

3. 方案架构——数据驱动的软硬一体数字化系统架构

借鉴 TOGAF 等系统规划方法，对整个系统进行整体架构规划。系统分为"功能架构""数据及应用架构"。

（1）方案的功能架构。图 3-79 是方案的功能架构。

1）以企业为基点，支持多工厂、多仓库的统一管理。

2）在业务管理层面。通过统一的主数据和规则、策略管理，实现各系统的全局应用；实现入库、出库、库内的全过程仓储管理；实现多批次、多波次的拣选任务合并生成和作业控制；实现自动的事务集成处理；实现设备资产的全生命周期管理。

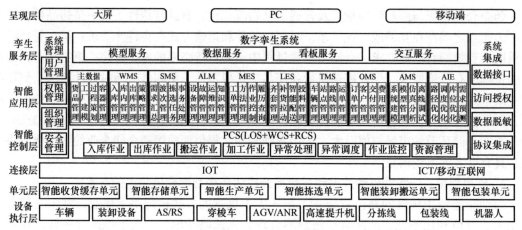

图 3-79 方案的功能架构

3)在执行监控层面。通过条码化手段简化最终用户的操作,实现简单、便捷的数据采集;通过工业触摸屏改善传统 IT 系统呆板的屏幕提示的人机交互模式,提高系统可用性;使用 LED 看板、车载终端等技术,面向对象地发布信息,提高信息传递效率。

4)在控制层面。实现对全过程设备的自动化集成控制,基于队列的多线程并行作业调度;实现作业全透明监控和异常快速处理;与 MES、AGV 实时互联,快速响应入库需求;通过监控系统实时监控库内情况,实现异常信息主动预警。

5)在决策层面。多维度展示看板、报表,主动推送各项 KPI。

(2)方案的数据及应用架构。图 3-80 是方案的数据及应用架构。

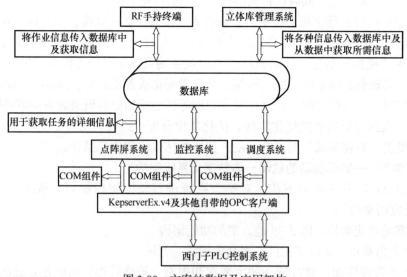

图 3-80 方案的数据及应用架构

系统通过一体化平台,对基于自研的一体化开发框架,支持多种部署方式,实现了系统管理、主数据管理、数据管理的统一底座,是一体化、平台化的软件系统。

系统分为基本业务管理系统、数据采集无线射频(Radio Frequency,RF)系统、监控系统、调度系统、点阵屏、OPC 服务器(Kepserver)等应用子系统。以仓储管理 WMS、仓库控制 WCS、设备生命周期管理 ALM 作为系统的子应用,根据需求场景按需配置,整体系统具有很高的配置性、拓展性。系统采用 B/S 架构,可以远程访问系统,如在内网环境也可以通过 VPN 访问;系统实现前后端分离,让技术开发更加专业化,为前后端独立优化提供助力。从总体技术架构上,采用基于 Java EE 的企业级快速开发平台,内置模块如:部门管理、角色用户、菜单及按钮授权、数据权限、系统参数、日志管理、通知公告等;在线定时任务配置;支持集群,支持多数据源,支持分布式事务。技术架构与业界标杆技术接轨,持续演进应用托管与微服务治理能力,输出先进的软件开发管理经验。无缝对接 DevOps 工具链,提升用户全流程自动化水平。

4. 关键技术——数据智能是物流智能化的内核

(1)视觉感知技术。机器视觉作为智能感知的核心要素,在安全行为识别、物料识别与检测、质量巡检等场景中获得应用。

1)安全行为识别。主要是利用机器视觉识别生产区域潜在安全风险的行为。针对仓储现场复杂多变的环境,设备较多,人机交叉较多,潜在的安全风险相应增加。本项目通过机器视觉系统,识别潜在的风险,并通过风险联动机制及时进行处置,降低风险发生概率。本项目前端采用了 400 万像素高清摄像头,实时采集现场实况视频,并将视频发送到后端视频处理服务器,视频处理服务器采用了高性能并行计算平台,实时解析视频图像的每一帧,对每一帧图像进行识别处理,使用标记识别算法、标记触发识别算法、运动监测算法等解析处理每一帧图像的图像信息,并将分析后的信息进行预置条件比对,对达到预置条件的图像进行图像抽取,并调用联动推送接口推送报警信息。

2)物料识别与检测。通过视觉识别,实现对物料特征的识别,判定物料是否是所用的指定物料,并通过获取物料的批次信息,与上位系统的数据进行比对,实现对仓储物料的防错料识别、自动盘点等。

3)质量巡检。通过对堆垛机绑定的视觉识别,对库内的物品进行质量巡检,通过表面的风干程度、颜色等对变质药品进行预警。

(2)智能装备自主协同控制技术。

1)设备智能执行调度。通过工业物联网技术,采集设备的工作状态参数、工况数据、能源数据和环境数据,将海量数据精准采集、数据逐层筛选并进行数据处理后,进行特征提取,建立模型的特征变量,针对不同属性的关键参数及其关联数据群,采用深度强化模型结合混合整数规划,获得了堆垛机、输送机的最佳调度控制方案并发布执行。

2)设备状态预测。通过工业物联网技术,按照不同堆垛机、输送机和 AGV 等监测对象,选择相应传感器,检测出反映设备运行状态的特征量信号,并将其转换成数字量信号。在 SLM 系统和后台机进行综合处理及分析,包括抑制电磁场干扰、低频噪音干扰、维数压缩等,最终提取出能真实反映设备故障的特征量,为诊断提供有效数据。基于工作状态的实时判别模型，根据采集的实时数据和历史数据，实现设备的实时状态监控和告警、故障智能诊断，防止设备的无计划停机。

（3）智能决策优化技术。图 3-81 是智能决策优化技术路线图。

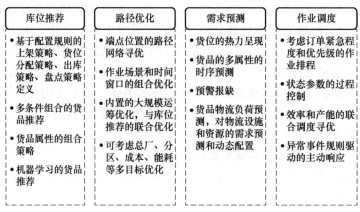

图 3-81　智能决策优化技术路线图

系统基于内嵌智能库位推荐算法，综合判断药品批次、空闲库位、入库策略，结合不同的验收结论、温度存储要求、药品属性存储要求，自动推荐上架货位。

对 AGV 和堆垛机的拣选搬运任务，通过对物流系统拣选因素的主成分分析，确定对工单优先级、需求时间、配送方式、发料仓库、批次控制、需求工序等决策点的控制，生成拣选任务队列方案。然后，通过物联网和系统集成，获取全部搬运设备的状态数据，通过对配送位置、状态、路径交通情况等分析，利用动态规划智能优化算法，调度搬运设备并规划最优路径、执行搬运调度及生产秩序等问题，自动生成配送指令并分派到相应的设备执行搬运。

应用大数据分析技术，结合待执行订单信息和历史进出货数据，实现对出入库需求的时序预测分析，并利于空闲时间进行仓储物料的优化调整和预分配，提高作业效率。

5. 应用效果——超越技术、回归本真

企业的管控品种包含 10 多个系列，涵盖 20 多种剂型，200 多个品规。建立智能仓储管理系统，精细化管理该物流园区中涵盖高架立体库、冷库、二类精神品仓库、退货库和平库等多类型的医药仓储。仓储流程可以细分为订单接收、盘点、入库、拣货、包装、出库等流程，通过系统管控，实现对整个流程场景的全过程管控。

（1）入库收货环节。系统根据新版 GSP 要求，提供供应商信息、送货信息、来货温度、供货信息核对等功能，并能够打印出相应收货单据，同时，系统支持采购收货、生产入库、生产退库、销售退库、成本中心退库等接收类型，支持有参照收货、WMS 与 ERP/MES 的收货整合，获取 ASN，支持 PO 收货或 ASN 收货，支持无参照收货中、无单收货入库、系统自主创建入库单，支持无参照收货和有参照收货的转换，避免生成新任务。同时，针对不同的供应商或货主,可以单独定义不同的接收方式。

到货后根据质量控制规则,自动生产检验任务。收货后根据智能优化算法推荐,自动分配入库库位,分派上架任务,连接 WCS 与设备交互,指引输送线、堆垛机、穿梭车等设备将指定托盘运送至分配库位。同时根据监管要求,自动采集药监码并上传。

(2)出库环节。系统能够与 ERP 或 OMS 集成,获取出库单信息,支持销售发货、生产发料、服务发料、杂项发料等各种类型,系统支持根据多种条件组合设定波次,如支持根据固定间隔器、货主、优先级、紧急程度、运输方式、运输时限要求等,进行智能排程合单,生成出库任务,并基于库存推荐规则进行库存推荐,自主寻找最匹配的货品批次并推荐出库。

(3)盘点环节。采用堆垛机视觉盘点,实现对指定区域、指定货位的物料盘点和质量巡检。通过数字化系统的执行和智能算法的应用,仓库总体面积减少 50%,平均拣选出库时间减少 30%,总搬运里程数减少 20%,库存准确率超过 99.99%,综合效率提升超过 30%。

6. 实施流程关键节点——项目管理是方案交付的钥匙

采用完整的解决方案交钥匙工程的方式,为客户提供一体化方案。从项目规划、设备制造、软件开发到现场安装的全程服务,充分保证项目的整体性和可控性。

(1)阶段 1:咨询规划阶段。此阶段对客户需求进行获取并形成总体规划方案。此阶段主要包括以下子步骤:

1)需求汇总。主要对客户进行调研,进行生产物流数据梳理、建筑消防限制梳理、工艺流程梳理、痛点规避梳理等,获取规划方案的总体输入信息。

2)方案规划。进行单元化设计、吞吐量分析、物流系统选型、设备平面布置。

3)仿真校验。根据项目的复杂程度,对复杂结构的项目,进行仿真校验、校验流量、负荷、物理结构干涉等内容,验证规划方案的合理性。

4)预算确认。根据规划方案,确定物流设备、电控系统、软件系统、安装调试的预算。

(2)阶段 2:定制开发阶段。此阶段根据规划设计方案进行软硬件系统的定制、开发。此阶段主要包括以下子步骤。

1)方案细化。重点对机械设备、电气控制系统、软件系统进行细化设计。

2)设备定制。对机械设备、电气设备进行定制、采购。

3)软件开发。根据工艺过程场景的功能要求,进行软件系统的配置和个性化开发。

4)出厂测试。在出厂前进行硬件、电控、软件系统的单元测试、虚拟调试和联调测试。

(3)阶段 3:实施调试阶段。此阶段在用户现场进行安装、调试和运行。首先进行规范化的设备安装,通过验证后,进行软件系统、电气控制系统的现场调试、集成调试,通过试运行后,进行产能爬坡,最终交付。

7. 实施过程关键问题解决

在项目实施过程中,基于医药物流行业需求及药企自身特性,解决了诸多问题。

（1）多品类、多模式业务支持。企业的生产经营范围涉及化学、中药、医疗器械、保健品、食品等，不同品类的产品对批次、有效期、存储条件、质检要求、管理流程等都有不同要求，系统针对每一SKU，设置多种批次属性和作业流程，进行分类、分仓、分模式管控，针对每一类别，确定对应的管控方式，通过配置，实现对每一业务模式的特定作业流程的支持，确保每一产品的精确管理。

（2）全过程质量管控及合规性管理。

1）全程药品批号管理。WMS以药品批次为管理对象，对每一批次药品进行管理，进行各项作业控制，确保药品批号的严格控制与追溯。

2）全过程的质量控制。不仅有质量管理功能模块，在各作业环节，WMS也通过质检控制规则实现对流转的控制和追溯记录，确保对药品质量的严格管控贯穿于各个作业环节，并且遵循国内外的各类管理规范，满足企业对医药GMP、GSP、FDA以及EMEA等认证的要求。

3）监管码平台集成。WMS实现与电子监管码系统实时接口平台在生产、流通的各环节，实现药监码的获取、药监码信息查询与药监码信息上传，满足"双向追溯"的要求。

（3）自动化设备集成控制与调度优化。系统的WCS模块，支持主流的通信协议，涵盖OPC UA、Profinet、MQTT等协议，实现堆垛机、AGV、机器人、输送线等自动化设备的集成，实现上下行的数据交互控制，并能够进行智能化作业调度，提高设备效能。在项目实施中，进行了大量的调度优化，典型的优化点如下。

1）WCS与RGV交互调度优化。优化RGV调度接货逻辑，小车在被赶车到目标站点的行进中，发现在途任务，下发任务并进行接走，达到最大效率复合作业，避免赶车出现空车现象。

2）WCS与堆垛机交互。优化调度程序，改为多线性并行调度，之前10台堆垛机共1个线程下发任务，改为，10台堆垛机各1个线程下发任务，提升堆垛机接收任务速度。修改堆垛机任务下发逻辑，原逻辑为根据任务下发时间先后顺序执行，容易造成堆垛机接货途中的时间浪费，改成，根据堆垛机当前位置，查找当前最近调度任务执行，即逻辑上改为，根据距离远近分配任务。

3）WCS与输送机交互调度优化。某一号库区二楼的原逻辑是出库优先，由于一个出库口对应三台堆垛机，小车处理不及时，很容易造成入库托盘等待时间太长，根据现场观察将逻辑改为入库优先为佳，及时处理入库任务，从而保证总体效率最高。

8. 实施效果

以某大型集团化医药企业为对象，对制药和医药流程企业的智能化仓储管理系统的行业需求和系统整体进行设计。如系统的整体架构和功能架构、实际作业的流程场景，及特殊要求的功能实现等。通过统一规划、采用一体化集成的软件和自动化设备，能够实现医药物流全过程监管要求，降低劳动强度，提高系统作业能力和作业效率。并通过无人化操作，提高安全性和可靠性，降低差错率，实现企业物流价值。这将是医药物流的发展趋势，并赋能行业产业革新。

第六节 金融数字化

中国人民银行《金融科技发展规划（2022-2025 年）》明确了金融数字化转型的总体思路、发展目标、重点任务和实施保障。其中的重点任务有八个：一是金融科技治理；二是数据能力建设；三是夯实"数字底座"；四是深化数字技术金融应用；五是健全金融科技创新体系；六是提供更加普惠、绿色、人性化的数字金融服务；七是筑牢金融与科技的风险防火墙；八是做好金融科技人才培养。

数字金融业务涵盖银行、保险、证券、基金、支付等各种金融领域。数字化可以让金融业务的处理更加快捷高效，使金融产品更易于定制和个性化，让金融服务更加普惠和便捷，同时降低金融业务的成本和风险。合理推动大数据、人工智能、区块链等技术在银行、保险、证券等领域的深化应用，发展智能支付、智慧网点、智能投顾、数字化融资等新模式，是"十四五"期间数字经济金融领域数字化转型重点工程。

本节选取了智能投顾和精准金融服务两个实践案例。

案例三十一　证券大数据与智能投顾应用实践

1. 智能投顾产生的社会背景

中国城镇居民人均可支配收入从 2013 年的 26467 元增加到 2022 年的 49283 元，年均增长率为 7.4%。居民财富的积累使得个人财富管理的需求逐步增强。2013 年，余额宝快速普及，各种互联网理财产品层出不穷，个人投资者的理财习惯被逐步培养。2018 年，P2P 暴雷潮让投资者意识到资产配置的重要性。此外，央行等机构联合下发《关于规范金融机构资产管理业务的指导意见》，明确规定资产管理业务不得承诺保本保收益。截至 2020 年底，刚性兑付环境被逐步打破，大量散户投资者迫切需要相对专业的投资顾问服务，基于大数据和机器学习技术的智能投顾在此背景下进入大众视野。

智能投顾是一种基于人工智能和机器学习技术的投资咨询服务，通过分析投资者的风险承受能力、投资目标和投资周期等因素，为客户提供个性化的投资组合和建议，以实现投资目标。智能投顾通常通过在线平台和移动 APP 等方式提供服务，投资者可以通过这些平台输入个人信息，系统会根据这些信息和市场数据，自动为投资者创建一个个性化的投资组合，并定期进行调整和重新平衡。

与传统的专人投资顾问相比，智能投顾具有更高效、更实时、更低成本的优势，并且由于其基于数据驱动的决策，可以避免专人投资顾问的个人情感和偏见的影响，符合中产阶层、大众富裕阶层的理财需要。我国的智能投顾服务包括两种类型：一种是投资建议型智能投顾，即运用人工智能对市场状况和客户个人情况进行分析，根据客户的个人特质和偏好，提供个性化的投资建议，但不代替客户执行交易；另一种是全权委托型智能投顾，即在提供第一种类型服务的基础上，根据客户的全权委托，为客户提供交易代执行和资产再平衡等服务。由于人工智能技术的发展，智能投顾正推动我国互联网财富管理市场进一步扩容。目前,我国智能投顾行业集中度低、整体管理规模较小,平台间的实力差距不明显,行业处于萌芽阶段,普通民众对于智能投顾的认知度和认可度较低。

2. 智能投顾的市场前景

智能投顾运用大数据技术,描绘客户立体画像,洞察客户诉求及投资偏好,智能投顾系统通过使用特定算法模式管理账户,结合投资者风险偏好、财务状况与理财目标,为用户提供自动化的资产配置建议。智能投顾一般以投顾机器人为精准切入点,提供 7×24 小时智能答疑、投资分析、基金产品诊断、市场行情解读等智能服务,为 C 端客户提供一对一的投顾服务。以某公司金融服务网为例,现有的 59039 万注册用户,均为智能投顾的潜在用户,智能投顾服务的受众面广、市场前景大。

3. 智能投顾平台架构

以某公司智能投顾平台为例,其平台架构自上而下分为八个层次:应用层、接入层、架构层、AI 层、运营管理层、计算层、数据层和管理层。图 3-82 是平台体系结构图。

(1)应用层。大数据智能投顾系统根据个人投资者的风险偏好、财务状况与理财目标等特征,运用基于投资组合理论的算法模型,为用户提供智能化的投资管理服务,并持续跟踪市场动态和投资组合净值表现,对资产配置方案进行动态调整优化。

(2)接入层。接入层的功能是为了方便客户数据的接入,如用户标签系统和用户关系管理(Customer Relationship Management,CRM)系统等。用户标签系统和 CRM 系统蕴含了丰富的用户行为习惯等偏好信息,为优化平台的个性化服务提供外部数据来源。平台可利用这些丰富的用户偏好信息,挖掘用户的兴趣模型,为用户推荐个性化服务(如符合其投资习惯的理财产品等),以提升平台的用户使用感受。

(3)架构层。在架构设计上,为具有良好的可扩展性,可按照功能的不同,将服务机器人平台切分为多个模块,包括人机切换模块、路由管理模块、协议适配模块等,各个模块之间互相独立,从而可与各种平台相互对接。

(4)AI 层。AI 层集成了多项面向业务系统需求的人工智能技术,包括基于深度学习的语音识别和语义理解技术、个性化推荐技术、文本分析技术、意图识别技术等,实现个性化推荐、智能语音识别、智能语义分析和用户意图分析等功能。上层业务系统可结合自身的业务场景需求,选用合适的技术。

(5)运营管理层。运营管理层从知识运营和在线客服两个角度为平台提供运维,以保障平台的迭代演化。知识运营提供知识库管理、系统配置管理、统计报表、质检管理和平台干预功能;在线客服提供用户管理、客服管理、统计报表、工单系统、对话管理和评价体系功能。

(6)计算层。计算层立足模型训练角度,运用数据挖掘、深度学习等技术,对数据层中的金融大数据、知识图谱、用户画像、监控等数据进行多维度分析,以挖掘用户兴趣所在,构建智能投资模型,获得声学、语言等模型,为上层业务系统的个性化推荐、语义识别、语音分析等技术提供决策依据。

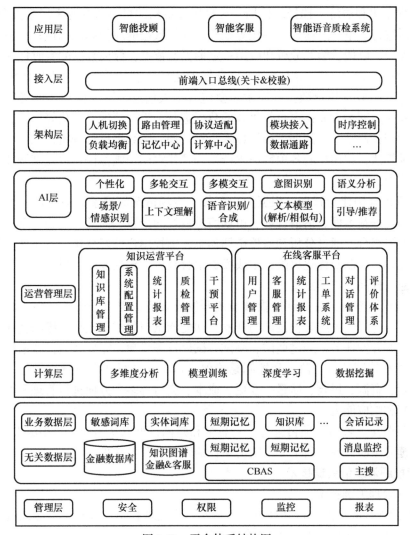

图 3-82 平台体系结构图

（7）数据层。数据层平台连接庞大的金融数据库、知识图谱库以及各种用户行为数据和用户画像数据，为计算层的多维度分析、深度学习、训练模型和数据挖掘提供价值丰富的数据来源。

（8）管理层。管理层侧重安全监管角度，对平台中的用户活动进行权限管理、实时监控、报表分析，以保障平台的安全性。

4. 智能投顾系统实施流程

部署实施智能投顾项目通常需要经过以下步骤。

（1）确定项目目标和范围。明确智能投顾服务的目标和范围，包括需要提供的投资服务类型、客户群体等。

（2）数据采集和清洗。选择统计局、交易所等机构的可靠数据源来采集投资相关数据，对获取的数据进行去重、过滤、归一化等处理，确保数据的质量和准确性；将清洗后的数据存储到数据库中，以便后续的分析和应用；定期更新数据，保证数据的实时性和可靠性。

（3）用户画像建立。利用符合个人信息保护法规要求的手段，从用户使用智能投顾的网站、APP等渠道收集用户数据，通常需要包含个人信息、财务信息、投资目标、时间范围和风险承受能力五个方面；再将收集到的数据进行去重、清洗、转化等处理，生成标准的数据格式；利用机器学习、数据挖掘等技术，对处理后的数据进行分析；采用分类模型、聚类模型等多种算法，将用户的各项特征进行组合，建立用户画像模型以提高智能投顾系统的个性化服务能力。

（4）投资组合构建与管理。根据用户画像、市场情况等因素，构建合理的资产配置模型，选择具备良好基本面、估值合理、市场前景良好的个股、债券、基金等资产，构建匹配客户需求的投资组合。通过分析和监控市场动态，捕捉用户偏好变化，及时调整投资组合中各类资产的配置，控制及优化风险；生成投资组合报告，包括业绩、风险、仓位等数据，与客户进行沟通，提高客户满意度。

（5）智能投顾系统开发。智能投顾系统开发需要完成需求分析与规划、数据采集与清洗、数据分析与建模、系统架构设计与开发、功能测试与集成、上线运维与优化、安全与合规等多个阶段的开发任务，经过调试、测试、试运行等步骤，完成智能投顾系统搭建。

（6）监督和控制项目。监督和控制是确保项目顺利进行和高质量交付的重要环节，需要对项目计划、资源、风险、质量、变更、成本、交付等多个方面进行管理和控制，提高项目的管理效率和响应能力。

（7）项目收尾。通过对项目进行全面总结和归档，可以从当前项目中吸取经验和教训，用于项目后续升级服务并提高下一个同类项目的管理和开发水平。

5. 智能投顾涉及的关键技术

（1）数据处理关键技术。

1）基于词连接的自然语言处理技术。自然语言处理技术可以提升对非结构化数据的处理能力以及提升数据采集的深度和广度。金融领域用户的很多申请资料、用户和审核人员的沟通以及用户遗留在网上的公开数据等均是自然语言，自然语言处理技术不仅有助于平台更加全面地了解用户的需求，还有助于平台预估用户的欺诈风险和信用风险。

2）金融知识图谱技术。金融决策需要大量数据支持和逻辑推理过程，金融知识图谱提供了从关联性角度分析问题的能力，将规则、关系及变量通过图谱的形式表现出来，进行更深层次的信息梳理和推测。金融领域的数据具有开放性、多样性，且文本、数据的时间特征很强。金融知识图谱的实体可以是投资机构、投资人、企业等，包含其地域、分类等属性；图谱数据包含实体间的关系，如企业的上下游、合作伙伴、竞争对手、子母公司、投资、对标关系，或者高管与企业间的任职关系等。

3）基于金融流式大数据的个性化挖掘技术。金融信息领域，应用类型数量在不断增长，金融数据则具有成倍的、连续的、随时间变化的、可能是不可预测的、可能会以无限的方式到达等明显的流式数据特征,需要快速和大量的流数据分析和事件挖掘,以获得一个趋势、模式和异常。因此,需要研究金融流式大数据事件挖掘技术,提出基于信息论的概念,将文本数据进行语义空间的映射方法,实现根据语义层次的理解对金融事件进行分析,研究根据同一事件下不同主题进行聚类的方法;提出从各主题中抽取符合事件发展的摘要的方法,实现能够根据内容、时间、地点等条件约束,从金融事件中提取出有用的关键信息,缓解信息过载难题。

(2)分析决策关键技术。

1)基于数据驱动的本体技术。通过事实与规则相匹配的方法,实现服务机器人的自主推理、决策。结合服务推理结果和智能空间本体库中的空间状态知识,生成JSHOP2规划器的问题描述,利用分层任务网络规划算法,完成服务任务的规划,为机器人提供需要执行的动作列表。

2)基于统计分析SDK的用户行为智能学习技术。将一个用户的每一个事件看成一个节点,每个用户路径是由多个节点通过不同的方式连接而成,分析不同的路径节点连接方式来抽象为可量化的用户特征,通过这些特征来判断异常的用户路径以及对有着相似路径的群体进行聚类分析。

3)基于服务大数据的深度学习方法。研究N-gram语言模型算法和卷积神经网络(Convolutional Neural Network,CNN)深度学习技术,灵活集成文本、图像、视频、音频等不同形式的数据,充分利用大数据带来的规模效应,处理复杂数据,提升复杂任务的解决率,降低人力成本。

(3)平台应用关键技术。

1)基于服务机器人分析决策的智能投顾技术。将服务机器人分析决策相关的研究内容运用至金融领域的智能投顾应用中,即通过深度学习技术,结合用户的投资时间、投资金额、个人风险承受能力等,为用户定制个性化理财方案。

2)基于服务机器人数据处理的智能客服技术。将服务机器人数据处理相关的研究内容运用于智能投顾客服应用中,即通过语音识别、语音合成、自然语言理解和知识图谱等技术,为用户提供在多种实际应用场景下"能听,会说,懂你"式的智能人机交互体验。

3)智能语音质检技术。智能语音质检以智能语音识别、自然语言处理和大数据挖掘等技术为支撑,实现对用户与智能投顾客服通话内容的全覆盖文本转化,监督和评判智能投顾机器人客服的工作内容、效率及质量,及时发现服务痛点,优化服务策略。

6. 本案例实施过程遇到的典型问题及解决方案

(1)数据处理。由于金融交易系统会实时产生大量数据流,在处理数据时可能遇上数据仅能访问一次、计算资源有限、处理的近实时性等问题。为此,提出一种基于数据概念漂移的阶段性的按需处理的数据聚类框架,该框架的目标是,利用有限的计算资源,在保证一定精确度的情况下确保数据处理得更快,即牺牲可接受的精确度以提高数据的处理效率和服务能力。主要做法是,对数据概念漂移进行检测,在数据发生概念漂移时,触发后续的聚类计算操作,否则,直接使用已有的最新聚类结果。因为当数据概念漂移没有发生时,新数据的聚类结果与旧的聚类结果相近，利用该方案可以减少不必要的重复计算，释放资源压力，提升数据处理能力。基于数据概念漂移的阶段性的按需处理的数据聚类框架如图3-83所示。

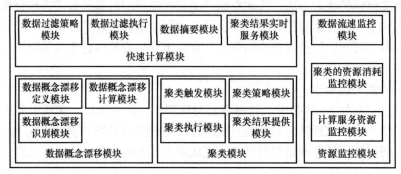

图3-83 基于数据概念漂移的阶段性的按需处理的数据聚类框架图

（2）分析决策。针对图片处理中无法有效捕获子图结构特征的问题，引入N-gram标准化处理，利用图同构的特性，将图的邻接矩阵中包含子图结构特征的单元，集中到邻接矩阵对角线方向上的带状区域内，确保了密集子图结构特征能够被捕获，同时减少了后续卷积的计算消耗。

7. 本案例实施效果

（1）经济效益分析。传统服务阶段，某公司每位投顾老师每天可以服务客户10个问题，截至2022年末，借助智能投顾系统，公司每位投顾老师平均可以服务400位投资者，相比于传统的单纯依赖投顾老师服务客户的模式，人力成本减少了将近90%，效率提升了10倍，且提高了客户满意度（回答问题速度变快了）。传统的投顾模式非常依赖投顾老师的个人经验，非理性化程度高；借助于智能投顾系统，基于用户的理财需求、资产状况、风险承受能力等，通过大数据算法模型制定的个性化资产配置方案，在赢得用户满意度的同时，也将用户的综合年化收益率提高了5%。

（2）社会效益分析。传统投顾存在门槛高、费用高等问题，主要客户为高净值客群，对中产阶层客群覆盖有限。此外，投顾从业人员专业能力差异较大，服务的质量参差不齐。智能投顾产品的出现，可以降低投顾服务的门槛，使得有充足现金流、存在强烈理财需求但不具备专业投资知识的海量长尾客户也可以享受专业的投顾服务。

案例三十二 "政银企"数字化精准融资服务——联通创业担保贷平台

联通创业担保贷平台（下称"创贷平台"），是基于联通政务大数据平台，利用社保、工商、不动产、司法等多项政务数据，将传统线下创业担保贷款业务办理，改造为线上业务模式，打造由政府主导、银行参与、线上担保、线上放贷的创业担保贷款服务。

创贷平台将创业担保贷款的申请、受理、调查、审批、签约、放贷、贷后监管、贴息统计等所有环节实现全流程线上化，进一步提高工作效率和服务水平，努力实现数据"多跑路"、群众"少跑腿"、服务"不见面"，让更多创业者和小微企业得到及时、有效的资金扶持。

1. 创贷平台技术框架

创贷平台主要分为两大块内容，一是基础设施服务，二是业务经办服务，创业担保贷款线上服务平台技术框架如图 3-84 所示。

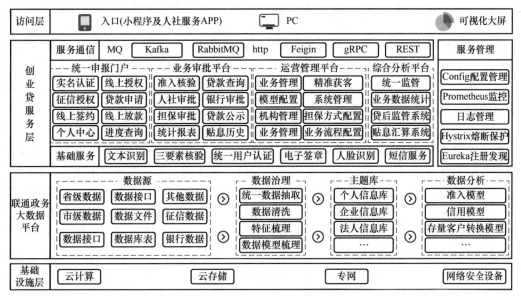

图 3-84　创业担保贷款线上服务平台技术框架

（1）基础设施服务。主要包括数据治理、模型服务、数据管理、存储服务，是平台的"地基"；业务经办服务包含创业担保贷款申请服务、审批服务、管理服务、运营服务、统计服务等，是平台的对外展示"门户"，也是创业者申请贷款的"窗口"。

基础设施服务主要是以联通政务大数据平台为基础，实现政务数据收集和数据治理功能。政务大数据平台主要实现创业担保贷款所需的各类政务数据管理服务，包括数据采集、数据查询、数据存储、数据治理、数据监控等。数据治理功能定位于满足本项目需要实现整合数据、统一数据标准字典、数据敏捷开发、保障数据质量安全、形成数据智能服务和建立数据全局视图的要求。通过对接相应的数据源，如各局委办数据源、大数据局中心数据源，按照业务需求将对接的数据源进行业务治理，如格式统一、数据去重等，再将数据转换成创业担保贷服务所需的业务数据。同时，大数据平台还承担数据建模服务，利用大数据建立创贷准入模型、风控模型，对创业者的资质进行准入校验，严格落实贷前调查、贷中审查、贷后管理要求。

（2）业务经办服务。主要包含申请服务、审批服务、管理服务，主要实现创业担保贷款的业务办理功能。创业者完成实名认证后，通过政务大数据平台调用创业者社保、公积金、不动产、工商注册等相关数据，完成申贷材料自动填充，辅助创业者完善借款资料的填报，借此提升创业者的申请效率。人社部门和银行部门在线审批创业者的贷款，查看并下载创业者的申贷材料。创贷平台打破部门信息壁垒，将所有业务经办单位协调到同一个平台，利用数据共享，系统互联互通，实现了创业担保贷款业务便捷申请、高效审批、精准风控、全生命周期的管理。

2. 创贷平台建设步骤

（1）搭建政务大数据平台。平台利用联通政务大数据平台基座，由人社局负责协调包括市场监督管理局、不动产登记中心、大数据局等政府部门，并向大数据局提交数据申请，由大数据局以接口、表格文件、数据等多种方式向项目组提供数据，项目组成立专门的数据治理小组，主要负责政务数据的归集、治理、结构化存储等相关工作，实现所需政务数据应接尽接，减少贷款人提交复杂多样的纸质证明、申报材料的流程，达到简化业务申请流程、提高申请和审批效率的业务目标。

（2）改造创业担保贷款业务流程。传统线下创业担保贷款业务申请办理，因多部门分级审批，需要群众反复跑路、多次提交贷款材料。经改造创业担保贷款业务流程，实现各系统基础数据的共享调用，将线下业务流程转为全线上化流程，推行电子化审批，逐步实行担保贷款全程线上办理。实行人社部门审核借款人资格、担保机构尽职调查、金融机构贷前调查的"多审合一"，帮助符合条件的创业者享受到便捷的融资服务。平台还整合担保基金与经办金融机构的办理、管理流程，建立贴息汇算子系统、担保基金管理子系统，财政局业务人员可在平台实时查看担保基金总额、已使用额度和剩余额度。平台建立运营管理子系统，将所有经办银行、担保公司等创业担保贷款业务经办金融机构的信息及业务经办人员信息录入平台，实现统一的管理。

3. 创贷平台实现效果

（1）申请贷款掌上办。创业者通过创贷申请小程序，依次完成实名认证、信息授权、申贷信息填写等简单步骤，最快 3min 内便可快速完成线上申请"掌上贷"。

（2）数据核验自动办。创业者填写的申贷信息，通过工商注册登记、个人身份、社保缴费等政务信息数据库进行自动关联补充、自动审核校验，并按科学的分配原则自动投递到各个担保贷款经办机构和银行，做到申请贷款人"足不出户"。

（3）审批业务线上办。人社部门对借款对象资格及贷款次数进行线上核查，核查结果在平台上实时反馈。经办银行通过创贷平台的业务审批后台，获取创业者征信授权、申贷材料，开展贷前调查，签订电子借款合同并放款。

（4）把控风险安全办。通过人脸识别、实名认证、上传经营场所照片及担保人线上授权，设置贷款审批初审、复审岗，建立省、市、县、乡四级联动的监管机制等，对每一笔贷款业务的分配流向、办理进程及结果进行全程跟踪，进行实时数据推送，强化业务及时调度，做到申请人身份真实、创业真实、反担保真实，严控办贷风险。

4. 案例介绍

（1）某地市创业担保贷款线上服务平台。某地市创业担保贷款线上服务平台是全国首个全线上的创业担保贷款业务经办平台，平台自 2019 年上线以来，该市全年创业贷放款规模达到 10.02 亿元，同比增长 205.49%。2020~2022 年，该市创业担保贷款新增发放量依次为 40.91 亿元、33.9 亿元、50.02 亿元。截至目前，该市创业担保贷款线上服务平台累计服务 6 万多位创业者，带动就业人数近 20 万人。平台受到当地省人社、财政、金融系统的高度肯定，被省人社厅列为"省优化营商环境第二批典型经验"。图 3-85 是某地市近 8 年的创业担保贷款放款规模图。

（2）平台架构。创贷平台包含 5 个业务服务子系统，支撑创业担保贷款的申请、审批、签约、放贷、贷后监管等全流程服务。

1）统一申报平台。创业者可通过统一申报平台完成用户登录注册、实名认证、完善贷款信息、提交贷款申请、查看贷款进度。

2）业务审批平台。人社部门、银行、担保公司的业务人员可通过业务审批平台完成创业者资料查看下载、贷款审批、贷款进度管理。

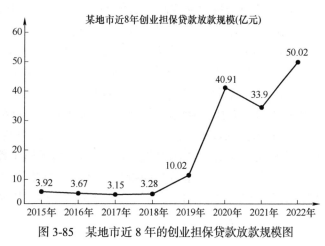

图 3-85　某地市近 8 年的创业担保贷款放款规模图

3）运营管理平台。平台的运营管理人员通过综合运营管理系统，实现平台的日常维护及信息管理，对平台的业务参与机构、业务经办人员等进行管理。

4）统一监管平台。对创业担保贷款资金的流向进行监管，对创业者的就业状态、婚姻关系等进行预警分析，对经营主体的经营状态进行实时监管。

5）综合分析平台。创业担保贷款业务量的实时统计分析，对平台的借款人进行画像分析。

5. 关键技术

创贷平台是基于政务数据实现的创业担保贷款业务全程线上申请、审批、签约、放款及贷后监管，大数据技术和人工智能技术在整个流程中发挥至关重要的作用。

（1）大数据技术。平台使用包括数据收集、数据存取、数据处理、统计分析、数据挖掘、模型预测、可视化呈现等多种技术，在创业者申请贷款时，平台自动显示创业者的工商注册信息、婚姻登记信息、就业创业证明等相关数据，提高创业者的申请效率。大数据模型技术主要是用于创业者画像，平台建立个人资质评级，利用公积金、不动产数据判断创业者信用资质、经济水平，优质的创业者可使用信用担保的模式完成贷款申请。

（2）人工智能技术。运用人工智能技术构建贷前准入、贷后预警、智能催收等定制化、有效的风控模型，在创业担保贷款的贷前、贷中、贷后的各个环节进行全面智能监控，监控创业者的就业情况、婚姻状况，监控经营主体的登记状态、社保缴纳人数等信息，如创业者的就业状态变化、经营主体的登记状态变化或小微企业的社保缴纳人数有大量减少，都会及时将消息同步到银行、人社、财政等业务管理部门，通知他们对客户的创业担保贷款进行追回。

6. 实施流程

创贷平台的项目实施周期在 3 个月左右，创贷平台的实施步骤如图 3-86 所示。项目实施流程总共分为六步。

（1）建立完善的工作机制和项目小组。建立由人社局、金融局共同牵头，银行、担保公司等金融机构协同参与的工作推进机制。

（2）从市级层面完成政务数据归集。对人社、民政、公安、工商、社保、公积金等基础数据清单和现阶段数据归集情况进行全面摸底，梳理待归集的数据目录。

（3）根据业务流程完成产品设计。根据本地创业担保贷款的业务流程及申请材料目录进行梳理，对平台的系统架构、数据库等进行顶层规划设计。

（4）进入平台功能研发阶段。根据平台建设目标先后建成统一数据接入治理平台、统一申报平台、人社智能化审批系统、担保智能化审批系统等。

（5）选择区域进行试运行推进工作。根据地方政务要求，建立严格的实施、测试、培训工作机制，加快推动平台的上线试运行，引导创业者、政务人员灵活便捷地使用平台。

（6）协调人社、银行共同推广平台。全域推广宣传线上化服务平台，提供覆盖全民、贯穿全程、辐射全域、便捷高效的全方位创业担保贷款线上服务。

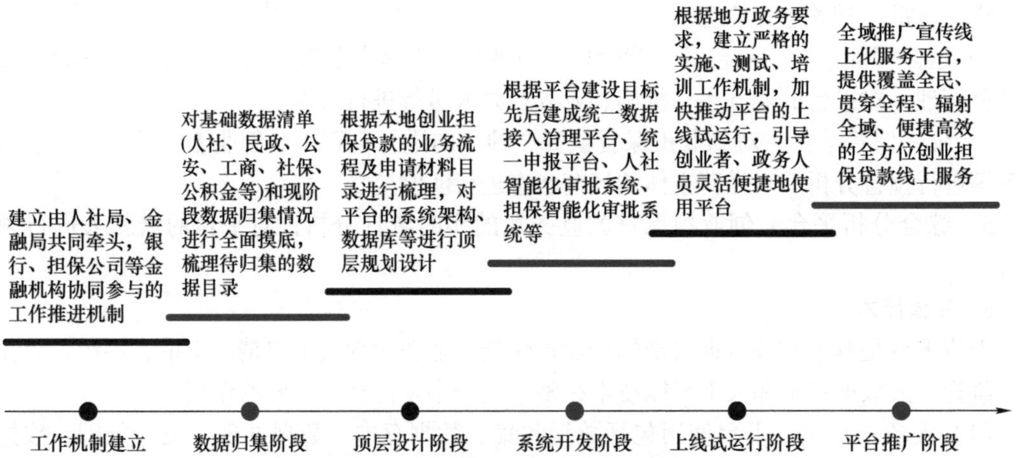

图 3-86　创贷平台的实施步骤示意图

第七节　能源领域数字化

当提起传统能源产业，大家首先想到的是什么？工作环境尘土缭绕、机器声音响彻矿区，工人们灰头土脸，在一片灰霾中艰难工作？随着能源领域数字化，这样的场景正在逐渐成为历史。

能源行业是现代社会发展的支柱产业之一，作为世界上最大的能源消费国，探索构建绿色低碳、安全高效的能源体系，助力全球气候治理，达成双碳目标，是我国能源行业转型需要达成的总体目标。

能源领域数字化可以理解为利用数字技术，引导能源领域数据有序流动，从而构筑更高效、更清洁、更经济的现代能源体系，提高能源系统的安全性、生产率和可持续性。

"十四五"及未来一段时期是加快数字技术与能源产业融合发展的重要机遇期。从总体上看，现阶段我国能源产业仍处于数字化、智能化转型初期。电力、煤炭、油气等能源行业的产、运、储、销、用各环节设施的数字化、升级是能源领域数字化转型的重点环节。需要实施煤矿、油气田、油气管网、电厂、电网、油气储备库、终端用能等领域的设备设施、工艺流程的数字化建设与改造，以及推进微电网等智慧能源技术试点示范应用。基于供需衔接、生产服务、监督管理等业务关系的数字平台建设，是提升能源体系智能化水平的重要举措。

本节选取了煤炭、天然气管道和新能源方向的三个实践案例。

案例三十三　煤炭企业工业互联网平台应用实践

本案例介绍了某集团公司以矿级智能管控和集团级生产运营体系为基础，以"装备＋服务"发展思路为指引，顺应工业互联网技术与工业制造业深度融合发展趋势，将工业互联网平台应用于集团公司的生产运营指挥与矿区智能化建设，支撑煤矿智能化业务扩展、保障装备服务转型升级平台建设。本案例适用于以煤炭为主要业务的能源企业，全面聚焦网络通信、数据采集、数据建模、数据分析和应用服务等工业互联网核心技术，实现设备、运行、生产、经营管理的互联，整体提升企业的生产效率和生产灵活性，推动煤炭工业领域的"智能制造"。

1. 应用需求

（1）核心需求：以工业互联网平台推动数字经济发展。为响应党的二十大报告提出的"加快发展数字经济，促进数字经济和实体经济深度融合，打造具有国际竞争力的数字产业集群"工作部署，工业企业应以工业互联网平台为有力抓手，构筑数字经济产业坚实底座，以工业互联网技术为动力，助力制造业快速实现智能化转型升级，着力解决"卡脖子"技术难题，为我国由"制造大国"向"制造强国"跨越贡献智慧与力量。

（2）企业需求：实现集团产运销一体化协同调度。为了打造煤炭企业产运销一体化协同调度运营，实现集团产业高效、集约化发展，有必要通过工业互联网聚合产业自身的经营数据与生产数据，对各子公司的生产业绩及运营数据进行全过程管理和分析，对生产绩效持续监控监管，确保集团各产业中心的生产经营指标全面领先。

（3）生产需求：优化矿区生产作业。煤矿生产设备维修检修难度大，维修和管理设备牵扯到越来越复杂的技术。为提升设备的可靠性和工作效能，减轻一线人员的工作强度，提升设备的安全状况，有必要利用云平台智能监控煤矿开采设备，快速预测设备的运行趋势，并对潜在的设备故障进行预警，提高设备的运行效率与可靠性。

2. 工业互联网通用架构

工业互联网平台是以"大数据＋工业"的创新模式，并融合云计算、移动互联、物联网、人工智能等新一代信息技术而形成的开放式的云化工业应用系统，其体系架构分为边缘层、IaaS 层、工业 PaaS 层、工业 SaaS 层，工业互联网平台体系架构如图 3-87 所示。

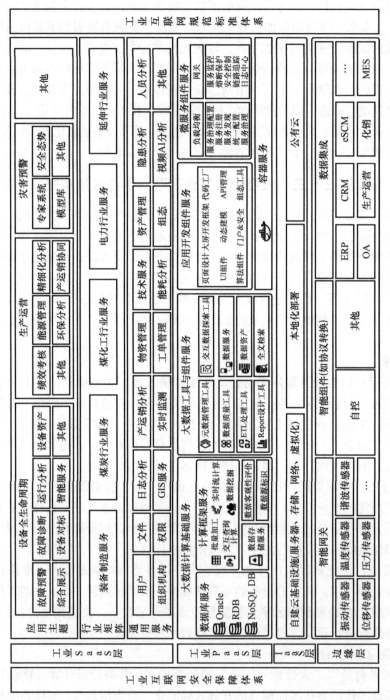

图3-87 工业互联网平台体系架构

（1）边缘层是基础。边缘层能够提供支持数十种协议的数据采集能力，并通过智能网关或终端实现边缘端的配置，以及实现数据、模型与云端的互联互通。

（2）IaaS 层是硬件和安全支撑。IaaS 层在工业互联网平台使用自建的 IT 基础设施实现本地化部署，也可以使用第三方 IT 基础设施进行部署。

（3）工业 PaaS 层是核心。工业 PaaS 层按照平台架构职责分为三大模块：工业大数据平台，工业应用通用开发平台，微服务开发平台。

（4）工业 SaaS 层是关键。工业 SaaS 层主要提供云化工业软件和新型工业 APP。

3. 关键技术

工业互联网作为新兴技术的载体，能够帮助煤炭企业解决在转型升级过程中面临的问题。本案例通过对工业互联网的全面理解，在现状分析和评估的基础上，结合煤炭行业和技术应用的发展趋势，利用边缘计算、工业智能治理、大数据智能可视化分析等代表性关键技术，在数据设备安全、模型构建迭代、新兴网络架构等方面不断创新，打造适用于煤炭企业的工业互联网平台应用。

（1）边缘计算。数据采集是工业互联网平台建设的重点，数据采集具有设备多样性、协议多样性、通信机制多样性、数据内容多样性、传输途径多样性等特点。为实现工业互联网平台数据低延时、高可靠、大带宽的网络传输，需要与智能设备的边缘计算功能相结合，提供边缘智能计算服务，满足智能开采设备的快速接入、实时业务、数据优化、应用智能、安全保护等关键需求。

（2）多业务类型数据的智能治理。一是基于数据血缘关系，创新性地将地图瓦片技术运用到数据关系图中，全方位展示数据的脉络关系、数据特性及质量情况；二是利用智能化的数据任务调度工具，根据数据资源、任务依赖具体情况给出合理调度编排，实时监控任务执行情况，利用机器学习技术训练历史任务执行信息数据，推算任务延迟时间与影响后果，为数据中心的健康运行提供更超前、更有效的控制手段；三是保障数据处理的最优执行效率分配，平台默认使用自主研发的、基于内存分布式的计算引擎完成数据处理计算任务，并可以根据数据所处存储主体、已有计算资源（如 Oracle、Hadoop、Spark 等），合理地选择最优计算引擎。

（3）模型管理与应用。为了满足对不同数据质量、不同运行环境以及不同使用场景下的模型管理，平台建立了一套完备的机器学习模型管理平台体系，实现模型建立、模型运行、模型存储与发布等多个模型应用场景的管理功能，保障模型管理与应用的松耦合，方便后续的模型迭代和模型运行的可靠稳定。

（4）设备故障预测与健康管理。关键设备的故障预测与健康管理（Prognostics and Health Management，PHM）是实现智能开采设备预测性维护和智能运维最关键的核心，是完善工业互联网平台应用建设的重要方向。平台采用数据驱动的 PHM 建模方法，采用机器学习和大数据挖掘等智能算法，对故障特征判据进行分类、聚类、模式识别、递归预测、关系挖掘等分析，从而利用历史数据对故障的诊断和预测进行智能建模，并利用模型对在线监测数据进行实时分析与决策。

(5) 大数据智能可视化。利用计算机图形学和图像处理技术将数据转换成显示在屏幕上的图形或图像，将数据形象化、具体化、可视化。结合视觉结构，进行各种交互处理，并找出海量数据中包含的规律及信息，更多的用于情况监测和综合决策服务。为了实现可视化报表的一键式生成，所需的技术支持如下：一是自主分析，自主性分析用户提供的数据，包括图表统计、特殊符号、数据关系识别等；二是数据挖掘，从项目所给的数据中发现潜在信息和关键字，筛选出有效的信息；三是数据集预测，对项目中的数据进行判断，并根据判断结果给出相应的推测；四是智能可视化模型，针对项目的结果类型自动生成所对应的数据可视化模型，并直接给出有效信息；五是自动报表配置-自动生成报表，参考分析目的和图形样式来生成报表布局、配置控件、图表联动等。

4. 项目实施流程及关键节点

图 3-88 是煤炭企业工业互联网平台实施流程图。

煤炭企业工业互联网平台以数据标准化存储、多维展示、深度分析为导线，循序渐进、分步实施、稳妥推进。其中三个建设关键节点分别为：搭建智能矿山软件业务平台、搭建大数据平台以及搭建煤矿工业互联网平台。

（1）搭建智能矿山软件业务平台。将人、机、料、法、环和采、掘、机、运、通等业务数字化，实现矿山生产各环节的监测、控制、管理一体化。

（2）搭建大数据平台。接入已有设备的状态信息和参数，通过煤矿生产运行子系统、业务管理系统、监测系统获取各类数据到大数据平台，按已有设备模型搭建数据模型并进行上层应用需求对接与开发。同时，在此基础上，建立数据规范标准，规范数据采集、传输、处理、存储等全过程，形成完善的数据采集上传和管理体系。

（3）搭建煤矿工业互联网平台。作为综合信息基础设施能力输出，对外提供云服务，面向全国煤炭生产的行业用户，实现煤炭生产行业各环节的数字化、智能化。

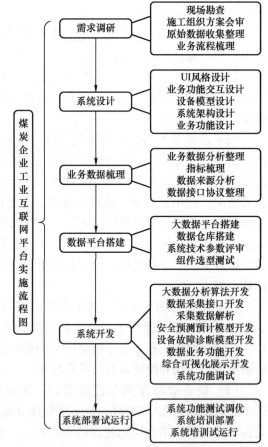

图 3-88 煤炭企业工业互联网平台实施流程图

5. 应用案例及效果分析

（1）某集团公司生产运营指挥工业互联网平台应用。某集团公司运用本案例所述技术及解决方案，在充分理解和分析集团公司业务模型的基础上，建设用于生产运营指挥的工业互联网平台，通过大数据技术聚合产业自身的生产统计数据、安全环境数据、设备运行数据、作业人员数据等各类系统信息资源，实现了基于数据驱动的故障预警模型；通过对所属企业的生产业绩及运营数据进行全过程管理和分析，对生产绩效进行监控，使集团各产业中心的生产经营指标突出，做到了安全管控到位、生产运营高效、技术保障有力、应急处置及时、节能环保监督有效、一体化协同顺畅，实现了集团公司生产运营效率最大化、流程最优化。图3-89是电力生产运营一体化平台示意图。

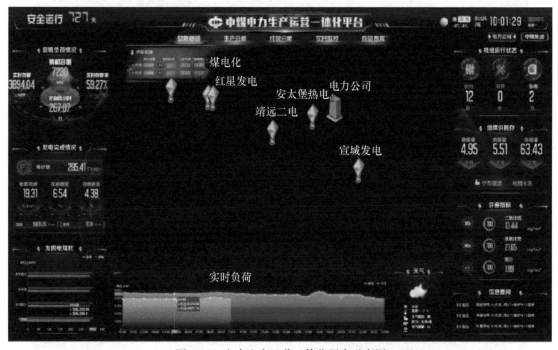

图3-89　电力生产运营一体化平台示意图

（2）门克庆煤矿工业互联网平台应用。作为工业互联网平台本地化部署的试点，门克庆煤矿工业互联网平台利用大数据和人工智能技术，以"深度融合、智能分析"为主线，在自动化监控系统数据采集的基础上，通过在工作面、顺槽皮带、排水、通风、压风等系统的电动机等设备上加装振动传感器和温度传感器，以物联网方式采集数据，结合大数据分析技术，对设备整体进行健康评估、运行分析、故障诊断、预测预警，实现矿山智慧感知、信息融合、系统联动、数据挖掘和决策支持。门克庆煤矿工业互联网平台的应用解决了"信息孤岛"问题，提供了从数据接收、管理、分析、存储和应用的完整的数据处理功能，快速实现各种原始数据和加工数据的加载和访问，同时具备煤矿生产运营可视化展示、安全风险主题可视化展示等应用功能。图3-90所示为煤矿工业互联网平台主界面截屏图。图3-91所示为煤矿工业互联网采煤机大数据截屏图。

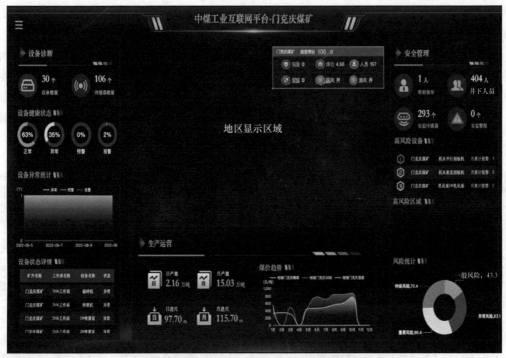

图 3-90 煤矿工业互联网平台主界面截屏图

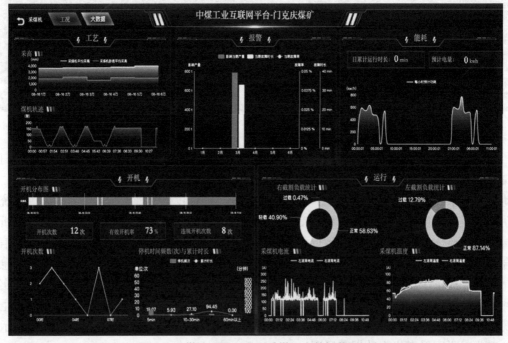

图 3-91 煤矿工业互联网采煤机大数据截屏图

6. 应用过程中典型问题与解决方法

（1）典型问题。

1）智能化开采技术对复杂煤层条件的适应性差。在复杂开采条件下，各类传感器、摄像头等相关感知信息的有效利用率较低，设备智能决策能力有待提升，不同类型感知信息的融合分析效果较差，尚未形成完善的感知、分析、决策、控制的闭环管理机制。

2）大系统、多系统兼容协同困难。智能化煤矿系统是一个复杂的巨系统，由于各子系统设计标准和技术水准参差不齐，智能化煤矿不同系统之间数据兼容、网络兼容、业务兼容和控制兼容的效果不佳，主要表现为数据格式不统一、网络通信协议兼容性差、业务系统兼容性较差、系统间协同控制兼容性差等。

（2）解决办法。

1）制定智能化标准。基于煤矿行业的场景应用需求，加快煤矿智能化建设术语、通信传输协议、数据存储、数据融合管理、加快智能化煤矿评价标准等基础共性领域的技术规范与标准的编制和修订。编制数字化、智能化关键技术标准和应用标准，推进与国际标准体系兼容，定制数字化、智能化评价体系。持续完善煤矿数字化、智能化领域的标准化组织建设，加强标准研制、实施和信息反馈的闭环管理。其中，标准应针对不同特点的矿井，明确其应该达到的智能化要求，能够避免出现比拼技术装备的情况，减少人力物力浪费。

2）推进多系统融合。根据技术原理，分析影响多系统融合技术稳定性的因素，指定相应的措施。确保煤矿使用的系统均经过本安关联设备检验，同时推进煤矿信息通信协议的统一。不断加强顶层设计，制定出更加完善的监察机制，使得系统融合力度不断加强。不断完善配对与对接系统，提升服务器的配置，使得系统的防护力度不断加强，同时可以保证通信工程的融合效果。

案例三十四　天然气管道数智运营应用实践

天然气是清洁、高效的能源类型，是人们生产、生活中重要的能源来源之一。随着我国经济建设和城市化建设快速发展，天然气占有愈来愈重要的位置，输气管线四通八达，中低压管线遍布城市的各个角落。进入"十四五"规划时期，随着国家对清洁能源政策的扶持，天然气的销量将成倍增长，高压、次高压管线建设投产也在迅猛发展，天然气生产管理工作日趋繁重，原有的人工抄表、统计、结算、计算输差等生产管理方式已经无法满足企业迅速发展业务的需求。

随着天然气公司规模不断扩大、天然气用户的不断增多，气量销售成倍增长，需要提高天然气生产运营管理水平，替代原有的人工工作方式，实现数据有效管理，信息化手段为此提供了有效支撑。

1. 建设需求

（1）传统管理数据分散，业务联动困难，急需建立共享机制。传统天然气公司在数字化转型过程中，存在着管理混乱、数据分散、业务系统联动困难等难题。利用新一代信息技术，开展数据标准规范和安全保障体系建设，统筹生产运营数据、业务数据、地理信息及其他重要的数据资源，实现天然气生产运营数据资源共建共享、互联互通，构建综合型、一体化智能生产管理平台，在数据安全的前提下，初步形成天然气生产运营数据的引接、处理、分析及可视化展现的业务运营模式，为提升生产运营管理水平提供信息化支撑保障，为管道运营者做出科学决策提供数据支撑，这些已经成为传统天然气公司数字化转型的迫切需求。

（2）降低天然气生产运行成本，需提升天然气生产运行信息化建设水平。多业务融合，数据挖掘与智能化分析，实现生产智能化，成为天然气公司信息化建设下一阶段的主要方向。通过实现管网生产数据资源共建共享、互联互通，提升管道智能化运行管控水平，进而促进生产运营管理效能，盘活数据资产，降低天然气生产运行成本，使得提升天然气生产运行信息化建设水平成为企业发展规划的重要环节。

（3）天然气生产运行管理系统建设，需要统一的技术标准做支撑。数据共建共享、互联互通理念对所有的生产运行管理系统都提出了更高的要求，天然气生产业务系统面临统一技术标准、打破传统系统格局的建设需求，建设一套标准统一、技术先进、业务综合、功能完整的生产运行管理系统，实现天然气生产运营与调度管理的集中化、规范化与智能化迫在眉睫。

（4）各类生产报表制作复杂，需要基础数据作为保障。天然气生产运行过程中，统计、结算等工作离不开各类复杂报表的制作，为指导日常生产运行，提高各类报表制作的效率和统计结算精度，需要有生产运行基础数据作为保障，提高了对基础数据管理的要求。

综上所述，以日常生产为基础，以生产运营为核心目标，努力将信息化技术应用到生产管理、场站管理、设备管理、能耗管理等各个环节，实现生产运营管理的数字化、调度指挥的智能化，解决企业发展中突出存在的生产问题，支撑企业数字运营、智能生产、精益管理、业务创新，提升企业生产服务能力，帮助企业提质增效，最终实现企业生产运营数字化、智能化转型。

2. 系统架构

本案例项目采用统一规划、顶层设计的思路推进项目建设，基于基础互联网平台，在安全运行保障体系和标准规范体系的支撑下，采用泛在感知、云边协同等信息技术，构建智能应用，并构建决策支持展示模块，辅助决策。系统架构如图3-92所示。

（1）基础设施。基于网络、存储、计算、内存、虚拟化基础设施，在公司原有的硬件基础设施上，本项目对硬件资源进行适当的扩充，加大计算性能和存储空间，从而提升数据检索、分析的速度和效率。

（2）平台服务。基于行业内数据标准和规范化的数据治理体系，实现对生产运营业务核心数据（压力、温度、瞬时流量、累计流量）的获取、转化、装载及分析等处理。通过数据汇聚融合、主题模型建设、应用模型建设及数据分析引擎，为上层业务提供标准化的数据服务。

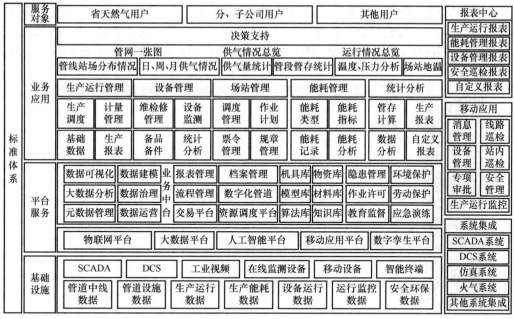

图 3-92　系统架构

（3）业务应用。基于场景化业务需求，构建面向最终用户的统一交互界面，按照统一风格要求，实现生产运行管理、设备管理、场站管理、能耗管理、统计分析等智能应用建设。同时，基于平台提供的数据分析挖掘与数据可视化的能力，构建面向领导层的综合驾驶舱，以多维数据分析和可视化结果呈现，辅助领导层决策。

1）生产运行管理。实现对管线、管段、站场、阀室、气源、用户等基础资料的维护，对接营销计划数据，获取每日计划任务，并对从 SCADA 系统获取的生产小时数据进行分析，生成日常生产数据，以日报、月报形式，展示管网、管线、管段整体运行情况。图 3-93 所示为某公司生产管理数据统计页面截屏图。

图 3-93　某公司生产管理数据统计页面截屏图

243

2）设备管理。将公司设备规整，根据所属专业（工艺、计量、电气）、设备关键程度、在用或备用、完好性等进行分类，统一管理，实现从设备采购进场、维修、保养、变更、检定直至报废处理的全生命周期管理。图 3-94 所示为某公司设备管理后台数据页面截屏图。

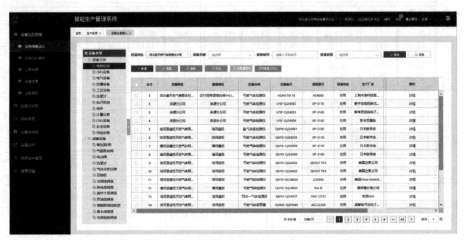

图 3-94　某公司设备管理后台数据页面截屏图

3）场站管理。依据经营计划，以调度指令为载体，将生产指令下达给场站、检修维修中心等生产部门，按照计划进行生产任务的执行。图 3-95 所示为某公司场站管理后台数据页面截屏图。

图 3-95　某公司场站管理后台数据页面截屏图

4）能耗管理。通过对场站的用水、用电、用气等能耗信息的采集，形成场站能耗数据，结合历史数据，对比分析场站日常管理中可提升节能降耗水平的环节，促进能耗精细化管理，为生产运行节能降耗提供数据支撑。图 3-96 所示为某公司能耗管理后台页面截屏图。

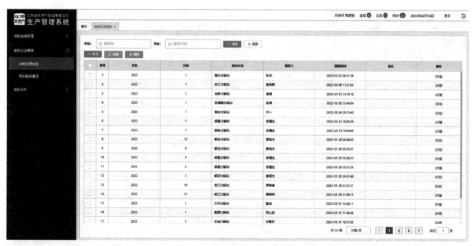

图 3-96　某公司能耗管理后台页面截屏图

5) 供气情况总览。实现管网计划与输气量对比分析、计划符合率分析、输气差分析等，展示计划的完成情况、各输气站计划的完成情况，以及管存、输气差对比分析等内容。图 3-97 所示为某公司供气情况总览展示页面截屏图。

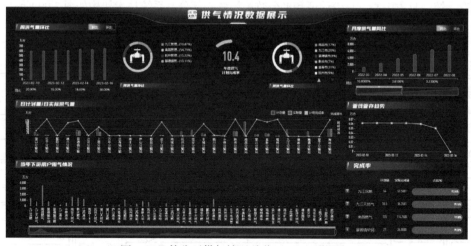

图 3-97　某公司供气情况总览展示页面截屏图

6) 运行情况总览。以生产实时数据为基础，利用图表方式，实现各类生产数据的关键指标的统计分析和综合展示，对总体运行状态和安全态势进行综合分析与实时展示。图 3-98 所示为某公司供气运行情况总览展示页面截屏图。

系统采用微服务技术架构来实现系统的整合及新应用的扩展，采用信息模型来完成应用服务和功能之间的连接，采用数据模型来完成功能和数据存储之间的连接，采用基于 Java EE 标准的 B/S 架构展示。

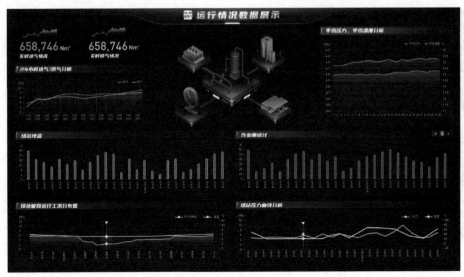

图 3-98　某公司供气运行情况总览展示页面截屏图

系统技术架构包括：数据层、服务层、网关、负载均衡以及展示层。系统技术架构涉及的主要技术点包括：API 网关、服务注册与发现、配置中心、负载均衡、熔断器、限流、优雅降级、数据缓存、统一日志中心、身份认证和平台监控等核心部分。系统技术架构如图 3-99 所示。

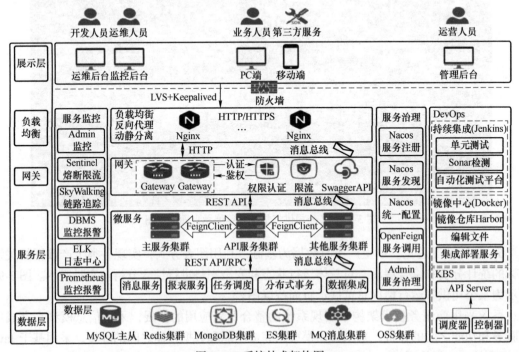

图 3-99　系统技术架构图

3. 关键技术

（1）开放的"微服务＋插件"架构体系。将系统按业务进行切分、重构与编排组合，建立一系列相对独立的微服务组件。微服务技术是一种架构模式，它提倡将单一应用程序划分为一组小的服务，服务之间相互协调、相互配合，为用户提供最终价值。每个服务运行在其独立的进程中，服务与服务间采用轻量级的通信机制进行沟通（通常是基于 HTTP 的 RESTful API）。每个服务都围绕着具体业务进行构建并且能够被独立地部署在生产环境、预发布环境中。另外，应尽量避免统一的、集中式的服务管理机制，对具体某一个服务而言，应根据应用上下文，选择合适的语言、工具对其进行构建。本项目建立了对象存储微服务组件，负责图片、视频、日志文件等非结构化的数据存储；建立了认证授权微服务组件，负责多个子系统、多机构、权限分配、用户管理、账户安全等功能；建立了流程审批微服务组件，实现流程图在线绘制、发布、审批等功能。各服务组件满足系统可扩展性、高可用性及稳定性。同时引入 DevOps（即 Development 和 Operations 的组合词，是开发和运营维护的总称），促进开发、技术运营和质量保障之间的沟通、协作与整合。通过共享、重组独立的微组件，形成"数据＋服务＋创新应用"的生产业务管理新模式。

（2）云化和集群模式部署。重要套件或功能支持分布式高可用部署。服务高可用是指系统无中断地执行其功能的能力，代表系统的可用性程度，是进行系统设计的准则之一。高可用设计手段包含以下方面：服务限流、兜底/容错、负载均衡、服务冗余、柔性化、数据存储高可用、服务分流。其中，最常见的方案就是服务冗余。用户的每一个访问请求可能都会由多个服务组合而成，每个机器、每个服务都可能出现问题，所以，第一个考虑到的就是每个服务必须不止一份，也可以是多份。所谓多份一致的服务，就是服务的冗余，这里说的服务泛指了机器的服务、容器的服务，还有微服务本身的服务。在机器服务层面需要考虑，各个机器之间的冗余是否有在物理空间进行隔离冗余；在应用服务层面需要考虑，各个应用系统的逻辑隔离冗余，同时，利用中间件技术保证服务间数据统一。

（3）数据库服务采用主节点高可用（Master High Availability，MHA）技术。在主从复制基础上，实现一整套故障切换方案，实现数据库的高可用性；针对应用服务采用 LVS 与 Keepalived 组合，构建可用的 LVS 负载均衡服务群集，对 LVS 负载调度器实现热备切换，提高可用性，对服务器池中的服务节点进行健康检查，自动移除失效节点，恢复后再重新加入。

（4）前端开发采用模型 - 视图 - 视图模型（Model-View-View Model，MVVM）体系架构。MVVM 是一种设计思想，采用 MVVM 架构，结合 VUE 框架及 Element UI，根据用户体验设计原则，从主次原则、直接原则、统一原则、少做原则、反馈原则、对称原则等方面入手，设计用户交互界面布局，确保页面美观、加载快捷，方便用户操作，业务操作流程简洁明了，易于用户理解，提高用户操作便捷性。

（5）报表组件。引入报表组件，融合天然气生产业务，形成"固定报表＋自定义报表＋统计分析"的分析模式，辅助日常生产。

4. 场景应用：河北省天然气有限责任公司设备全生命周期管理

河北省天然气有限责任公司主要承接河北省区域供气，规划建设长输管网及若干条支线约1500km，目前，已建设完成1200多km。其中，已投产1179km管道、76座分输站、36座阀室，覆盖11个地区市、163个县（市、区）。其基础设施在设备信息化作业方面相对落后，日常管理依赖手工记录、人工操作、线下审批流程的方式，未实现对设备使用全生命周期的全过程监控，尤其备品备件库存信息准确性不高，存在备品备件浪费、成本增加的风险。

梳理天然气站场设备管理流程，通过设备二维码/条码，实现设备一件一码进行身份确定，再按照设备二维码/条码与设备档案、设备维修、设备变更、设备检定、设备保养记录进行精确对应，形成设备档案，实现对设备使用的精细化管理，保证设备相关信息的准确跟踪，实现设备数据的可追溯性。采用Activiti流程引擎，实现业务流程审批，为公司天然气业务的稳定发展提供了信息化保障。图3-100所示为河北省天然气有限责任公司设备全生命周期查询示意图。

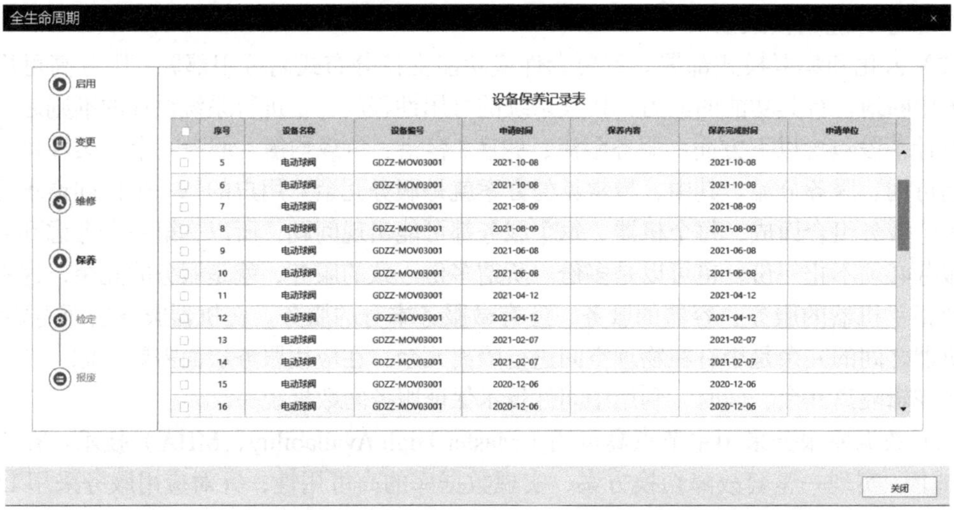

	序号	设备名称	设备编号	申请时间	保养内容	保养完成时间	申请单位
	5	电动球阀	GDZZ-MOV03001	2021-10-08		2021-10-08	
	6	电动球阀	GDZZ-MOV03001	2021-10-08		2021-10-08	
	7	电动球阀	GDZZ-MOV03001	2021-08-09		2021-08-09	
	8	电动球阀	GDZZ-MOV03001	2021-08-09		2021-08-09	
	9	电动球阀	GDZZ-MOV03001	2021-06-08		2021-06-08	
	10	电动球阀	GDZZ-MOV03001	2021-06-08		2021-06-08	
	11	电动球阀	GDZZ-MOV03001	2021-04-12		2021-04-12	
	12	电动球阀	GDZZ-MOV03001	2021-04-12		2021-04-12	
	13	电动球阀	GDZZ-MOV03001	2021-02-07		2021-02-07	
	14	电动球阀	GDZZ-MOV03001	2021-02-07		2021-02-07	
	15	电动球阀	GDZZ-MOV03001	2020-12-06		2020-12-06	
	16	电动球阀	GDZZ-MOV03001	2020-12-06		2020-12-06	

图3-100　河北省天然气有限责任公司设备全生命周期查询示意图

以往的线下流程审批模式至少需要2天，系统上线后，流程缩短至30min，大幅提升工作效率，减轻工作负担，实现了降本增效的目的。系统自2021年12月推广以来，消除了人工抄表、手工统计的工时和误差，降低了返工概率，各分子公司每月总用工时减少50%，劳动效率提升95%；通过对设备的全生命周期监控，分析出设备的维修、保养、检修周期，提前更换配件，提升设备寿命，降低设备购置成本约234.9万元/年；通过对能耗的实时监控，全面掌握站内高耗能设备的状态，及时采用节能减排措施，为公司节约能耗成本约114.25万元/年。线上办公替换场站生产日报、分输站巡检等日常线下工作，可降低日常办公费用约6.9万元/年。

案例三十五　新能源生产管理级智慧运维建设实践

新能源发电因为发电过程干净、清洁的特点，备受社会和行业重视，但随着新能源发电项目爆发式增长，生产运维管理的短板进一步暴露，比如新能源发电站占地面积广、设备数量庞大、运营人员不足、生产监管不到位等缺点明显。针对新能源发电存在的上述缺点，基于大数据、物联网、人工智能、云计算、移动应用等最新信息技术，结合新能源生产管理特点设计了新能源生产管理智慧管理系统，系统融合发电站海量高并发的实时运行报警数据、生产经营管理数据、设计及试验数据，有效满足新能源发电站生产运维管理中的设备管理、生产管理、安全管理、物资管理、技术监督和项目管理等全过程管理需求。实现大数据时代的智能应用管理，解决新能源电站监管"看不到、叫不到、管不到"的难题，保障新能源企业的安全生产管理。

1. 实践目标

为合理解决新能源业务运维过程中的问题，总结出新能源电站电力生产运维管理过程中的核心需求及拟达成的工作目标。

（1）摸清家底。构建标准化、电子化、信息化的基础设备台账信息，加强生产设备实物管理、摸清家底，同时解决设备可靠性分析问题。

（2）保障安全。融合人员资质、企业资质等安全信息，利用系统规范化管理条件，有效保障生产安全工作。

（3）效能提升。利用系统集约化管理优势，与日常生产业务相结合，利用数据自动化采集计算等手段，实现减员增效并提升工作效率。

（4）成本控制。以资产管理为核心，业务管理为过程，将生产运维费用与系统相契合，满足每一笔费用均可在系统中流转，实现全过程成本管理的目标。

（5）提升管理。提升管理规范，利用信息化手段对检修技改、故障预警等生产业务进行规范管理，以系统为抓手，落实推进各项规章制度的执行。同时，以系统为基础，将生产维修模式由被动故障维修，向半主动式计划维修、预防性状态维修转变。

2. 实践路径

立足新能源发电主业特征，以发电资产为核心，运行及两票为管理主线，以实现对设备运行、检修、缺陷处理等全过程管理为内容，以满足多组织机构、多层次管理为目的，建设新能源电力生产管理系统。落地生产管理驾驶舱、设备状态监控、生产过程管理、安全行为精细化管控、物资成本全环节管理、技术监督网络管理、项目管理体系管理七个方面的实践。图 3-101 所示为新能源生产管理系统应用架构。

（1）生产管理驾驶舱，穿透数据详情。新能源电站分布广，管理上一般实行总部、区域机构、电站三级管理模式，三级信息联动效果严重影响着生产经营。生产管理驾驶舱通过整合新能源企业关注的关键指标并将其与计划信息进行对比，以达到对生产经营完整信息的实时了解；通过对近期发生的具体事件的动态展示，利用穿透功能对事件每个关系节点、企业详细信息进行对应，以随时了解总部以及区域和电站的生产经营情况。

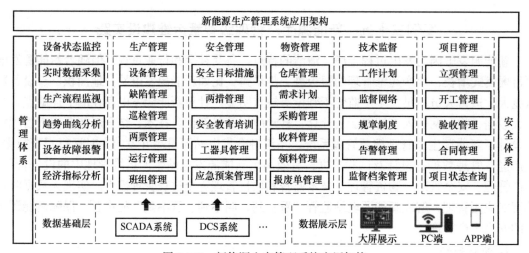

图 3-101　新能源生产管理系统应用架构

（2）新能源电站发电设备实时在线监控。新能源电站规模化后，在其所属区域应及时建设集中监控系统，以便将升压站和发电厂区设备的实时监控数据进行采集，实现对新能源电站发电主要设备的状态监控。监控系统建设内容涉及：依据发电设备、变电设备类型分类；依据事件重要程度的，按等级分类；依据信号所属发电设备部件的，按部件分类；产生告警事件状态的，按设备的状态分类等。实现设备及对应数据的多维度划分，为设备可靠性、能耗、电量、环境资源、电站运行等设备运行水平 KPI 分析提供便利。同时，可结合故障预警模型及状态趋势分析，检测出疑似故障设备并确定故障点，实现对设备的实时在线管控，降低故障发生率。

（3）确保设备出力和生产效益最大化。为提升生产管理过程中的管理规范化及制度化，新能源生产运维首先依据《电力安全工作规程》中的"两票三制"管理思路，建设以生产设备管理为核心，涵盖缺陷管理、巡检管理、两票管理、运行管理和班组管理的生产管理模式和制度，以状态检修、计划检修为突破点，降低故障发生率，减少各项生产费用，并通过适当延长设备寿命，确保设备出力和所产生效益最大化。

（4）部门、班组安全工作行为精细化管控。为保障电力生产过程安全，对于作业行为的管控极其重要，新一代的电力生产管理系统采用与智能终端（单兵作战装备）联动的方式，实现电力生产作业过程的可视化，执行事前培训、事中监督、事后复盘的管控办法。通过对安全检查等要求的精细化管理，对各种事故依次进行调查分析、记录、审核、制表，最后将统计结果、分析报告上报。根据事故分析和管控经验，拟定安全技术措施、反事故措施，再结合定期或不定期的安全规程培训，实现对部门、班组的安全工作行为的精细化管控。

（5）新能源电站物资成本全环节管理。在电力生产运维期间，物资的使用需管控各个环节。通过仓库管理、需求计划、采购管理、发料管理、领料管理等应用，使物资管理过程规范化、程式化，以能够及时满足新能源电站生产需要为考量要素，做到备品备件既有合理储备，又不储备过度、不占用大量资金，满足新能源电站的全面成本管控。

（6）规范的新能源项目管理体系。新能源电站新建工程、大修、技改等各类工程项目，涉及立项、项目计划、项目实施、项目控制、竣工验收五个管理阶段，通过建立新能源项目管理体系，对项目的投资、进度、造价、质量、安全、合同、材料、设备、技术、文档等各方面进行统一和规范，形成规范化的项目管理与控制。

（7）新能源电站技术监督标准和网络。电力技术监督是对电力系统内部的发供电设备及其运行状况进行监测和管理，建立新能源电站技术监督标准体系与技术监督网络，是保障新能源电站高效高质量运行的保障手段，可实现对技术监督人员、监督制度、制度落实情况的管理，以及对技术监督工作计划制定、技术监督告警单的全流程管理。

3. 实践创新

（1）应用创新。构建了以电力生产设备管理为核心，以生产过程管理为主线，基于SCADA物联网数据与生产管理过程的整合应用，通过在线监测对设备运行状态的采集，实现对设备运行状态的实时监视和数据收集，利用电力生产管理实现对涉及人、财、物相关流程的生产过程管理，以集控系统采集的数据和电力生产管理系统中管理的数据为数据输入，通过搭建的大数据系统进行数据分析、挖掘算法，实现发电设备故障诊断分析及故障预判预警。

（2）管理创新。在总体目标一致的情况下，既满足新能源跨区域、多层次的集团一体化管控要求，同时也满足各区域分子公司个性化的管理需求。该模式适用于集团级管理，也适用于单个电站的管理，实现了管理模式的创新。

（3）系统创新。集成电力生产管理信息化与在线监测、故障诊断及预警等大数据应用，充分发挥两化融合优势，聚合核心设备关键信息，通过故障诊断预警提供设备健康度评价，提升预防性、预测性运维能力，提升供应链智慧化能力，提高工作效率，节省管理成本，实现工业化，促进信息化系统创新。从新能源发电设备的建设到运行、设备、更换、报废，开展全生命周期在线监测管理，提前预防缺陷，延长使用寿命，减少磨损及维修成本。在设备侧，通过感知层接入电站实时数据，实现了故障报警实时传送，通过故障数据的积累，对设备维护及采购再选型进行优化分析。强化了设备全生命周期成本核算，实现了业务能力创新。

4. 实践难点

（1）数据准确性。基于SCADA物联网数据与电力生产管理过程数据整合应用的核心之一是数据准确性，在线监测数据的不准确是前期应用的最大阻力和难点，而生产设备数据的收集也需要前期投入大量的精力进行数据收集及核对。首先从采集、映射、校对、复核四个环节，逐项完成数据的核对，减少因为数据源头造成的数据误差，同时，公司出台一系列数据标准及编码规则来控制数据质量。

（2）数据应用。电站工作人员面临从传统纸质管理模式向电子化办公模式的转变，因工作流程和规范变化很大，在系统应用初期，工作人员存在抵触情况。公司通过出台一系列政策和激励办法，促进用户形成数据应用习惯。

5. 典型案例

某上市新能源企业执行新能源电站新运维模式后，优化了公司电力生产部门的人员组织结构，由运检一体运维模式全面转向集中运维模式，以其某分公司为例，该分公司共有10个已运行电站，部分电站为新建电站，出质保自行维护机组逐年增多。集中运维方案实施后，共减少运维人员33名，其中11人调配至新建电站，22人由运行岗转为检修岗，仅此一项每年节约人力成本约330万元，同时实现了减员增效的效果。集中监控督促了电站的及时消缺，分公司组织专家及维修人员对设备运行情况进行远程实时故障诊断，有效促进现场设备的维修效率及维修质量，带来的发电量提升转变为经济效益的提升。

第八节　工程咨询与工程建设数字化

《"十四五"数字经济发展规划》提出，促进数字技术在全过程工程咨询领域的深度应用，引领咨询服务和工程建设模式转型升级。这是继2019年国家发展改革委、住房和城乡建设部联合印发《关于推进全过程工程咨询服务发展的指导意见》之后，从国家层面再次提出的，推进全过程工程咨询服务在工程建设领域深度应用的明确要求。后者提出工程咨询行业完善工程建设组织模式，提高投资效益、工程建设质量和运营效率的思路，前者则从国家战略规划层面明确了数字技术赋能全过程工程咨询发展的方向。

国际上，全过程工程咨询在发展政策、技术标准、行业推广和应用实践方面已经走向成熟。在国内，工程咨询行业尚未形成一体化的咨询服务，立项决策咨询、勘探设计咨询、工程造价咨询、招投标代理、工程监理、运行维保咨询、工程项目管理等彼此独立，呈现为碎片化状态，需由"碎片化"走向"全过程"。

全过程工程咨询需要对企业和项目的技术、资金、信息、人才进行集约化管理，统筹调配勘察、设计、施工、监理、造价和BIM等资源，需要技术标准、管理规范、法律法规等的辅助。

本节选取电能输送分配工艺设计及建构筑物布局设计的实践案例一个，选取建筑公司利用行业数据开展造价工作的实践案例一个。

案例三十六　"E+"电网设计数智解决方案

1. "E+"电网设计数智解决方案的背景情况

电网设计是指与电能输送、分配相关的工艺及建构筑物的设计，包括变电站（换流站）、输电线路两方面，专业构成包括电气、结构、技经、总图等近十个专业。传统的电网设计存在如下特点：历史工程数据分散，数据要素驱动力弱；专业间数据接口不统一，协同作业效率低；设计、施工、运营三者未实现数据共享、模型互用，整体管理协调机制松散，难以满足新基建背景下缩短建设工期、降低建设成本、提高建设质量、降低建设风险的要求。利用物联网、5G、AI等数字化技术效能，打造电网"数字新基建"，实现电网数智设计和一体化建设、运营，成为时代趋势。"E+"电网设计数智解决方案旨在解决传统电网设计出现的上述问题，以实现设计智能化、成果三维化、应用泛在化为目标，提供更加优质的设计服务以及丰富智能的数字化产品，为实现智慧电网建设提供支撑力量。

2."E+"电网设计数智解决方案概述

(1) 需求分析。基于电网工程传统设计方式的弊端，"E+"电网设计数智解决方案在需求分析及产品设计时，主要从满足以下功能点出发。

1) 数据服务。基于数据模型结构，结构化自有电网数字资产，建立涵盖电网专题数据、工程数据、BIM 数据、知识数据等数据的电网大数据中心，并构建数据服务体系，支撑和服务于电网 BIM 全生命周期场景。

2) 计算服务。面向电网工程计算参数、指标与算法，基于标准化、模块化、平台化的建设思想，研发打造电网 IDE 平台。通过对工程计算标准化、集中化管理及云端部署，实现算法的快速更新和动态扩展，提供工程计算服务。

3) 协同服务。基于成熟数据中台，实现对设计过程中数据、文档、项目集不同层级的协同。通过通用接口与"BIM+GIS"设计平台及其他应用场景集成对接，实现对数据版本管理、权限控制、数据交互、图纸出版等场景的协同服务。

4) 建设运营一体化。统一建设运营阶段模型数据标准，实现设计 BIM 模型在施工及运营阶段中的应用。通过构建数字孪生平台，并接入视频、传感器等物联网设备，实现电网工程全生命周期内模型的信息查询、运行状态评估等功能。

(2) 基本架构。基于功能需求，"E+"电网设计数智解决方案由基础层、核心层、应用层三部分构成，基础层包括"数据、计算、协同"三个模块；核心层由"BIM+GIS"组成；应用层为包含加工、施工、运维、建设管理等在内的、面向电网全生命周期的多个应用场景。图 3-102 所示为"E+"电网设计数智解决方案框架。

1) 基础层。基础层的数据模块采用开放性电网数据模型，由属性集、组件类、物理及逻辑模型、工程模型组成；计算模块由组件容器、工程特征参数、应用环境构成；协同模块通过统一

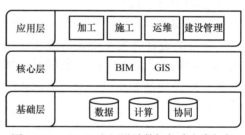

图 3-102 "E+"电网设计数智解决方案框架

数据标准，实现项目设计视图管理、设计参数自动流转等多专业协同功能。

2) 核心层。核心层以"BIM+GIS"为基础，构建电网工程的智能设计系统，主要面向变电站（换流站）和输电线路两个方向。其中变电站（换流站）设计系统基于协同数据流模块，采用分布式存储和二次开发功能接口的方式，整合各专业数字化设计软件，实现变电电气一次、电气二次、结构、建筑等全专业、全过程数字化设计；输电线路设计系统以数据为中心，采用大数据、参数化建模等技术，构建涵盖输电线路路径选线、电气排位、铁塔及基础设计等全业务功能平台。

3) 应用层。应用层主要为面向建设运营一体化需求而延伸出的多场景服务。包含输电铁塔与变电站构架模型在设计、制造、施工、运营阶段的数据共用，基于数字孪生技术和物

联网技术,实现电网工程健康状态监测、导线对地安全距离评估、地线防雷水平分析等多个应用场景。

3. 方案采用的关键技术

(1) 数据挖掘技术。利用数据挖掘技术,对电网工程的项目信息、工程业绩、设计指标、运行指标、设备参数、工程量、概算、合同价、结算造价、投标报价、中标价、材料消耗、工时统计、系统选型、水文气象条件、海拔地形条件、地质条件、技术经济指标等数据进行挖掘,构建工程数据库及指标分析系统,进行工程技术指标的评价和预测,支撑投标、可研、初设、施工图等工程全过程和总承包项目等应用需求。基于数据挖掘成果,构建管理大数据平台,实现电力建设项目与公司市场、生产管理、采购、财务等业务数据的汇聚互通,辅助管理人员对项目经济技术指标、财务等数据开展进一步分析,从而服务于公司市场、决策和运营等管理业务。

(2) 多模异构数据融合技术。电网工程多模异构数据是在工程建设全过程中产生的,包含结构化数据、视频、影像、图片等数据在内的多格式、多来源的全过程数据的集合。在多模异构理论下,为达到最好的数据融合效果,将不同应用系统的数据集合放在一个应用平台上,研究数据融合模型方法和典型的异常数据处理方案,实现电网工程数据融合。采用该技术,可以将历史工程中散落在各设计人员手中的关键资料收集并整合于一个平台,后续工程可直接从平台查询相关资料,简化资料收集步骤,缩短工程前期规划时间。基于数据融合后的电网专题数据、高程数据、卫星图片及航拍图片数据,结合输电线路断面图生成规则,可形成自动剖切断面功能,从而减少了传统设计时依赖于测量专业手动剖切断面的需求,大量节省专业间的配合时间。

4. 方案实施流程

项目的设计开发主要流程及关键节点如图 3-103 所示,围绕设计需求展开,通过对各重要阶段成品如项目策划、需求报告等开展专业评审、综合评审及多级校审以确保质量;通过周例会、月例会及纪要闭环管理措施,确保进度。项目最终移交以设计确认及验收为准,通过后续评价机制及专人售后服务,确保方案不断迭代升级。

5. 方案建设节点

在项目实施过程中,有数据标准化建设和基础数据平台建设两大关键节点。前者可以统一整个建设、运营过程中的数据标准,以及同一阶段不同专业间的数据标准;后者是操作平台的基础,是实现整个系统功能的底层逻辑。

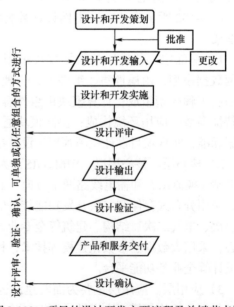

图 3-103 项目的设计开发主要流程及关键节点图

(1) 数据标准化建设。在分析调研电网数据资源基础上,构建统一的数据模型标准及管理方法,是实现数据标准化建设的关键,主要包括核心属性定义、数据标准、数据监测、数据考核、数据应用五个方面。

1) 核心属性定义。对核心属性进行标准化定义,同时支持按照 RDF 的结构进行拓展,满足不同应用场景对数据内容深度的要求。

2) 数据标准。建设数据标准,形成企业级数据资产目录,为指标数据化、数据质量评价、数据模型、数据分析提供标准和依据。

3) 数据监测。建立数据质量规则,通过大数据平台实时对数据质量进行检测,并对不合格数据责任人进行警示推送,动态管控数据质量。

4) 数据考核。建立数据考核机制,定期发布数据监控报告,推行数据质量指数机制,将数据质量和各业务单位组织绩效挂钩,引导各部门有效开展数据应用活动。

5) 数据应用。选择具有代表性的电网建设项目作为试点,检验数据应用成效。逐步依托国家电网和南方电网两大电网投资、建设、运营主体,以及以中国能建为代表的电力建设"国家队"等重要企业的相关项目进行推广。

(2) 基础数据平台建设。针对不同类型的数据特点,采用空间数据库、关系数据库、NoSQL 数据库、分布式文件系统的混合存储模式,建设地理信息空间数据、BIM 数据、专题数据、工程项目数据、知识大数据,构建混合存储的数据结构,实现基础数据平台实时和定时混合数据计算功能。按照应用特征,平台主要分为数据采集层、数据存储层、数据分析计算层和数据应用层。

1) 数据采集层。主要通过主动和被动两种模式采集数据。主动数据采集主要通过建立网络爬虫,对设计相关的政策、法律法规、公开数据、市场动态等进行抓取并进行结构化建设。被动数据采集主要通过建立数据责任和考核制度,督促设计主动提交生产过程数据,协同建立持续更新的数据源。另外,还通过专项建设,对传统设计中的图纸、说明书等非结构数据进行重建。

2) 数据存储层。在技术方案选择上采用了兼容模式,变压器、铁塔、导线等设计对象采用关系型数据库进行存储,图纸、图片等采用 MongoDB 非关系型数据库存储。同时,对地理信息数据采用行业标准化解决方案,提升技术可靠性。

3) 数据分析计算层。主要实现对数据价值的发掘,并通过 Web 接口为应用层提供支持,在该层构建中对数据量较大的应用选择 MapReduce 分布式编程,对计算性能要求不高的场景,采用 Jupyter Notebook 实现在线分析。

4) 数据应用层。主要提供标准化的接口,为数智设计提供服务,70% 以上数据服务进行了 REST 标准格式封装,对与 AutoCAD、PDMS 等设计平台紧密结合的数据进行定制性开发。

6. 方案主要功能

(1) 数据服务。通过历史工程中收录的全国地理接线图和环境敏感点信息,可以及时、准确地查询工程附近已建线路信息及保护区分布情况,为新建工程提供有力参考,大量节约设计人员现场踏勘及收资时间。

以铁塔库为代表的 BIM 数据库，可以查询历史工程中已有的金具、绝缘子串、导地线参数、铁塔、基础等信息，方便新建工程的引用，避免重复设计。

（2）三维协同设计。三维协同设计可实现各专业数据在同一平台流转，提升设计效率；同时，帮助设计者更直观地查看沿线障碍设施规划路线，方便布置管线和设备，及校核碰撞。

7. 应用场景及效果——白鹤滩换流站

（1）规划选址。可研初期，充分应用地理接线图、BIM 模型等数据服务，初选出 5 处站址。面对复杂的外部环境和多线路出线情况，运用"BIM+GIS"，对不同的站址进行站区总体规划布置，完成站址方案比选，最终确定世界最大的换流站——白鹤滩换流站的最优站址。

（2）白鹤滩送浙江、江苏线路规划。在从白鹤滩送出到江苏、浙江的特高压线路规划中，充分应用了激光点云技术，实现了百亿级激光点云的数据处理，进行了建筑物建模、断面提取、树木高度测量等相关工作，提升了勘测成品的质量。同时，利用西南山区观冰数据，结合最新的 BP 神经网络模型等 AI 模型，开展了建设周期内的覆冰预测，支撑工程设计。

（3）应用效果。"E+"电网设计数智解决方案实现了在线路工程设计中，平断面和明细表同步更新并自动继承已有成果，减少路径绘制时间 20% 左右；二维三维联动设计，减少断面剖切时间 75% 左右；基于特高压线路工程数据模板的工程量统计模式，减少人工时间 50% 左右。本方案提供的数智设计平台，提高了设计人员在专业资料查阅、设计参数输入和调整、计算过程衔接整合、跨专业提资和数据共享、校审和评审等方面的作业效率，极大地降低了人为操作带来的偶发错误等风险，提升了设计质量。

8. 实施过程遇到的典型问题及解决方法

（1）数据建设持续性。数据建设是一个复杂的系统工程，涉及企业多个领域，若规划设计不当，则有可能造成数据不可知、不可控和不可用，从而导致数据建设的失败。因此，要解决数据建设的难题，既要做好顶层设计，解决统一标准、统一流程、统一管理体系等问题，又要解决数据采集、数据清洗、数据对接和应用集成等相关问题。在项目建设中，结合发展需求，第一，对数据资源进行系统性的梳理，并构建相应的数据建设管理制度；第二，围绕数据管理标准体系的主要内容开展数据标准制定，结合业务和管理需求，统筹梳理业务标准（编码规则、分类规则、描述规则等），构建统一的数据模型标准；第三，对数据平台方案进行广泛调研，采用成熟的数据治理工具和数据交互平台。

（2）数据智能分析落地。数据分析有许多经典算法，涉及决策分类、聚类、回归、链接挖掘、关联挖掘、模式挖掘等方面，一般可归纳为两种：有监督算法和无监督算法。有监督算法主要包括逻辑回归、决策树、神经网络等；无监督算法主要包括聚类、最邻近距离、支持向量机等。在进行数据分析时，需要综合运用多种算法，技术难点在于，结合实际业务需求在众多的算法中进行比较，可联合科研水平较强的高校、IT 企业建立联合攻关组，突破项目开发中的技术难点，从而选取最适合的分析算法。

案例三十七　工程造价领域行业大数据智能应用

2020年7月，住房和城乡建设部在印发《关于工程造价改革工作方案的通知》（建办标〔2020〕38号）明确指出：推行清单计量、市场询价、自主报价、竞争定价的工程计价方式。随着造价市场化逐步成熟，未来价格将不再具有统一的标准，而是由市场引导竞争定价的方式来确定。因此，建筑行业各参与方更加重视利用接近市场水平的造价大数据来加强成本管控和工作效率的提升，如将人、材、机市场价格水平和单方造价、单方含量等指标数据的合理区间调整，应用于实际项目来帮助测算成本、优化成本。

1. 建筑造价行业数据情况

随着造价市场化改革不断深化落地，建筑市场将转变为企业内部的竞争，做好企业内部的数据留存、结合市场大数据做好成本精细化管控将成为主流模式。然而，当前建筑造价行业数据的全生命周期中采集、清洗、留存的各个流程，依然存在一定的不足：一是材料、设备询价工作需要耗费大量的人力、财力，各渠道获取的材料价格价差大，很难确定合理的报价。二是缺失有效的项目管理经验数据，且项目人手不足，项目经验无法转换成数据资产。三是企业自身项目经验有限，外部合理的项目成本指标数据难以获取。四是行业内无统一的指标数据标准，各企业成本计算规则有差异，所获数据很难达到对比、对标目的。

2. 工程造价行业大数据解决方案

基于当前各房地产、施工及咨询企业普遍存在的企业数据不足、外部数据获取难的情况，工程造价行业大数据解决方案致力于材料价格及工程指标大数据业务探索，主要构建了材料设备价格查询平台及工程指标数据查询平台两部分。

（1）材料设备价格查询平台。为工程造价产、供、销三方人员提供价格准、材料全、更新及时、载价方便的材料价格信息服务。帮助工程人员提高编制预算文件的效率，助力解决造价过程中询价工作量大、询价困难、价格水平难以把握的问题，降低造价费用。

材料设备价格查询平台结合建设单位在建设领域信息化服务的资源积累和专业沉淀，为建筑企业提供全面、真实、及时、合理的信息服务。通过提供材料价格查询服务，帮助用户快速便捷获取到材料价格、供应商信息，打通了材料价格和成本计算等智能化应用。

（2）工程指标数据查询平台。涵盖典型案例工程指标、清单综合单价数据、劳务分包数据、政策文件及成本优化专栏内容，在造价全过程及成本管控中，通过标准模型化数据体系，规范成本管控标准，可以帮助企业梳理成本数据管理思路，提供外部数据对比标尺，指导企业对标行业成本管控水平，让成本决策有依有据。

工程指标数据查询平台建立了完善的数据标准及计算规则，与各地方龙头企业合作，收集真实的案例工程，通过科学的加工方法、专业的加工人员、严格的审核制度，为各企业提供全面、完整的指标数据，给成本管理带来极大的便利。

3. 主要应用场景

工程造价行业大数据解决方案为造价全过程提供造价行业大数据参考，具体应用场景如下。

（1）在投资估算／成本测算阶段。通过价格平台获取材料价格；通过工程指标平台获取同类型工程指标数据的查询，同时，在成本测算工具中应用，帮助成本人员完成前期投资估算。

（2）在招投标阶段。价格平台可以帮助甲方、咨询公司、施工企业快速获取材料价格，提升预算文件编制效率；工程指标平台可以帮助企业通过对比、对标行业指标水平，提升企业成本管控的能力。

（3）在竣工交付阶段。价格平台提供可靠的材料价格数据，为双方认质、认价提供依据；工程指标平台为劳务核算提供外部劳务市场价格依据，为项目结算审核提供结算指标数据参考，帮助企业做好成本管控。

4. 场景落地

工程造价行业大数据解决方案的建设"以满足应用为驱动，以数据标准为核心"，围绕信息的全流程，构建了信息的数据标准、采集、加工、发布、应用的核心业务活动及标准。所有产品设计、标准建设、流程运转都围绕应用来展开，满足应用驱动的价值体现。同时，探索构建动态指标体系：即通过人、材、机价格数据更新，带动清单综合单价价格变化，实现成本指标动态更新的三级联动。图3-104所示为动态指标趋势图。

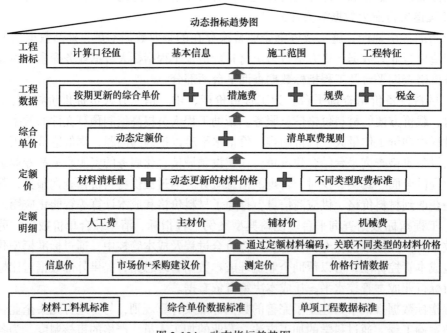

图 3-104 动态指标趋势图

5. 关键技术

方案从造价信息应用出发，为实现数据价值最大化、形成造价领域数据管理的良性可持续发展，结合 IT 架构方法，科学分析、以始为终，形成可随时按需应变的灵活的、可扩展的架构。

（1）采用微服务架构解耦核心业务与用户服务。用户服务以云应用架构为基础，以大容量对象存储加分布式关系数据库为保障，采用搜索引擎加机器学习实现可伸缩的高效搜索，采用快速读写、高并发缓存机制，实现数据的快速响应，以达到高精专的服务模式。

（2）基于轻量级网关实现路由、安全、监控、限流。通过开箱即用的多种路由方式，实现对各个微服务的快速、精确路由，主要解决了在请求到达服务前做一层网关过滤隔离，保证服务不被恶意渗透；采用限流组件解决服务在高并发访问下的稳定性；基于可配置的安全策略实现个性化的数据安全和数据防爬虫机制，同时，通过自研的接口防重放策略、请求拦截策略以及行为验证策略，保证数据不被恶意获取。

（3）以通用持续集成、持续交付、持续部署方案为支撑实现服务的快速上线、动态扩展。传统软件每隔一段时间分开发布每一个小功能更新或问题修复的做法，极大地增加了变更在部署时被耦合的概率。随着时间推移，问题开始增多，给整个团队带来了更多的困难。更糟糕的是，产品单独开发/测试，手动流程容易出现人为错误，而这一方案解决了这些问题。

（4）提供业务模块专业数据。由专业人员经营核心业务、提供专业数据。业务模块是数据加工平台的核心，将各个业务模块的数据，先经过数据平台进行加工，数据入库，再发布到指标数据查询平台，最终呈现在产品上。数据加工平台的功能模块包含：单项工程、综合单价、劳务分包、政策文件、目标成本等。

6. 场景应用效果

（1）某房地产项目场景。某房地产以往的项目，在结算认价阶段是先通过集团历史项目判断材料价格，然后通过电话联系熟悉的供应商询问材料价格，两种方式可解决70%的询价问题。再使用第三方询价网站，解决其余材料价格的询价问题。在还找不到报价信息情况下，再配合发布人工询价或预算员进行二次询价，此步骤历时约7天左右。结算认价难点是：供应商关系消耗大、报价时间不好把控、部分材料在第三方询价网站也无法找到，且报价时间久远、无法把握当下市场价格水平。该房地产公司使用材料设备价格查询平台后，以采购建议价作为价格水平基线进行横向对比，针对没有报价的情况，则区分供应商关系并进行询价，保障了客户单位使用较低水平报价完成结算认价，助力企业成本控制。单次结算认价用时2天，比以往节约5天时间，效率提升3倍。

（2）某工业厂房建设场景。某工业厂房进行建设时，由于建设单体较多，且将多个单项工程拆开投标，由多人分开组价调差，最后再进行合并、再进行审核，审核内容包含清单工程量合理性、清单综合单价合理性、组价缺项漏项等，存在清单多、核查效率低、不同的单项难以拉通对比且容易出现漏查、没有外部数据参考等难点。利用工程指标数据平台，通过指标维度进行投标文件审核、发现问题，再借助平台综合单价核查组价及评判合理性。首先，通过工具快速计算本项目不同单项工程指标，利用指标对比，导入行业数据进行横向对比（如图3-105所示），对标中发现本项目数据与行业数据的偏差，再返回修改，使审核工作提效30%以上。

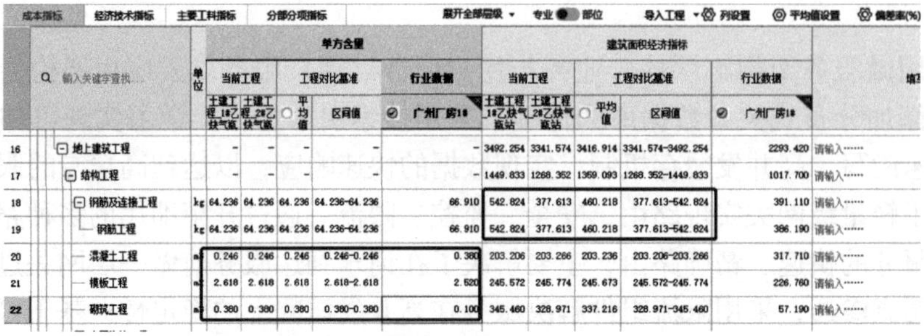

	输入关键字查找	单位	单方含量 当前工程 土建工程_1#乙炔气瓶	单方含量 当前工程 土建工程_2#乙炔气瓶	单方含量 工程对比基准 平均值	单方含量 工程对比基准 区间值	单方含量 行业数据 广州厂房1#	建筑面积经济指标 当前工程 土建工程_1#乙炔气瓶站	建筑面积经济指标 当前工程 土建工程_2#乙炔气瓶站	建筑面积经济指标 工程对比基准 平均值	建筑面积经济指标 工程对比基准 区间值	建筑面积经济指标 行业数据 广州厂房1#	填报
16	地上建筑工程		-	-	-	-	-	3492.254	3341.574	3416.914	3341.574-3492.254	2293.420	请输入……
17	结构工程		-	-	-	-	-	1449.833	1268.352	1359.093	1268.352-1449.833	1017.700	请输入……
18	钢筋及连接工程	kg	64.236	64.236	64.236	64.236-64.236	66.910	542.824	377.613	460.218	377.613-542.824	391.110	请输入……
19	钢筋工程	kg	64.236	64.236	64.236	64.236-64.236	66.910	542.824	377.613	460.218	377.613-542.824	386.190	请输入……
20	混凝土工程	m^3	0.246	0.246	0.246	0.246-0.246	0.380	203.206	203.266	203.236	203.206-203.266	317.710	请输入……
21	模板工程	m^2	2.618	2.618	2.618	2.618-2.618	2.520	245.572	245.774	245.673	245.572-245.774	226.760	请输入……
22	砌筑工程	m^3	0.380	0.380	0.380	0.380-0.380	0.100	345.460	328.971	337.216	328.971-345.460	57.190	请输入……

图 3-105　综合单价横向对比示意图

在编制完投标价后，导出分部分项表格，在分部、分项的表格里，列出劳务、材料项，根据历史项目优先给价，缺失的价格再找长期合作的班组报价，综合定价后再加上管理利润，测算出成本总价。难点是，合作的劳务班组报价 + 历史数据水平比较固化，不能清晰表示与行业的价格水平差距，无法确定劳务班组报价的合理性。另外，成本测算时间紧，临时询价很难询到多家报价，难以支撑短时间内完成高质量的前期成本测算。利用平台中的指标数据，通过施工成本测算，编制成本测算文件，按照历史项目及劳务班组报价，填报劳务分包价，并与平台中的行业劳务数据进行对比，判断出该劳务班组报价的是否合理，给予调整，帮助企业有效把控成本。一次 96 条劳务价分包定价比价的工作量，由以往 1 天的询价时间，缩短至不到半天，效率提升了 50%。

7. 实施流程及关键节点

工程造价行业大数据解决方案围绕数据的标准建设、采集、加工、发布、应用，形成了产品独有的数据运营流程，如图 3-106 所示。

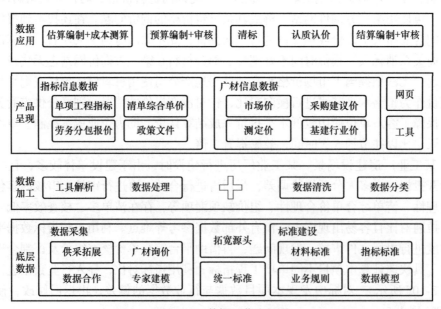

图 3-106　数据运营流程图

（1）数据标准建立。数据标准是大数据服务的核心。建立数据标准，统一数据计算口径，保障数据的有效应用。标准的建设来源于数据的应用需求，需要什么样的指标，标准就要定义相应的指标范围、计算公式等。如数据分类标准：在国标分类的基础上，结合行业内的应用习惯，整理出项目业态分类和材料分类，图3-107所示为项目业态分类示意图，图3-108所示为材料分类示意图。

图3-107　项目业态分类示意图

图3-108　材料分类示意图

（2）数据采集。数据采集层关键是确定数据采集源头。项目在工程各阶段产生的估概算、设计指标、施工图纸、采购询价、工程编制说明、算量文件、招标控制价、投标价、合同价、材料采购价、劳务费用、工程结算价等，都是数据源。

（3）数据加工。由于建设工程的复杂性和市场的诸多因素，导致工程造价原始数据异常繁杂。要形成真正有价值的工程造价数据，就必须对数据进行清洗加工。数据加工遵循模型化、智能化、动态化的原则。

1）模型化。按造价业务所需，创建数据模型，主要解决业务层面的数据要素、业务逻辑、数据形态的程序化。

2）智能化。采集的海量数据，完全依靠人工处理识别的工作量极大，利用人工智能技术，完成对材料信息的智能分析、清单费用的自动归集，实现数据加工自动化。再结合人工纠偏，实现人机互动，并通过不断优化以提升加工准确性及加工产能。

3）动态化。利用云计算技术，引入最新的人、材、机价格，可以将历史价格指标自动调整为与时间匹配的清单综合单价和工程造价指标。

（4）数据应用。数据可以通过两种方式在实际工作过程中一键应用、发挥价值：一是在网页端进行关键字搜索，获取到对应的数据，了解市场价格水平；二是通过对应的成本测算工具引入行业数据，直接进行成本测算或对比、对标。

8. 实施效果

经过多年的努力和发展，工程造价行业大数据解决方案在行业中得到产、供、销三方客户的一致认可和好评。材料设备价格查询平台，用户反馈采购价的价格水平接近市场平均价格，且地市材料覆盖全。工程指标数据平台，2022年产生应用标杆企业236家。

第四章

科技园区数字化转型

数据服务产业集群化发展是落实国家大数据战略的重要举措，是培育新型产业、稳定经济增长的重要手段。要通过打造具有国际竞争力的数字产业集群，促进数字经济和实体经济深度融合。推动产业园区和产业集群数字化转型，引导产业园区加快数字基础设施建设，利用数字技术提升园区管理和服务能力，探索平台企业与产业园区联合运营模式，丰富技术、数据、平台、供应链等服务供给，以提升线上、线下相结合的资源共享水平，引导各类要素加快向园区集聚。要围绕共性转型需求、推动共享制造平台、探索发展跨越物理边界的"虚拟"产业园区和产业集群、加快平台化运营和网络化协同、构建虚实结合的产业数字化新生态，是科技园区数字化转型需要考虑的方向和需要解决的问题。

园区作为产业经济的重要载体，以及区域经济的重要增长引擎，积极寻求数字化转型既是国家发展战略要求，也是园区自身发展的需求。园区的数字化、智慧化升级是一个由内到外、伴随着流程变革的过程，需围绕资产、人、事、数据及全生命周期，提升园区管理效率，降低管理成本，提升用户体验，为园区内企业高质量发展做好服务。

本章介绍了苏州工业园区从数据、技术、应用三个维度，为不同部门业务和应用场景提供有效支撑的做法。

案例三十八 "智能中枢"——构建数字园区政府"核心引擎"

苏州工业园区是国务院1994年经批准设立的经济技术开发区，主导产业为电子信息、生物医药、装备制造、纳米技术，常住人口115.04万人，园区内共有企业17.5万家，2022年，园区生产总值3515.6亿元。作为"中国改革开放的重要窗口"和"国际合作的成功范例"，园区围绕智慧化、整体性、平台型数字政府建设目标，在促进产业数字化方面做了一定的探索与尝试。

1. 建设目的

围绕《苏州市推进数字经济和数字化发展三年行动计划（2021-2023年）》《苏州工业园区数字政府建设"十四五"发展规划》规划要求，通过数据和公共服务能力复用，园区启动了智能中枢项目的建设。建设目标：一是依据公共数据统一管理，盘活政务数据资产；二是以场景驱动，构建共性应用服务；三是统一门户体系，用户服务供给多元；四是提升部门间协作效率，保障数字政府长效运行。

2. 方案架构

智能中枢层主要由数据中台、技术中台、业务中台组成。图 4-1 所示为智能中枢总体架构。

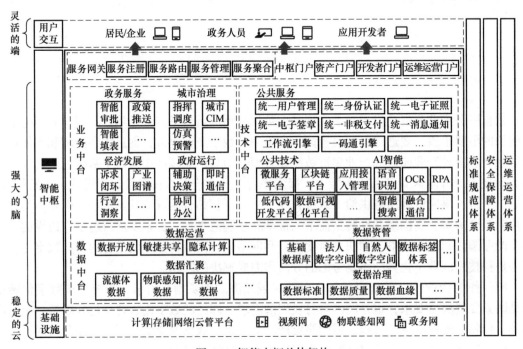

图 4-1 智能中枢总体架构

（1）数据中台。以推进园区数据资源整合利用为目标，以数据资产管理为核心，通过数据汇聚、数据治理、数据运营、数据资管，实现对园区数据资源的全生命周期管理，为各政务部门和应用提供最全面的跨领域数据资源服务。

（2）技术中台。为各场景应用的开发者提供底层技术能力，包括区块链平台、低代码开发平台等技术开发框架，统一身份认证、统一用户管理等上层开发服务，以及语音识别、OCR 等各类通用的 AI 算法能力，能够有效支撑数字化协同开发和快速部署。

（3）业务中台。是具有较强业务属性的公共服务能力工具箱，包括智能审批、指挥调度、决策辅助等能力，能够快速赋能数字政府各业务场景。

3. 基础服务

（1）统一数字身份能力。在保证用户信息合法、真实及有效的基础上，通过身份证实名认证、手机验证、第三方支付认证、企业数字证书验证、统一社会信用代码验证等信息的整合，实现包括外籍人士在内的统一用户管理、身份认证、实名认证和单点登录等功能。截至 2022 年 12 月，总注册量为 66 万余家，日均调用 1200 次，服务对象覆盖全区 20 多个局办、80 余套业务系统。

（2）统一电子签名能力。依托 CA 认证技术，建立全区事件型和固定型两种统一电子签名认证能力，一是为园区众多政务服务业务系统提供电子化签署服务；二是构建医疗卫生系统全流程无纸化体系，有效解决诊疗过程中涉及医疗卫生数据真实性、完整性和合法性的问题。

（3）电子营业执照签名能力。通过纳管苏州工业园区政务服务的电子营业执照应用，不断简化法人的授权机制，使其可对数据电文进行电子签名，与手写签名或盖章具有同等法律效力，通过移动终端在公共资源交易招投标领域和政务"一网通办"领域实现登录、认证、签名等功能。

（4）OCR 图像识别能力。面向全园区提供，将图片转换成结构化文字的能力，将 OCR 图像识别汇集、封装、升级、发布，形成统一能力清单对外赋能，并针对高频场景如行审局、档案局的各种证照进行了定制化优化，建立了营业执照读取、签名定位、身份证读取、通用文档识别、通用表格识别、居住证识别、户口本主页识别、手写数字识别、图章识别、勾选项识别、健康码识别、行程码识别等共计 14 套 OCR 识别模型。

（5）CIM 地理信息能力。智能中枢构建了全园区 CIM 地理信息能力，面向全园区提供标准的地理数据可视化能力及标准化的图层服务，已完成了用地企业、城市总体规划、园区控标、政务版电子地图、地名地址、三维精模、三维素模、2019 年影像、2020 年影像、2021 年影像等共计 12 类图层绘制，面向经济大脑、一网统管等场景提供服务。

4. 场景应用效果

作为苏州工业园区统一的"数字底座"和"能力中枢"，园区智能中枢紧紧围绕数据、技术、应用三大维度，全方位、多领域为不同部门业务和应用场景提供有效支撑。

（1）构建环保水务"一张图"。2021 年，苏州市被列入"排污许可制与环境影响评价制度有机衔接改革试点"，苏州工业园区成为苏州市该项工作的试点区域，依托智能中枢数据中心能力，全面归集园区内的环评单位数据、企业历史监察数据、辐射数据等环保相关数据，构建形成环保水务"一张图"，同时依托智能中枢法人库，实现法人数据和环保数据的有效融合，为企业精准画像、精准执法、差别化监管提供数据支撑。

（2）支撑城市精细化管理。园区智慧城市智能运行中心（Intelligent Operations Center for Smarter Cities，IOC）是集感知、研判、预警、决策、指挥于一体的智慧城市运行管理中心。结合城市运行实际管理需求，园区 IOC 依托智能中枢实现党建、交通、环保等全域数据的实时汇聚，构建了党建管理、城市管理、安全生产、生态环境、联动指挥、交通运行、政务服务、经济运行共 8 大专题态势画像，支撑各级部门的分析研判与态势感知。

（3）"审管执信"闭环管理。"审管执信"是园区内首创的集"审批-监管-执法-信用"于一体的"放管服"改革举措，数据来源于智能中枢的法人、人口、审批办件、处罚、企业公积金缴费等数据，实现 410 项"审管执"全链条业务数据的打通，截至 2022 年 12 月底，已向园区各主管局办、功能区等精准推送行政许可办件 1 万余件。

（4）全区"入学一件事"。聚焦园区入学场景，实现身份证、户口簿、出生医学证明、不动产电子登记簿、无房证明、结婚证六类电子证照数据的互联互通，精简入学流程，同时，借助智能审批，实现入学报名审核录取的再提速，由原来最快 48s 缩短为 6s 实现幼儿园、小学入学报名"一件事、一次办、掌上办"，服务人数超 2.5 万人，"不见面"审批率达 64.4%。

（5）万企精准画像。智能中枢共汇聚 18 大类、172 小类经济相关数据，覆盖 16 个局办、33 个业务系统、约 1.5 亿条数据记录、13.1 万家企业精准画像。基于对企业的综合评价、产业解析等构建产业图谱，提升全园区产业发展整体认知。基于全园区经济数据，通过指标构建，为决策层人员提供经济态势监测数据。通过政策推送、企业诉求在线管理，提升亲商环境。截至 2022 年 10 月，已累计推送 44958 条内容、汇聚 2339 件诉求信息，办结率达 99.8%。

5. 实施流程及关键节点

苏州工业园区党政办（大数据管理局）作为需求方和管理方，按照"以场景驱动，建运一体"的目标，承建团队于 2022 年 2 月启动项目，于同年 9 月上线运行。

（1）数据中台，实现数据"一池融通"。数据中台是数据治理、数据资管、数据汇聚、数据运营四大能力的承载体，提供数据标准体系规范、数据质量监管、数据血缘关系、数据标签体系、基础数据库、主题数据库、专题数据库、物联感知数据、结构化数据、流媒体数据、数据开发、敏捷共享、数据开放、隐私计算共 14 项数据支撑。重点解决四类问题：一是统一数据资源，规范数据资源目录；二是打破数据要素壁垒，实现数据的有序融合和共享；三是从管理实践出发，定义专题数据，标签化核心数据，转换为辅助决策的依据；四是丰富数据类型，提供统一便捷的数据供应渠道。图 4-2 所示为智能中枢数据中台示意图。

图 4-2 智能中枢数据中台示意图

（2）场景驱动，实现公共服务能力"一体赋能"。平台围绕政务服务、社会治理、经济发展、政务协同等维度，构建以统一数字身份、电子签名、电子印章、统一消息等为核心的公共服务能力服务中心，构建以微服务平台、区块链平台、低代码开发平台等为核心的公共技术平台，构建以智能语音、OCR、AI视频分析、RPA机器人为核心的AI智能中心，通过持续的技术融合和业务融合，高效支撑各部门业务的快速开发、创新与落地。图4-3所示为智能中枢技术中台示意图。

图4-3　智能中枢技术中台示意图

（3）数据与能力，集成联接运营。建设数据资源和公共服务能力集成平台，支撑各部门的业务连接、数据联接、消息连接；打造智能中枢运营枢纽，实现服务发布、服务订阅、服务计量，实现云网、数据、能力等多类型资源的统一的访问、配置和管理；通过权限访问控制，设立多类型用户体系，为不同用户提供不同界面的信息呈现，提升用户体验度。图4-4所示为智能中枢门户示意图。

（4）以运营保障数字政府长效运行。围绕运营规划、运营设计、运营执行的运营全生命周期，构筑智能中枢运营平台，建立跨部门、跨层级的协同管理机制体系，提升运营力度，加大运营投入，实现数据资源和公共服务能力"建运一体"，保障数字政府长效运行。

6. 实施效果

在数据资源方面，持续归集基础数据库，建立数据常态化更新机制，汇聚21个局办的46个系统及18亿条数据；完成"一目录三清单"梳理，共享资源1167类、接口服务2万个，为52个部委办局的139个信息化应用提供数据交换支撑，日均数据交换量300万条。

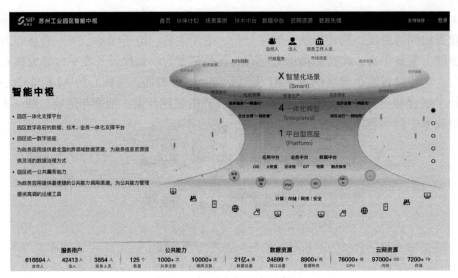

图 4-4 智能中枢门户示意图

在公共服务能力方面,初步搭建公共服务能力中心、公共技术平台以及 AI 智能中心 3 大体系框架,统筹建设统一身份、电子签名、CIM、数据可视化、AI 能力等 12 大类通用能力,应用于政务服务、城市管理、安全生产、公共安全等 200 多个应用场景。

第五章

智慧城市及公共服务数字化应用

数字化公共服务旨在将包括行政审批、公共安全、社会福利、教育等传统公共服务领域的各项工作，通过数字化手段提供服务。其应用范围和形式十分广泛多样，包括电子政务、在线教育、智慧城市、数字医疗、智能交通等。其中，电子政务是数字化公共服务领域的重头戏，通过电子政务平台、电子政务应用等手段，实现行政审批、政务公开、网上服务等各方面工作。智慧城市则是数字化公共服务在城市管理中的一种体现，利用互联网、物联网、云计算、大数据等技术手段，实现城市规划、智慧交通、智慧环保、智慧医疗、智慧能源等多个领域的数字化升级。

近年来，我国城市公共服务体系不断健全，数字技术正在从能力、效率、公平等方面改变城市公共服务模式，例如，数字技术扩大了城市公共服务外延；人工智能、大数据等技术提高了公共服务效率；数字技术还促进了城市公共服务均等化。数字技术在优化城市公共服务模式、改善生活品质的同时，也面临一些挑战和瓶颈，例如，数据安全、数据滥用和数据泄露风险问题，以及数字资源"孤岛化""碎片化"问题等。提升城市公共服务的数字化水平，需要不断解决上述难题。

本章选取了四个城市数字化实践案例，内容分别为合肥市的城市中台建设、网络违法行为溯源、医保基金监管平台建设，以及烟台市莱山区基层数字服务经验。

案例三十九 合肥城市中台聚数赋能全面提升公共服务质量

近年来，数字政府建设加速推进，数字技术应用在提升政府服务管理效能、公共服务智慧普惠水平方面作用突出，一体化政务服务和监管效能大幅提升。但当前数字政府建设仍存在一些突出问题，如跨部门数据难协同、难互通，城市数字化转型存在的数据烟囱、重复建设、资源分散等。2022 年，《国务院关于加强数字政府建设的指导意见》指出，要充分发挥政务数据共享协调机制作用，提升数据共享统筹协调力度和服务管理水平。同时，构建智能集约的平台支撑体系，加强重点共性应用支撑能力。2019 年，合肥市首次提出"城市中台"概念，并搭建了首个政务领域内数字化城市中台，为实现政务云资源统筹建设、互联互通、集约共享提供结构合理、智能集约的平台支撑体系，加快推动城市数字化转型。

1. 城市中台建设需求

城市中台以各级政府部门及企事业单位的技术、信息和业务需求为驱动，满足政务数据的汇聚治理、跨部门系统间数据的安全共享交换和技术、业务服务开放共享的需求。

（1）数据的汇聚治理。数据汇聚治理是城市中台建设的重要组成部分，通过建立数据采集汇聚体系、推动数据资源的开发利用、建立数据质量管理体系、建立数据资产管理体系等，推动城市数据资源的汇聚、治理和共享，实现城市治理能力的提升和城市发展模式的创新。数据汇聚治理能够帮助政府更好地管理城市，解决了"信息孤岛""条块分割"等问题，避免了政府部门之间"数据垄断"和"数据打架"等现象，促进了政府部门之间信息共享、业务协同。

（2）数据的安全共享交换。将政务、民生、产业等领域的数据进行抽取、加工、封装，实现对数据资源的深度挖掘和分析组合，形成独立的标准化的信息能力，面向相关政府部门进行开放共享，以此来解决传统全量数据交换模式带来的数据不可用、数据易暴露等问题。

（3）技术和业务服务的开放共享。对各级政府部门业务系统的建设需求和业务需求进行梳理分析，将跨部门业务系统可共用的技术工具和业务服务进行集成、封装，形成独立的标准化的技术能力和业务能力，面向相关政府部门进行开放共享，实现城市各部门信息化的统筹规划、集约建设，以提高城市信息化整体建设效率，促进城市信息化的"一盘棋"管理。

2. 合肥城市中台方案架构

作为新型城市信息融合基础设施体系，合肥城市中台建设以合肥市政务云平台为底座，目前，已建成合肥市大数据平台和合肥市政务信息能力整合支撑平台。图 5-1 所示为合肥市城市中台架构及上下文关系图。

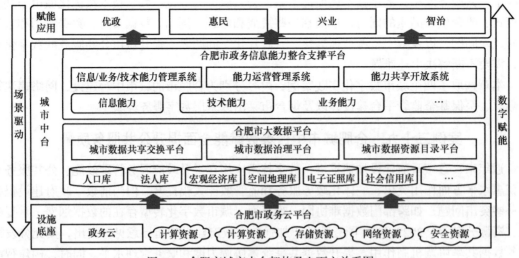

图 5-1 合肥市城市中台架构及上下文关系图

（1）合肥市大数据平台。建库聚数、共治共享。合肥市大数据平台建立数据资源目录体系和统一数据标准规范,通过城市数据共享交换平台、城市数据治理平台、城市数据资源目录平台等大平台,全面汇聚治理政务、物联、社会和经济等数据,建设完善人口、法人、自然资源与地理空间、信用、电子证照等基础库和营商环境、交通、金融、医疗、环保等主题库,形成数据丰富、标准统一、共建共享的城市"数据资源湖",解决城市数据的"聚、治"问题。

1)城市数据共享交换平台。城市数据共享交换平台通过对跨部门结构化、半结构化、非结构化等不同格式的数据进行离线或实时"抽取 - 转换 - 加载 - 存储",实现"聚数"。

2)城市数据治理平台。城市数据治理平台通过对原始数据、脱敏处理数据、模型化数据、业务化数据和人工智能化数据等不同数据开发层级的分级治理,实现"治数"。

3)城市数据资源目录平台。城市数据资源目录平台在梳理各部门权责清单基础上,结合已建信息系统中的数据资源,重点从政务信息资源"类""项""目"和"细目"的角度,整合形成城市数据资源目录,已累计编制 18000 多个目录,依据目录开展数据治理,依据目录进行数据共享开放。

(2)合肥市政务信息能力整合支撑平台。业务驱动、创新赋能。合肥市政务信息能力整合支撑平台于 2019 年正式上线运行。平台主要解决城市数据"用、管"问题,通过开放数据集、提供数据接口、数据沙箱、微服务、微应用等多种方式,形成丰富的标准数字能力,满足了政府社会治理、公共服务的"用数"需求;通过数据共享责任清单、数据资源目录和城市信息能力标准体系,建立了健全的"管数"机制。

1)信息/业务/技术能力管理系统。

信息能力管理系统:依据业务场景数据需求将数据加工、封装成业务信息能力,通过对信息能力、标签、模型进行统一管控,实现信息能力封装配置、标签体系、模型全生命周期等模块的管理,通过开放共享信息能力,推动城市跨部门间数据要素的协同融合、安全流动。

业务能力管理系统:以城市跨部门业务协同、融合为目标,对城市上层业务系统中的公共业务能力组件进行抽取、封装,统一为城市跨部门场景的业务协同提供公共服务支撑,实现城市公共业务服务的聚合、协同、复用,以及一体化发展。

技术能力管理系统:为避免标准技术组件重复建设,将通用软件底层框架、标准技术引擎、程序中间件、通用技术平台等技术工具,进行聚合、引入、封装,统一赋能,集中建设,实现城市公共技术工具的共建、共享、共用,避免重复、降低成本。

2)能力运营管理系统。作为政务信息能力整合支撑平台运营和管理的入口,系统主要提供资源管理、需求管理、能力运营管理、能力运营分析、能力运维管理、运营管理客户端以及系统管理等功能。

能力运营管理系统通过构建标准化的需求、数据、能力及应用管理流程,提供完备、高效的平台运行监管工具,全力保障城市中枢平台整体的稳定运行。

3)能力共享开放系统。能力共享开放系统是政务信息能力整合支撑平台面向公众和政府进行能力查看、能力申请、能力使用的入口,由面向各级政府部门的能力共享子系统构成。

3. 平台建设采用的关键技术

（1）分布式微服务框架技术。分布式微服务框架是一种架构模式，将单一应用程序划分成一组小的服务，服务之间互相协调、互相配合，为用户提供最终价值。每个服务在其独立的进程中运行，服务之间采用轻量级的通信机制互相沟通（通常是基于 HTTP 的 RESTful API）。每个服务都围绕着具体业务进行构建，并且能够被独立地部署到生产环境、类生产环境中。在城市中台中，分布式微服务框架技术可有效保障城市中台系统的稳定运行，它将城市中台系统划分成多个小的服务，使得每个服务都能够独立地运行和维护，提高了系统的可靠性和可维护性。

（2）ETL 技术。ETL 包括数据抽取、数据转换和数据装载三部分内容，它是从大量的数据中钻取信息与价值的过程，助力提升数据开发利用的效率和质量。在城市中台中，ETL 技术可以帮助政府部门更好地管理和利用数据，通过从大量的政务数据中抽取有用的信息，并通过转换和装载，将这些信息整合起来，为政府部门的业务、决策提供数据支持。

（3）BI 分析技术。商业智能（Business Intelligence，BI）分析技术是一种技术集合，是用现代数据仓库技术、线上分析处理技术、数据挖掘和数据展现技术进行数据分析以实现价值，是业务、数据、数据价值应用的过程。在城市中台中，BI 分析技术在广泛的数据源中高效地完成数据治理工作，并针对业务需求开展有针对性的多维分析与挖掘，进而发现城市运行中的问题，帮助政府部门提升决策洞察力和科学性。

（4）SOA 和 ESB 技术。面向服务的架构（Service Oriented Architecture，SOA）是一种架构设计方法，其中包含多个服务，而服务之间通过配合，最终会提供一系列功能。一个服务通常以独立的形式存在于操作系统进程中。服务之间以网络调用，而不是进程内调用的方式进行通信。企业服务总线（Enterprise Service Bus，ESB）可以简单理解为一根管道，用来连接各个服务节点。ESB 通过消息的转换、解释和路由工作，集成不同系统、不同协议的服务，让不同的服务互联互通。在城市中台中，SOA 和 ESB 技术可以集成异构的老旧系统，帮助不同系统之间进行通信和协作，提高城市中台的运行效率。

4. 实施流程及关键节点

（1）项目谋划阶段。城市中台项目立项阶段，在合肥市数据资源局的指导下，合肥市信息中心牵头全市各部门业务科室和信息化主管科室，通过线下专项交流会、问卷、技术沙龙等调研方式，摸清全市各部门信息化建设现状、遇到的痛点难点和业务需求。通过对现状和痛点难点的分析，初步确定项目建设目标和建设需求。通过基础理论研究，确定技术实施路线和技术方案，对各部门归集的数据资源进行分析和清洗，基于处理后的数据进行模型开发，确定数据赋能场景和目标，从而进行数据赋能工作。

城市中台项目采购阶段，合肥市数据资源局和合肥市信息中心，通过专题研讨会、专家咨询、服务商实地调研等方式，确定市场上的先进技术和解决方案，并通过进一步研究和听取专家、服务商调研汇报，确定项目招标内容和相关预算，对外进行项目招标工作。

（2）项目建设阶段。城市中台项目建设阶段，各项目组按既定平台与模块划分，分别安排专业团队进行集中建设，依照建设内容与目标，将团队分为数据组、业务组、技术组和运营组。数据组负责进行数据汇聚、数据清洗、数据需求分析、数据服务模型设计与开发等工作；业务组负责对接业务部门，进行业务分析、功能需求分析及平台设计，为其他组提供设计参考；技术组负责平台功能开发与运维，支撑数据赋能业务场景；运营组负责搭建与全市各部门的交流通信网络，实时接收各部门数据需求，并就数据共享与赋能的具体问题展开服务。

（3）项目运营阶段。合肥市政务信息能力整合支撑平台，通过建立并执行长效运营赋能机制，持续保障政府各级部门、企事业单位的业务和数据需求，通过专项调研、需求分析、数据建模、能力生产、赋能服务等运营流程，持续产生和共享数字资源与能力，不断扩大城市中台服务范围，持续发挥城市中台在政务服务、城市治理、产业发展、公共服务等领域的赋能服务价值。

5. 典型问题和解决方法

（1）平台部署技术难度高及解决方案。为实现高并发、高稳定的特性和海量数据计算处理能力，城市中台的建设涉及多个产品体系技术，如大数据、微服务、内存计算、安全、监控等，这也大幅增加了部署的难度。解决方案如下：

城市中台产品在落地部署前，先对业务量进行充分评估，并将整个平台涉及的产品按层次和体系进行归类，制定详细的部署方案和计划，由项目经理组织多个领域的技术人员对方案、资源的合理性和完整性进行评审。部署时，按照部署方案和计划，由项目经理牵头并跟进任务执行；技术组安排专业的技术人员进行产品的部署实施，技术人员需要根据现场的网络、安全要求及时调整产品的策略，并不断进行调试，直至每个组件达到最优状态。整个城市中台系统参照 IaaS、PaaS、SaaS 的层次结构，逐步完成产品的部署、测试和验收。

（2）部门数据共享意愿低及解决方案。城市中台项目建设过程中，各级政府部门在项目调研、实施中存在一些不愿共享、不及时共享数据的问题。解决方案如下：

在收集各部门数据服务需求的基础上，合肥市数据资源局与合肥市信息中心搭建数据协调专班，通过评优考核、惩罚性考核等方式督促各部门分管领导重视数据归集和共享服务，建立线上沟通渠道、周例会和沟通报文等沟通机制，以应用服务需求促进数据归集和共享服务，取得了良好的效果。

6. 应用效果

城市中台聚焦城市数据的"聚、治、用、管"，通过打破传统部门间相对割裂的信息化建设发展模式，减少重复建设、消除信息孤岛，加强统筹规划、集约建设，助力实现协同服务、持续发展。依托城市中台，合肥市初步构建了全市统一的政务服务、公共服务、城市治理、产业发展等数字赋能场景体系。截至 2023 年 9 月底，城市中台已打通近 200 个信息系统，累计归集 350 亿余条数据，生产 3700 多个数字服务能力，赋能支撑了一网通办、人才安居、公积金办理、赋能金融、一码通域、疫情防控、招商引资、皖事通办、合肥通综合服务等业务应用场景，相关能力累计调用量达 1.3 亿余次，在提升城市管理与公共服务水平、提高市民生活品质等方面取得了明显成效。

（1）长三角"一网通办"。合肥城市中台有序整合民政、人社、房管等部门数据，为长三角"一网通办"平台及合肥、宁波等城市的政务服务自助终端业务系统提供信息能力支撑,依托跨区域数据安全共享,长三角区域内居民通过政务服务自助终端和"一网通办"平台即可完成社保、婚姻、不动产、公积金等业务的异地查询办理,实现业务办理零材料、零跑动、零等候、实时办,真正落实"数据多跑路、市民少跑腿"。

(2) 人才安居"零跑腿"。合肥城市中台有序整合人社、房管、自然资源和规划局等部门数据,为"重点产业企业人才安居平台"提供了信息能力支撑,实现住房租赁补贴、高层次人才购房补贴等业务的全流程网办、智能审批、自动办结、协同管理,相关重点人才通过人才安居平台在线填写少量信息即可申请补贴,真正实现"数据多跑路、人才零跑腿"。

(3) 公积金办理"更顺畅"。合肥城市中台有序整合人社、民政等部门数据,向合肥市住房公积金管理中心业务系统提供信息能力支撑,实现公积金购房提取、还贷提取、租房提取、信息查询等41项业务全程网办,线下纸质材料数据项由283项减至130项,公积金贷款偿还、租房公积金提取等16项业务实现无要件办理,市民在家就可以轻松完成公积金的提取和还贷等业务,不仅优化了公积金业务流程,还提升了市民办事体验感。

案例四十　基于IP属性的大数据溯源与网络违法行为治理实践

随着互联网技术的发展与网络应用的普及,安全漏洞、数据泄露等网络安全威胁日益凸显,设置恶意程序、进行网络欺诈、非法博彩赌博、发布色情内容等网络违法行为也愈加高发、频发,严重威胁人民群众的信息和财产安全等合法权益。

面对大量多发的网络违法行为,传统侦查手段面临诸多困境:一是作案手段越来越多变、隐蔽,如违法犯罪分子通过境外注册、使用虚假信息注册等手段隐匿IP地址,IP溯源难度高;二是由于防范覆盖不全面、民众防范意识较差、诱导性网站渗透性强等原因,网络违法行为预警效果较差;三是由于网络违法信息多样和易变,基于单一维度的信息识别和拦截手段难以有效应对;四是不同政府部门信息系统的数据分别存储,互联互通、整合利用有效性低、时效慢,阻碍了相关部门的网络信息协同治理。以现有侦查手段处理以上问题成本高、效率低,尤其在面对打击网络违法犯罪时,更加捉襟见肘。

基于IP属性的大数据溯源与治理系统(以下简称"系统"),面向广州市公安、通信管理局和互联网等行业主体,提供统一入口,打破数据壁垒,提供数据汇总、数据建模分析、研判分析、恶意网址封禁预警、投诉报警等全流程一体化服务,目的在于实现低成本、规模化的网络违法行为治理。

1. 项目需求

系统建设面向公安打击网络违法犯罪行为的"预警发现-拦截反制-侦查打击"三个业务流程需求:一是事前拦截,在诈骗网站、恶意软件等网络违法犯罪事件给人民群众带来危害之前,提前预知风险,实时发现、访问拦截和关停;二是事中预警,通过对潜在受害群众实时发现、预警,实现潜在受害群众受害过程中的阻断;三是事后侦办打击,通过前两个环节中收集到的信息,实时比对发现网络违法行为并触发全网含"互联网企业+运营商"的拦截,为公安等相关部门的案件侦办提供技术和证据支撑。

2. 系统框架

系统按照"云、管、端"的理念设计搭建，云端侧实现对网络非法信息的数据采集，管道侧实现对云端侧采集的数据进行传输、存储和分析，终端侧实现对违法犯罪行为的预警发现、拦截反制和侦查打击。图 5-2 所示为基于 IP 属性的大数据溯源与治理系统云管端概念图。

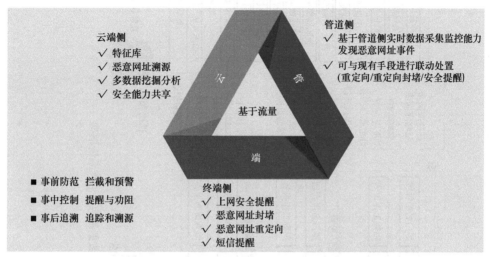

图 5-2　基于 IP 属性的大数据溯源与治理系统云管端概念图

（1）云端侧。通过对恶意链接的挖掘、溯源、特征分析与提取，形成恶意链接资源地，恶意链接包含恶意 URL、域名和 IP，支持千万级别的特征规则，支持 MS 级的管控外置响应能力。

（2）管道侧。通过在三大运营商的城域网和移动互联网出口位置进行数据流量分光，再通过流量过滤分流设备，过滤出全部的 HTTP、HTTPS，并将从机发送的 HTTP、HTTPS 等数据的上行报文发送到特定的管控处置设备。在管道侧的管控处置设备中配置了恶意链接特征库，特征库整合了 31 个省的通管局网络黑色产业链（以下简称"黑产"）数据和腾讯、阿里、360 等互联网平台的实时黑产数据，实现对 HTTP、HTTPS 的上行报文进行监测。管道侧可针对网络违法违规信息的多样性和易变性，对违法违规网址模型进行动态识别，提前发现变种恶意 URL，并结合用户行为感知深挖数据，将上行报文与恶意链接特征库中的黑产数据匹配，匹配后输出到人工研判端，提前预知风险。

（3）终端侧。旨在通过恶意网址重定向、恶意网址封堵、上网安全提醒等管控措施，达到对网络违法犯罪行为进行事前拦截和预警防范的目的。终端侧根据恶意链接和恶意链接特征库中的黑产数匹配的结果不同，启动立即拦截或研判后拦截，匹配程度较高的链接，立即启动拦截；匹配程度较低的链接，人工研判后上报公安侧，公安侧对相关研判结果进行定性，确定是否启动拦截。图 5-3 所示为基于 IP 属性的大数据溯源与治理系统框架。

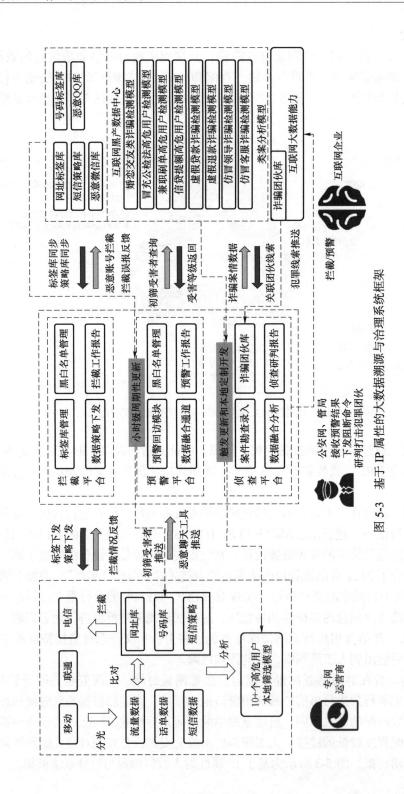

图 5-3 基于 IP 属性的大数据溯源与治理系统框架

3. 系统采用的关键技术

（1）Python 爬虫。利用 Python 爬虫技术进行网络违法犯罪信息采集，系统采集解析用户访问信息、手机恶意程序和病毒数据等多源多类型数据，为建立系统数据仓库和违法违规网址模型库提供数据来源。

（2）恶意网址模型库建设。应用大数据和人工智能技术，通过数据清洗、数据标注，消除数据的冗余、错误、缺失和其他不准确的部分，提高数据可靠性。建设弹性扩容和多种类型兼容的数据仓库，以解决快速增长、多元多样的网络违法行为信息。在数据仓库的基础上，利用人工智能技术对多元海量数据进行机器学习，实现模型构建、研判分析、事件关联、数据沉淀，自动化、标准化地生成特征库，建立诈骗/钓鱼/仿冒网址等多种类型恶意网址模型库。

（3）信息对比分析。运用大数据分析技术，在实时获取的数据和信息中寻找关键词和关键短语，与恶意网址模型库中的模型数据和相关举报信息进行对比和关联分析，初步筛选出网络不法行为信息和涉及的用户。

（4）数据可视化分析。应用 ECharts VUE 和智能分析画像技术实现数据可视化展示。用 ECharts 图表插件的 API，保障图表的多样性和功能的完整性。在 VUE 中集成 ECharts 图表插件，提供可交互、可定制的数据可视化图表。将智能分析画像技术应用于网络违法犯罪数据的分析统计与展示，可整合业务数据，生成分析内容，形成展示素材和展示模块，自定义组合展示流程后，生成业务数据统计展示页面。

（5）区块链技术。用区块链技术实现零信任数据交换。应用区块链技术的分布式核算和存储，构建分布式数据库，实现公安、通信管理局、金融办等多部门网络节点之间互相担保、互相公开和互相联合，打破不同部门之间的数据壁垒，解决多部门工作协同中出现的互信困境与数据安全问题。

4. 应用场景

基于 IP 属性的大数据溯源与治理系统，在治理网络违法行为的多个应用场景中取得较好成效，其中，广州市马务村的城中村站点监测数据显示，该系统通过事前关停网站、访问拦截和事中访问预警，在移动恶意软件检测和涉诈网址访问阻断方面成效显著。

（1）Android 系统上的移动恶意软件检测。由于 Android 系统的高度开源性，移动设备上的恶意订购 SP 业务、资费消耗等恶意软件数量和种类持续增长，威胁着用户的财产安全，系统通过对属地 IP 地址检测，定位源 IP、源端口、地理位置等设备信息，锁定移动恶意软件，排查威胁信号源。

广州市马务村的城中村站点监测数据显示，2022 年第四季度，系统已排查移动恶意软件 30 余个，通过将监测到的移动恶意软件上报公安系统，并对其封禁，有效阻止了对人民群众财产安全的威胁。

（2）涉诈网址访问阻断。不法分子利用各种手段精心包装各种涉诈网址，非法骗取用户个人信息，致使用户身份信息被盗用、财产遭受损失、信用遭到受损。系统汇集实时获取的涉诈网址举报线索，并通过系统前后台交互分析和人员监测分析等方式，迅速将举报线索与恶意网址模型库网址对比分析，实现实时研判涉诈案件。当上网用户访问涉诈网址时，系统将及时向公安系统报送相关用户位置，通过精准劝阻与短信提示，阻断相关用户访问涉诈网址，降低网络诈骗案件的案发率。系统于2021年4月30日启动试运行，根据广州市马务村的城中村站点监测信息反馈，2021年5月1日，相关网络诈骗案件28宗，对比2020年5月1日的39宗，同比减少28.2%；2021年5月2日，相关网络诈骗案件38宗，优先接入该系统的电信运营商用户仅有4宗。2021年6月，系统平稳运行后，相关网络诈骗案件日平均案发数进一步明显减少，同比减少63%。

5. 实施方案流程

本项目建设分为实施准备、系统调整、系统集成、系统验收和售后服务五个阶段。

（1）实施准备阶段。完成现场环境调研、页面需求调研和初步设计方案。通过在广州市白云区公安局开展线下专项交流会，走访白云区马务村当地公安分局及信息科等相关业务科室，摸清城中村打击网络违法犯罪行为的现状和遇到的痛点难点。通过调研数据和基础研究分析，从公安打击网络违法犯罪行为的业务需求出发，初步确定整体解决方案和系统页面设计方案。

（2）系统调整阶段。根据定制化需求进行平台前端设计调整、固网流量接口调整、移动网流量接口调整和数据测试。根据用户需求，进一步定制系统展示模板。同时，接入属地固网（电信等三大运营商的城域网出口至省干的流量）和移动网（公共网络），并对数据进行测试和验证。

（3）系统集成阶段。完成机房环境准备、硬件设备准备，以及完成系统上线部署、系统联调测试、系统使用培训和系统交付运营。硬件设备到货后的1个月，完成部署上线。此阶段，为确保系统部署稳步推进和安全稳定高效运行，项目组为甲方相关工作人员提供专题培训。

（4）系统验收及售后服务阶段。本阶段完成系统初验、系统终验、故障处理和需求响应任务等。在系统验收阶段，项目组完成整体系统上线和管理平台功能调整。在售后服务中，项目组提供及时的维护服务响应和故障处理，并能够对其他的突发特殊情况提供有效支撑，可实现在24h内完成需求评估和结果反馈。

6. 典型问题及解决方法

（1）数据采集难及解决办法。由于本项目属于区级项目，区级运营商难以从总机房获取数据，导致数据采集困难。解决方案：在一定的网格区域内，结合"黑带宽"整治整改行动，在各类中小型运营商部署交换机端口，用DPI分流设备做旁路镜像，通过旁路方式获取HTTP、HTTPS等数据。由于数据量庞大，系统对采集的镜像数据只缓存数天，避免流量过大造成存储与分析困难。

（2）部门多且责任划分困难及解决办法。为有效解决多部门协作导致的跨部门沟通不畅、责任边界重叠、交付标准不一致和数据难以统一获取等问题，利用统筹管理和区块链技术，一是由区政法委统筹各部门工作，划分各部门的职权与责任，协调部门之间的沟通；二是利用区块链技术准确记录每个事件流的操作行为，实现事件的可回溯、难篡改，防止不同部门之间推卸责任等。

7. 方案成效

通过对网络违法信息溯源整理，系统可为网络诈骗的治理、取证、追溯工作提供保障，为公安部门和网信部门等相关监管部门提供办案和监督的技术支撑。系统在广州市白云区马务村的城中村落地后，两年间，诱骗欺诈类和恶意传播类违法犯罪事件数量减少近 58.9 万个，其中，2022 年上半年，用户资金损失同比下降 87.7%，有效地打击和震慑了不法分子，规范了网络秩序，取得了良好的经济效益。

案例四十一　基于 5G 和大数据的医保基金智能场景监管平台

1. 潍坊市基于智慧化技术规划医保监管平台

2019 年 5 月，《关于开展医保基金监管"两试点一示范"工作的通知》医保办发〔2019〕17 号下发，潍坊市被国家医保局确定为国家医保智能监控示范点。为响应国家政策号召，针对潍坊市冒名购药、挂号住院、串换项目等欺诈骗保行为，潍坊市医保局提出构建"事前防范性监管、事中控制性监管、事后惩处性监管"相结合的社会医疗保险监管体系，建设优化智能监控信息系统。基于此，潍坊市医保局规划建设基于 5G 和大数据的医保基金智能场景监管平台，使医保基金监管工作由点状监管向区域监管转变，由事后监管向事前、事中、事后全天候监管转变，由人工抽单式审查向全覆盖审查转变，以达到通过信息化手段实现医保基金监管实时性、高效性的工作目标，从而有效降低医保基金违规违法使用的发生率，提升查处率，保护全社会参保人民的权益。

2. 医保基金全场景监管体系

借助生物认证、大数据、互联网 + 等智能化和创新型信息技术手段，建立全辖区统一的医保基金智能场景监控体系，实现在就医就诊、住院购药过程中进行违规项事前预警和提醒、医保支付结算事中控制、事后全面智能审核监督的功能。重点监管场景包括以下方面。

（1）透析诊疗监管。对潍坊市内发生血透费用的所有定点医疗机构开展全覆盖检查，开展全方位全流程智能监管。

1）结合血透诊疗知识库，对血透病人使用的药物适应症与指南药物的匹配性进行审核分析。

2）通过刷脸器材与透析费用一致性逻辑验证的方式，排查出血透异常费用，智能判别虚记耗材、虚记诊疗项目等方式。

3）结合透析病人生物特征以及就诊次数，来判断是否存在过度诊疗、虚构血透次数等骗取医保基金的违法违规行为，促使医疗机构增强自律自控能力，保障了参保患者的医保权益。

（2）康复诊疗监管。对潍坊市内开展康复理疗的所有定点医疗机构开展全覆盖检查，开展全方位全流程智能监管。

1）结合国家及区级下发的理疗知识库，对病人理疗期间所产生的费用与理疗项目进行匹配性分析，判断理疗费用的合理性和合规性。

2）通过刷脸器材与理疗项目一致性逻辑验证的方式，排查出敛卡空刷、冒名理疗等行为。

3）结合理疗病人医保结算数据，来判断是否存在超标收费、重复收费等骗取医保基金的违法违规行为，从而规范康复理疗机构的执业行为。

（3）住院查床监管。对潍坊市内发生住院费用的所有定点医疗机构开展全覆盖检查，开展全方位全流程智能监管。

1）结合国家及区级下发的住院知识库，对病人住院期间所产生的费用与住院就诊过程进行匹配性分析，判断住院场景的合理性和合规性。

2）通过刷脸器材与住院项目一致性逻辑验证的方式，排查出挂床住院、冒名住院等行为。

3）结合住院病人生物特征以及住院次数，来判断是否存在过度住院、分解住院、超标住院等骗取医保基金的违法违规行为，从而规范医疗机构的执业行为。

（4）慢病购药监管。在潍坊市定点药店部署监控感知设备（含视频监控设备和智慧医保终端等）实时监控和采集购药者生物特征数据，建立购药监控数据库；最后，运用算法引擎和大数据分析技术，结合预设规则库，分析和比较购药信息和监控数据，筛查出非真实性的购药行为数据和药品重复销售数据。

（5）药品进销存监管。对潍坊市定点医疗机构所经营药品的实时库存管理、库存动态变化（入库、划拨、销售等）过程记录，支撑实现药品追溯码核验、核销等服务，防止定点医疗机构串换药品、虚假购药等情况，确保医保结算行为的真实有效，保障基金安全。

3. "1+4+1+N"架构构建医保体系智慧化监管

本项目主要以"1+4+1+N"架构来实现医保体系智慧化监管，分别是：一张专网、四个能力中台引擎、一个智能监管平台系统以及N个监管应用，以医保基金数据安全、网络安全、平台安全及应用安全为基础，通过"云管边端"协同方式，实现基于5G专网的新型医保基金智能监管和震慑预防效果。医保基金智能场景监管平台架构如图5-4所示。

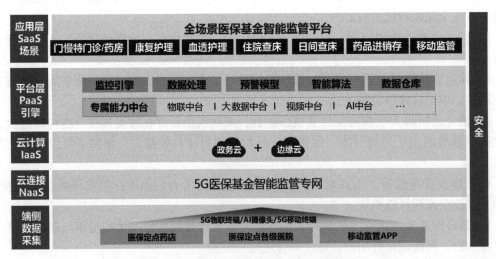

图5-4 医保基金智能场景监管平台架构

（1）一个智能监管平台。定制开发的医保基金监管模型及 AI 算法＋专用视图信息底库＋智能化医保基金监管应用。

（2）多终端物联感知网络。通过摄像头等多种移动终端实时采集药店及医疗机构数据。

（3）一张底层承载网。建设一张覆盖医保行政单位、药店、医院、移动 APP 等场景的医保基金智能监管虚拟专网。

（4）四个中台的能力引擎。大数据中台、AI 中台、视频中台、物联中台，为智能医保基金监管平台提供中台引擎能力。

（5）多场景监管应用。对门慢门特、药房购药、康复护理、血透、住院查床等多场景提供应用服务。

4. 大数据 +AI 技术助力医保基监控体系

本项目首次将大数据技术与医保基金智能场景监控规则结合，研发出医保基金智能场景监控大数据模型，如图 5-5 所示。重点在于，模型主要应用的算法技术层，是基于大数据建模的基础数学原理。

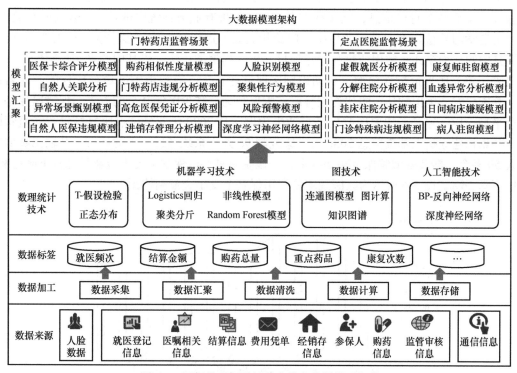

图 5-5 医保基金智能场景监控大数据模型架构

（1）数据来源层。位于最底层，主要是将各方平台／系统、物联感知终端，或者不同途径所收集的数据通过 5G 网络进行汇整。

（2）图技术 - 人脸识别能力。本方案主要通过人脸识别引擎服务对抓取到的人脸照片进行特征提取，并根据业务需求与指定人脸库进行人脸比对及人脸属性分析（年龄、性别等）。基于动态监控系统实现人脸注册、实时比对与预警、抓拍人脸检索、人脸库检索等诸多功能。人脸属性分析引擎对识别出的人脸属性做进一步的分析识别提取，通过对目标人脸的分析识别，可有效识别目标人的性别、年龄、是否戴口罩、是否戴墨镜、表情类别、微笑程度、人群划分（老人、成年人、小孩、外国人）等。

（3）数据加工层。将数据源数据，通过应用数据采集、汇聚、清洗、计算、存储等技术进行加工。

（4）数据标签层。通过数据加工，生成基础的数据标签。

（5）模型主要应用算法层。对模型应用到的统计和数据模型技术进行汇总，基本依赖于框架中所示的数理统计技术、机器学习技术、图技术、人工智能技术等来搭建医保模型。

（6）模型汇聚层。在数据标签的基础上，进一步针对不同场景建设不同目标的数据模型，并将模型进行汇聚，通过单一模型或者多个模型相结合的形式，深度挖掘疑似违规人。

5. 潍坊医保监管平台有效遏制骗保行为

本产品依托 5G 通信网络优势，通过部署视频采集终端以获取购药/就医行为人的面部、指静脉、掌静脉等身份信息，同步获取药店/医院现有业务系统中的诊疗/购药明细数据；通过机器学习算法模型对采集的住院、门诊相关数据进行全方位、多维度、长周期的分析，挖掘其中的行为模式、常用药物和治疗项目，再根据聚类算法，将其中的真实性问题数据识别出来；建立医保反欺诈模型，自动识别医保欺诈行为，有效消解区域挂床住院、冒名住院、叠床住院、虚拟购药、团伙诈骗等欺诈骗保行为，减少医保基金的流失，保障医保基金运行平稳。以一家私营康复医院的试点效果为例，从 2020 年 9 月试点康复场景智能监管以来，共累积建立病人基础信息 2086 人、康复师 96 人。系统经过一年的运行，共输出疑似嫌疑人 50 多个，涉及疑似骗保金额 200 多万。该院康复科医保基金支出金额呈每月下降趋势，同比下降 26%。图 5-6 所示为某医院康复科医保基金支出金额结构图。

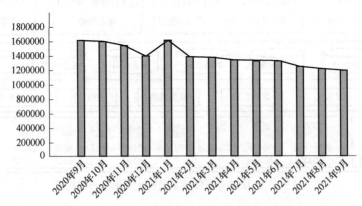

图 5-6　某医院康复科医保基金支出金额结构图

6. 项目体系在多个城市落地

本产品已在多地落地实施，形成了一套行之有效的项目体系，主要包括售前阶段、启动准备阶段、需求调研阶段、实施开发阶段、项目试运行阶段、培训阶段以及正式验收阶段。

（1）售前阶段。摸清客户信息系统建设现状、当前业务痛点，并结合产品，编制相应的解决方案和建设方案。同时，根据客户需求调整建设方案。

（2）启动准备阶段。待客户发布项目招标公告后，根据公告需求，编制项目投标方案，重点写明公司在项目里的公司能力、设计思路、建设内容、保障措施以及历史案例等内容。在正式中标后签订合同，同步组建项目成员（包括项目经理、需求调研人员、系统开发人员、交付实施人员、运营人员）。在此基础上，结合客户需求建立项目实施任务单，明确项目交付标的物和交付时间。

（3）需求调研阶段。对客户的业务需求以及当前系统的建设情况进行摸底。包括基础设施资源调研（主要是计算、存储和网络资源等）、设备终端建设调研（如视频监控摄像头）、医保数据接口调研、业务建设情况调研等，待调研后输出需求调研报告，并与客户进行确认。

（4）实施开发阶段。采购视频监控终端、网络、服务器、存储设备等硬件并进行安装调试；同步开发信息系统，相关模型以及引擎适配调优，开展相关测试和用户体验；根据测试结果以及用户体验反馈，持续优化信息系统界面以及防欺诈审核模型算法；将经过客户确认后的信息系统部署在相关环境中，并进行测试。

（5）项目试运行阶段。通过与传统医保信息平台对接，采集医保交易数据和视频监控数据，开展数据清洗、分类和标准化处理。在此基础上，通过医保基金智能场景监管平台进行试运行，确保信息平台的可行性，并出具项目试运行报告。

（6）培训阶段。出具《用户操作手册》，并面向医保行政部门领导、基层人员开展信息平台操作培训，确保医保行政人员熟练掌握信息平台的日常使用、维护以及技术架构等内容。

（7）正式验收阶段。根据客户试运行以来的体验反馈，对信息平台进行优化迭代，最终通过客户验收，收到客户《项目验收报告》。

7. 高效的实施方案为项目成功实施提供保障

基于5G和大数据的医保基金智能场景监管平台已在多个地市中落地实施，但在实际的实施交付中也碰到了一些问题：实施涉及多方，干系人多且复杂；项目实施时，需要与医保局、医院、设备终端厂商、云平台服务商、运营商等多方进行沟通协调，难以统筹调度；项目定制化程度较高，且需求变化频繁。各地市医保客户对产品的需求不一致，如信息系统UI界面设计、防欺诈模型等问题；医保项目验收标准高，手续繁琐多变。

针对上述典型问题，我们主要采取以下措施。

（1）建立联合通信录，定期公布项目进度以及项目实施困难，并抄送给相关领导。

（2）在需求调研阶段，统计到每一个项目干系人的客户需求，做好需求调研报告，让客户做好签字确认。同时，邀请医保客户的主要领导参与到项目实施进度计划表制作当中，在客户需求变更时，及时做好项目实施进度变更和实施内容变更。

（3）在项目正式验收前，与项目监理单位确定验收标准和验收流程，提前做好验收相关证明文件。同时，与客户确认正式验收时间，争取"一次验收""验即通过"。

8. 过亿资金的保护为全国医保基金保驾护航

目前该产品已在上海、潍坊、宿州等地先后落地实施，完成与上海市约1000家医保定点药店，以及潍坊市、宿州市及上海市闵行区等城市和地区的200家医保定点医疗机构的数据对接，帮助医保行政部门识别违规可疑线索上万条，鉴别出违规嫌疑人、医保卡分别达3000余人、5000张卡，同时，于2020年帮助上海医保监督所查出6人欺诈骗保团伙（涉及金额12.5万元）。此外，本产品通过对医保基金的智能监管，形成对违法违规行为的震慑预防，每年对区域医保基金作出上亿规模的间接贡献。

案例四十二　整合城市基层数据　助力智慧公共服务
——烟台市莱山区智慧城市建设经验

基层是社会治理和公共服务的关键所在，是运用大数据解决群众困难和问题的一线阵地。烟台市莱山区建设的基层综合业务平台，实现大数据在疫情防控、安全生产、社区治理等各方面工作上的应用和延伸，推动建立市、区、街道和社区四级基层数据应用体系，打通数据助力基层治理的最后一段障碍。平台聚焦基层治理业务，通过多部门业务数据的融合比对，为基层工作人员提供数据查询、主动发现、智能填报等多种形式的工作辅助，从数据层面实现了为基层工作减负提效。

1. 社区数智应用需求

当前，数字化、网络化、智能化在满足人民日益增长的美好生活需要方面，发挥着越来越重要的作用。2022年，民政部等9部门印发《关于深入推进智慧社区建设的意见》，提出力争到2025年，基本构建起网格化管理、精细化服务、信息化支撑、开放共享的智慧社区服务平台，初步打造成智慧共享、和睦共治的新型数字社区，其中，集约建设智慧社区平台为六大任务之首。为破解社区积累大量一手零散数据无法充分共享利用、上级部门权威数据无法为社区所用的双向矛盾，通过建设基层综合业务平台，建立"用数据说话、用数据管理、用数据决策、用数据创新"的机制，初步达成了用数据赋能基层工作的目的。

2. 基层综合业务平台架构

基层综合业务平台通过建设"数据支撑平台"融合基层采集数据和工商、税务、人口等政府授权的公共开放数据，构建基层治理数据库，完成人、房、企等基础数据摸清归档，实现疫情防控、安全生产、民生保障、经济发展等各类业务数据治理与辖区基础数据比对融合。基于基层治理数据库，平台构建了技术、业务、数据和模型共四大中心，基于四大中心的服务能力，升级改造民生保障、安全生产等基层治理相关业务的运转逻辑，同时，通过工作台账系统，实现数据的一方采集、多方利用，提增基层数据的上传下达工作质效。在具体的应用场景层面，平台根据业务管理需要，将场景应用划分到各类业务板块，包括但不限于科技防疫、民生保障、安全生产、经济发展等。同时，为保障信息安全，专门制定了平台使用和运维工作规范及配套制度等相关要求，给予网络安全和运维保障。图5-7所示为平台架构。

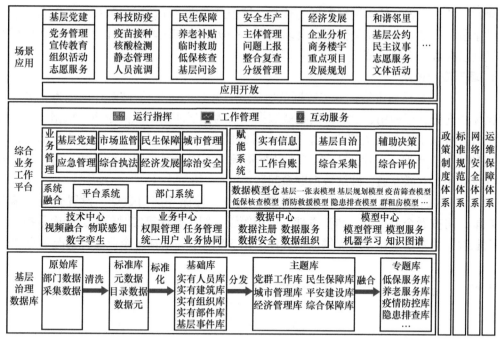

图 5-7 平台架构

3. 平台开发涉及的关键环节

（1）数据治理能力。系统建设需融合数十个部门、全辖区千万级以上的数据，建立翔实、有效的地址标准，严格按照"一标三实"即"标准地址、实有人口、实有房屋、实有单位"来治理数据，做到以房管人，精准掌握社区人员关系。在人员、房屋等高并发数据量导入的业务场景中，基层智慧治理平台通过数据清洗、数据切分、消息队列、多服务并行处理、分类型批量读写、读写分离等技术实现对此类业务场景的支持。

（2）业务模型构建。从业务角度出发，结合上级返还数据和实时归集的基层数据，对镇街和社区管理事项进行全面梳理，聚焦安全生产、民生保障等事务性工作，对基层工作人员关心的人口、房屋、疫情、安全、民生等 8 个方面 60 多类指标进行展示和分析，构建业务数据处置模型。基于数据互联互通，基层综合业务平台聚焦重点应用，搭建了疫情防控、安全生产、民生保障、经济发展共 4 大专题功能模块，落地了 127 个应用场景；具体来说，模型中心通过隐私计算方式，将新增及变动的业务数据推送给对应的专题应用，同时，完成与专题应用管理群体的信息比对，将业务信息以线索的形式提供给工作人员知晓，以便进行相应处置。

（3）数据按需流转。基层综合业务平台以"工作台账"为载体，承载多级协同工作的数据流转任务。平台对工作台账配置了数据解析技术，在用户建表的同时，可以自动将台账内容在数据库中建表，不需要单独建表绑定，实现了自动化、动态化建立基层治理数据库。台账数据实行文档和数据双重模式存储，使得工作台账前端操作和后台管理同步实行。通过自主研发的"一张表"技术进行数据的整合,挖掘跨表格之间数据的关系,工作人员只需输入关键字段,一键导入,相关数据会自动填充,一次性将辖区内需统计的对象数据填写到表中,做到已有数据应填尽填。

4. 场景应用效果

(1)打破信息孤岛困境,变"数据茧房"为"智算汇通"。为破解社区积累大量一手零散数据无法充分共享利用、上级部门权威数据无法为社区所用的双向矛盾,根据《山东省公共数据开放办法》中的有关规定,系统接入各级民政、卫健、公安等17个业务部门,包括疫苗接种、学历数据、企业法人等35类数据资源,实现国家、省、市、区、街、村的六级数据共享共用、互联互通,破解数据壁垒问题。

1)上级数据随用随查。依托市场监管、税务、社保等部门数据,设置企业"精准画像"功能,可查看企业规模、纳税贡献、信用等级、职工参保等实时信息,全面掌握企业整体经营状况,为基层工作开展提供数据支撑。图5-8所示为某辖区企业运行情况示意图。

图5-8 某辖区企业运行情况示意图

2)基层数据鲜活好用。构建基层治理数据库,对全区138个村居(社区)进行数据采集、梳理、清洗、归集,累计完善数据50余万条,系统通过实时比对各类校验规则,及时提示基础数据不完整、错误等情况,辅助工作人员完善数据。图5-9所示为人员信息异常监测示意图。

3)零散数据关联整合。系统通过"一张表"技术将辖区内人、事、地、物、情等零散的原始数据进行统一、规范、有效管理。例如,建立了"一人一档、一房一档"版块,通过人房关联等方式,直观地呈现业务数据,帮助工作人员直观地进行以房管人。图5-10所示为人房关联示意图。

第五章　智慧城市及公共服务数字化应用

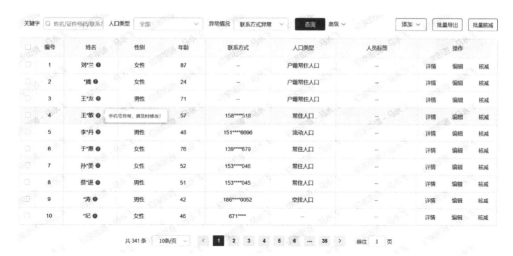

图 5-9　人员信息异常监测示意图

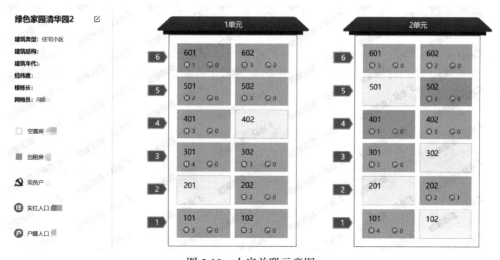

图 5-10　人房关联示意图

（2）打造多元应用场景，变"人跑人管"为"云算云治"。坚持"以问题为导向、以应用为载体"，平台搭建了四大专题功能模块、70余个应用场景。

1）挂图作战模块。研发了"挂图作战"功能，在突发情况或特殊时间里，利用"地图编辑"功能，快速精准管理目标区，对特定目标区域进行精准定位划定，对区域内建筑和人员进行信息跟踪。比如，新冠疫情期间，通过系统实时掌握管辖区内的新冠疫苗接种、重点人群健康管理、进口冷链等数据；通过基层基础人口库与核酸检测数据自动比对，掌握管辖范围内已核酸检测人员、无核酸检测记录人员、信息不匹配人员、无法核酸检测人员的数量及比例，提高防疫工作精准度。图 5-11 所示为挂图作战截屏图。

287

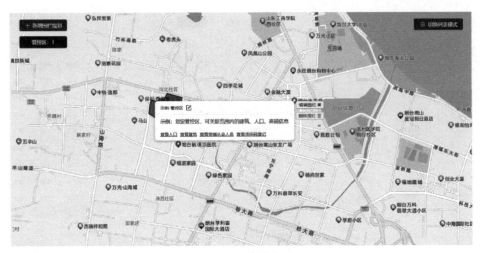

图 5-11 挂图作战截屏图

2）民生保障模块。建立高龄补贴、农村奖扶、低保对象等信息档案，通过调用上级数据接口或库表数据，主动发现人员信息变动线索，同时，提供了居民婚姻信息、居民学历信息、生存状态核验应用服务。例如，在高龄补贴发放业务中，通过自动比对和后台标签工具，以及自动比对新增、迁出、死亡人员数据，形成高龄老人补贴发放清单，并对高龄老人实行"标签化"分类管理，实现了高龄补贴资金精准发放。图 5-12 所示为大数据主动发现与动态监测结构图。

图 5-12 大数据主动发现与动态监测结构图

3）经济发展模块。对辖区企业、九小场所（指小型学校或幼儿园、小医院、小商店、小餐饮场所、小旅馆、小娱乐场所、小网吧、小美容洗浴场所、小生产加工企业的总称）、商务楼宇以及重点项目等 10 类事项分类管理，建立多维度企业数据分析 60 余项，包括企业经营状况、纳税贡献、信用等级、人才结构、类型分析等功能，实现更加精细的管理和更加精准的服务。例如，根据区政府产业规划要求，对重点储备项目和闲置地块进行落图，通过不同颜色对项目进行标记，形成一个直观的产业规划电子地图。在此之前，产业规划直观的表达方式是找广告公司设计图纸、做看板，随着时间的变化，再根据项目新增或者内容变化，由广告公司重新设计出图。现在通过平台经济发展模块的设置，城建、经发等科室可以及时维护项目内容，实现数据相对快速的共用共享。图 5-13 所示为储备项目规划截屏图。

第五章 智慧城市及公共服务数字化应用

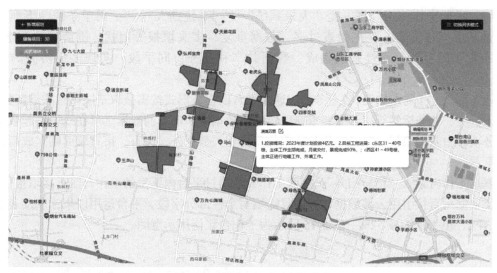

图 5-13 储备项目规划截屏图

4）安全生产模块。平台设置安全生产模块，对接基层治理工作中涉及的各类安全生产主体进行统一数据管理，包括燃气安全、工商贸领域安全、森林防火安全、防汛安全、建筑工地安全、消防安全、九小场所安全等，共分 13 个大类 20 余项子类。安全生产业务以现场检查为主，现场检查发现的问题及整改结果通过手机 APP 上传到平台。安全生产业务工作人员移动端实现了与电脑端的数据同步，方便现场人员和后端人员开展工作。图 5-14 所示为安全生产工作人员手机 APP 示意图。

图 5-14 安全生产工作人员手机 APP 示意图

289

（3）降低操作使用门槛，变"人录系统"为"系统助人"。"上面千条线，下面一根针"是基层工作常态，存在报表过多、数据重复、多头填报等困扰。围绕"数据下沉、基层减负"的目标，通过系统集成、数据共享和业务协同手段，实现多级协同的数据流转。

业务部门"按需取数"：各业务部门通过平台以报表形式按需获取基层已有的最新数据，包括人、房、业务标签等。若需要重新采集已有数据库中没有的数据，可在线下发起数据上报任务项，由基层填报，除发起任务项单位获得相关数据外，区直、市直层面则完成新数据自动汇总。

基层工作者录入"精简归并"：社区工作人员通过平台内下发的工作台账直接填报信息，重复类数据可直接引用云端数据，社区只需填写个性部分字段。平台运用以来，基层表格项缩减34%，填表项缩减52%。图5-15所示为工作台账使用示意图。

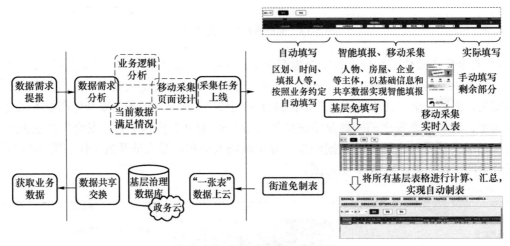

图 5-15　工作台账使用示意图

5. 实施流程及关键节点

基层治理是国家治理的基石，民情感知是基层治理的"前哨"。莱山区基层综合业务平台项目，在国家大力推动基层治理数字化的背景下，于2022年3月15日正式启动，同年3月25日完成街道和社区调研，4月形成功能规划，7月选取街道和社区进行试点，11月正式上线运营。莱山区以数据为核心，通过数据的互联互通互用，解决基层治理的痛点与难点，减轻基层工作人员压力，提升工作人员办事效率，使基层治理更加智慧化、精细化、便捷化。

根据调研情况，项目团队深入分析了数据采集和治理、系统功能建设与业务的对应关系。一期建设对接了公安、卫健委、应急管理局等多个单位，确定了平台架构由基础信息、疫情防控、安全生产、民生保障、经济发展、工作台账及运管中心组成，完成顶层设计。图5-16所示为应用场景重点建设内容结构图。

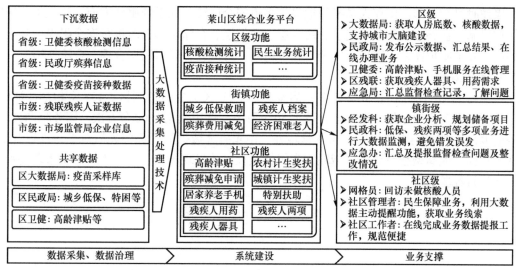

图 5-16 应用场景重点建设内容结构图

平台功能建设完成后，选取了莱山区初家街道进行为期 3 个月的试点运行，以查找发现平台缺失和潜在问题，并加以修正完善。在后续推广使用过程中，基本遵守的工作流程为：首先，准备好操作手册等资料；然后，召集工作人员进行集中培训；然后，分发操作手册，同时，建立使用反馈沟通渠道；之后，将各渠道汇聚的问题集中起来，建立常见问题文档与大家共享，同时，根据反馈问题更新操作手册并再次下发。经过两次良性循环后，实施工作取得了较好的效果。图 5-17 所示为培训推广实施路径示意图。

图 5-17 培训推广实施路径示意图

6. 实施过程遇到的典型问题及解决方法

（1）坚持"需求导向"，破解供需双方矛盾的痛点。平台研发实施过程中，坚持"需求导向"，立足基层，通过发现需求、完善功能、打磨优化、迭代升级，建成真正适合基层操作使用的数据平台。试点耗时 5 个多月，期间，共召开市、区、街、村四级平台建设研讨会 20 余次，邀请区民政、发改等 10 余个部门及街道、社区代表座谈交流，深入应急管理、市场监管等单位调研 20 余次，先后改版 50 余次，供需双方共同破解矛盾痛点。

（2）坚持"实用导向"，破解基层推广不足的痛点。坚持"普适性强、用户友好"原则，平台界面功能一目了然，交互设计方便简洁。同时，开展全区大规模业务培训 3 次，培训社区工作者、网格员 1.2 万人次，确保"应会尽会、熟练使用"。

（3）坚持"安全导向"，破解敏感信息泄露的痛点。平台在研发过程中，始终把数据安全管理摆在重要位置。在系统使用层面，设定了签订保密协议、强制采用强密码、分级权

291

限、操作时显示水印、留存人员操作记录等多道安全屏障；在系统服务方面，建立了多级安全保护机制，在终端、负载均衡层、缓存层、数据层、存储层等五级进行安全阻隔。基于完备的信息安全防护体系，实现了安全责任可追溯、可倒查，确保数据合理、合法使用。

7. 实施效果

基层综合业务平台自 2022 年 3 月启动以来，全区 7 个街道园区、138 个村居（社区）已全部开设平台应用账号，累计上传数据 50 余万条、调用数据 6600 余万次。国务院办公厅、国务院联防联控机制工作组、山东省营转办、山东省大数据局等部门先后对平台进行调研，并在胶东经济圈新型智慧城市区域联盟省级智慧社区建设现场会、烟台市智慧城市现场督导座谈会进行经验交流。